Josef Ertl · Johann Fischaleck

WANDERN zwischen DONAU und ISAR

Die schönsten Touren zwischen Regensburg, Straubing, Landshut und Kelheim

SüdOst Verlag

Vorwort

Eigentlich ist dieser Wanderführer ein reines Zufallsprodukt. Zufallsprodukt deshalb, weil es nie unsere Intention war, einen Wanderführer zu schreiben. Sepp (Josef), ein alter Schulfreund, und ich hatten uns bereits zu Schulzeiten vorgenommen, einmal von Regensburg (Castra Regina) zum Forum Romanum nach Rom zu wandern. Letztes Jahr im Juli und August hatten wir diesen Vorsatz in die Tat umgesetzt. Um nichts anbrennen zu lassen, hatten wir uns auf diesen Fußmarsch gründlich vorbereitet und ab März 2020 immer längere Touren in unserer niederbayerischen Heimat unternommen. Die Touren wurden internetbasiert erstellt, und Sepp und ich wechselten uns bei der Tourerstellung ab. Langsam kam der Ehrgeiz auf, den anderen mit immer schöneren Touren mit tollen Aussichtspunkten und durch eher unberührte Natur mit interessanten Einblicken zu überraschen. Das Experiment ist gelungen: Insgesamt unternahmen wir 43 unglaublich schöne Trainungstouren im Umfang von etwa 650 Kilometern Streckenlänge. Unsere Buchhändlerin, Frau Ingrid Kindsmüller aus Ergoldsbach, ermunterte uns, diese Touren doch der Allgemeinheit zur Verfügung zu stellen. Sie stellte den Kontakt zum Battenberg-Gietl-Verlag her, der sich sehr für dieses Unterfangen interessierte. „Die Gegend zwischen Donau und Isar ist ein weißer Fleck auf der Wanderkartenlandschaft", hieß es, und damit war unser Ehrgeiz gepackt, von dem jetzt alle Wanderfreunde profitieren. So haben wir nun die zwanzig schönsten Touren unserer Marschvorbereitung nach Rom in diesem Wanderführer zusammengepackt. Bereits bei unseren Trainingsrunden hatten wir festgestellt, wie viele schöne Flecken es bei uns gibt! Wir kannten sie nicht, obwohl wir hier am Rande der Landkreise Landshut, Straubing-Bogen und Kelheim aufgewachsen sind. Das ist jetzt anders, und bei so mancher Gelegenheit entführen wir unsere Besucher in diese touristisch weitgehend noch unberührte Landschaft zwischen Donau und Isar und bringen sie zum Staunen. Wir wünschen jedem Wanderfreund genauso viel Spaß und Neugierde wie uns beiden beim Entdecken eines weitgehend unbekannten Teils der Landschaften zwischen Landshut, Kelheim, Regensburg und Straubing.

Josef Ertl

Johann Fischalek

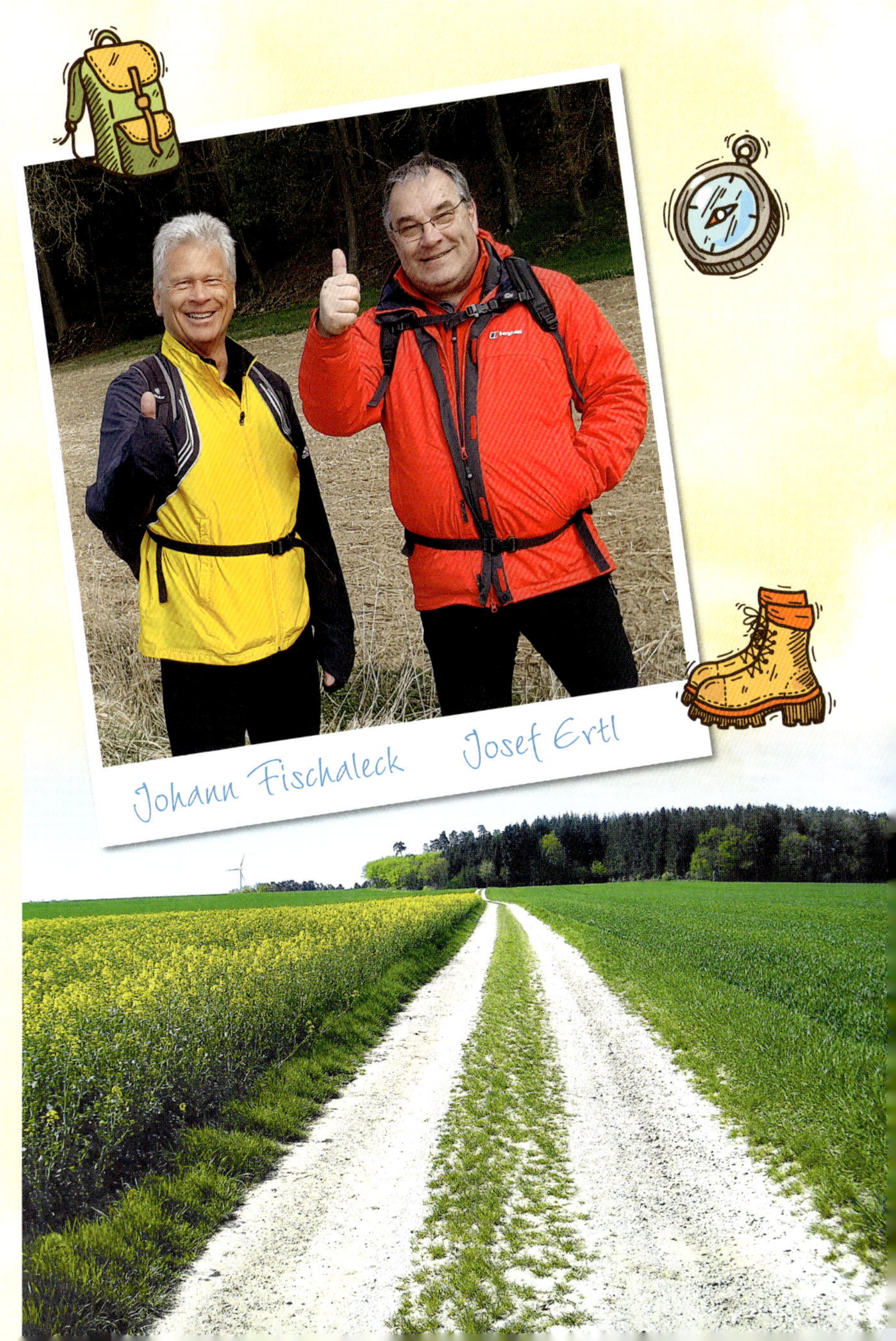
Johann Fischaleck
Josef Ertl

Inhaltsverzeichnis

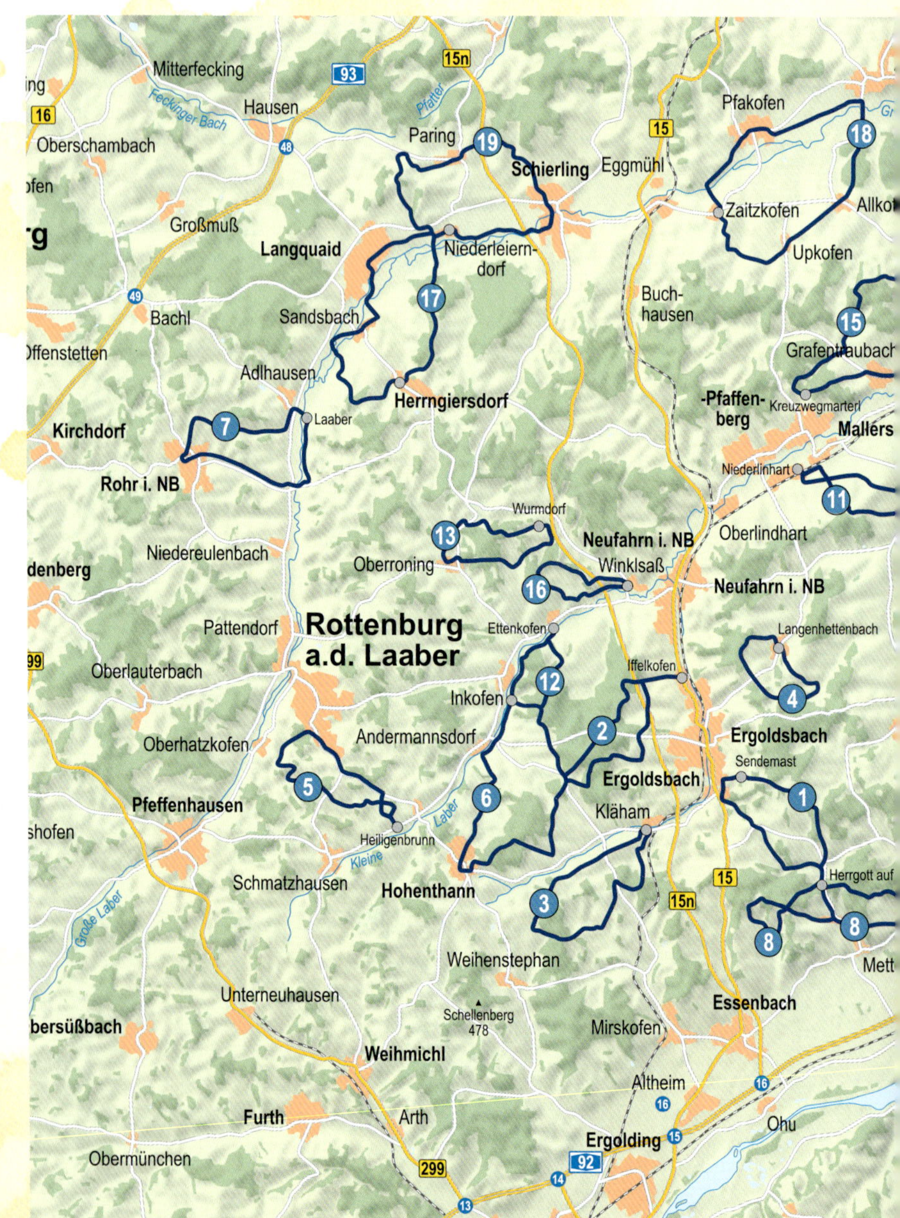
Mitterfecking
Feckinger Bach
Hausen
93
15n
Pfatter
Paring
19
Schierling
Eggmühl
15
Pfakofen
18
16
Oberschambach
48
Großmuß
Langquaid
Niederleiern-
dorf
Zaitzkofen
Allkof
Upkofen
17
Buch-
hausen
49
Bachl
Sandsbach
15
Grafentraubach
Offenstetten
Adlhausen
Herrngiersdorf
-Pfaffen-
berg
Kreuzwegmarterl
7
Laaber
Kirchdorf
Mallers
Rohr i. NB
Niederlinhart
11
Wurmdorf
13
Neufahrn i. NB
Oberlindhart
Niedereulenbach
Oberroning
Winklsaß
denberg
16
Neufahrn i. NB
Pattendorf
Rottenburg
a.d. Laaber
Ettenkofen
Langenhettenbach
99
Oberlauterbach
Iffelkofen
12
4
Inkofen
Ergoldsbach
2
Andermannsdorf
Oberhatzkofen
Sendemast
Ergoldsbach
5
6
1
Pfeffenhausen
Laber
Kläham
shofen
Heiligenbrunn
Kleine
Herrgott auf
Schmatzhausen
Hohenthann
15
3
15n
8
8
Große Laber
Weihenstephan
Mett
Unterneuhausen
Schellenberg
478
Essenbach
bersüßbach
Mirskofen
Weihmichl
Altheim
16
16
Furth
Arth
Ohu
Ergolding
15
Obermünchen
299
92
14
13

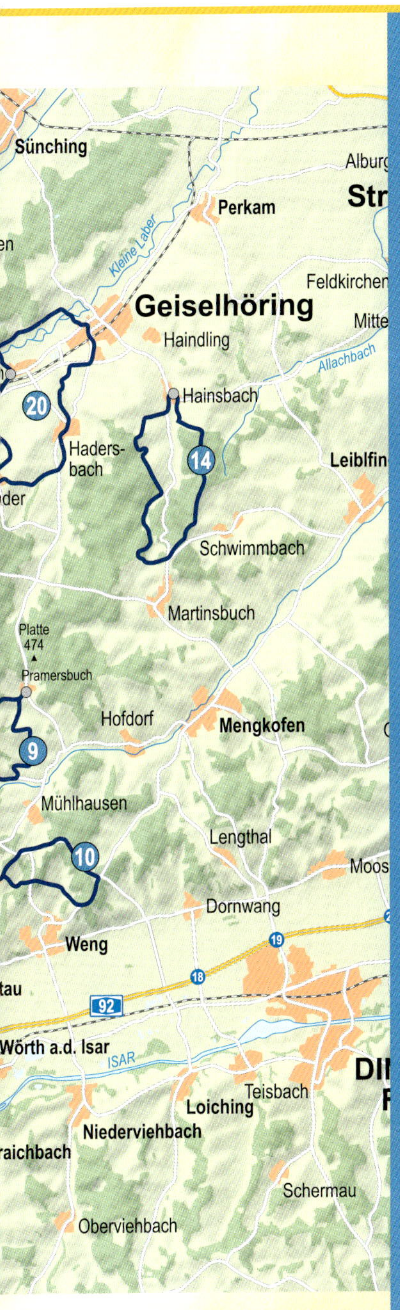

1. Von Ergoldsbach hinab ins Osterhauner Tal und den Münsterer Graben, vorbei beim „Herrgott auf der Wies"
2. Ergoldsbach: Über Kirchholz und Dachsberg zum Lohgraben
3. Von Kläham auf dem Höhenweg ins Hirttal
4. Rund um Langenhettenbach
5. Von der Wallfahrtskirche Heiligenbrunn nach Rottenburg/Laaber
6. Von Inkofen nach Hohenthann über Pfaffenloch und kleine Laber
7. Rohr in Niederbayern – die Asamkirche lockt
8. Von „Herrgott auf der Wies" nach Grießenbach, Mettenbach und Wattenbach
9. Hammelhof, Hinflucht, Kleinlug, Mausloch – seltsam?
10. Von Veitsbuch zum Dreifaltigkeitsberg
11. Vom Labertal ins Tal des Bayerbacher Baches
12. Durchs Hochstraßholz zum Pfaffenloch – zwischen Ettenkofen und Inkofen
13. Rund ums Sauloch – von Wurmdorf nach Oberroning und Walpersdorf
14. Durch den Hainsbacher Forst nach Schwimmbach
15. Von Mallersdorf durchs Herrgottswiesholz ins Grafentraubacher Tal
16. Von Winklsaß zum „Guten Hirten"
17. Naturparadies Storchenroute – zwischen Herrngiersdorf, Langquaid und Kitzenhofen
18. Entlang der Ochsenstraße durchs Tal der großen Laber
19. Kirchen, Kloster, Laberauen – im Grenzland zwischen Niederbayern und der Oberpfalz
20. Laberauen und Wallfahrtskirche – ein Rundweg zwischen Sallach, Geiselhöring und Haader

Zwischen Donau und Isar – die Täler der kleinen und großen Laber

Die Große Laber (veraltete Schreibweise Große Laaber) ist ein 87,5 km langer rechter Nebenfluss der Donau in Bayern. In ihrem Verlauf überwindet sie einen Höhenunterschied von 170 Metern.

Der Name Laber rührt höchstwahrscheinlich von „labara" her, was in der Sprache der mitteleuropäischen Kelten so viel wie „die Schwatzende, Rauschende" bedeutete. Eine andere Herkunft des Namens könnte auch auf den bairischen Begriff „lap" (träge, langsam, faul) zurückgehen, dies in Bezug auf die langsame Strömung des Gewässers (aus Wikipedia).

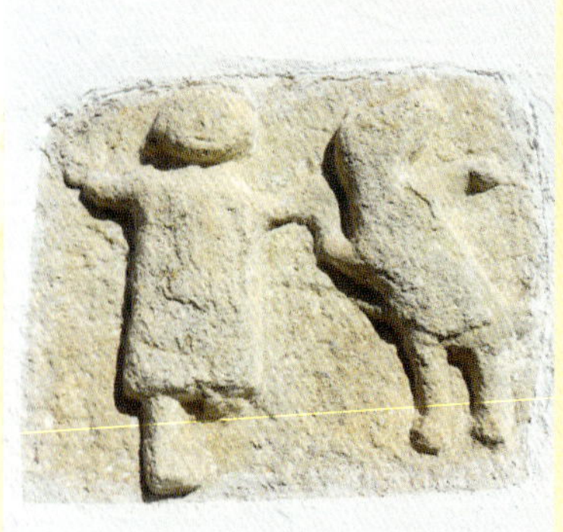

Steinerne Zeitzeugen begleiten unsere Wege

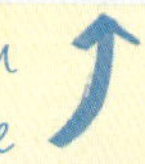

Der Fluss entspringt bei Volkenschwand im Hügelland der Hallertau. Von ihrer Quelle an, die sich auf etwa 485 m ü. NN befindet, fließt die Große Laber überwiegend in nordöstlicher Richtung. Sie durchfließt die Landkreise Kelheim, Landshut, Regensburg und Straubing-Bogen und berührt so neben dem Regierungsbezirk Niederbayern auch die südliche Oberpfalz. Größere Orte an der großen Laber sind unter anderem der Markt Pfeffenhausen, die Stadt Rottenburg an der Laaber, das Gemeindegebiet von Rohr, Herrngiersdorf und Langquaid, wo sie nach Osten schwenkt. Nun verlässt der Fluss Niederbayern und passiert den Landkreis Regensburg in der Oberpfalz über die Gemeindegebiete von Schierling, Pfakofen, Aufhausen, Sünching und Mötzing. Kurz vor der Mündung in die Donau tritt der Fluss wieder nach Niederbayern in den Landkreis Straubing-Bogen ein. Bei Wallmühle nahe Atting fließt die Kleine Laber zu. Die letzten rund drei Kilometer ihres Flusslaufs fließt die Große Laber parallel des Südufers der Donau, in deren Südarm sie an der Staustufe Straubing bei Straubing-Kagers mündet.

Im Bereich der Gemeinden Rottenburg, Rohr, Herrngiersdorf und Lanquaid läuft derzeit das Labertalprojekt. Diese Gemeinden liegen in-

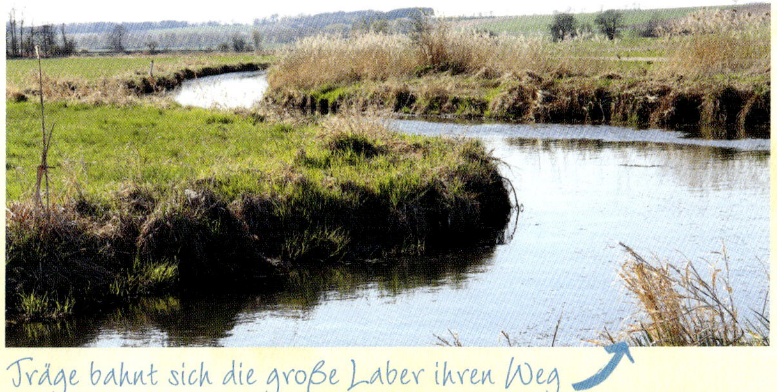

Träge bahnt sich die große Laber ihren Weg

nerhalb unserer Wanderrouten und werden auf den einzelnen Touren auch besucht. Basierend auf den Vorgaben aus Landwirtschaft, Naturschutz und Wasserwirtschaft wurde ein gemeinsames Konzept für die Überschwemmungsaue der Großen Laber erarbeitet. Mit Hilfe eines Umsetzungsberaters vor Ort und einem ländlichen Neuordnungsverfahren erfolgte die Umsetzung. Ziel ist, eine für den Landwirt auskömmliche Betriebsweise mit den Zielen von Naturschutz und Wasserwirtschaft in Einklang zu bringen bzw. den Wandel in der Landwirtschaft für Fluss und Aue möglichst verträglich zu gestalten.

Das 875 km² große Einzugsgebiet der Großen Laber liegt im Unterbayerischen Hügelland zwischen der Isar und der Donau und umfasst Teile der Hallertau im Westen und des Gäubodens im Nordosten. Erst durch die donauabwärts Verlegung der Mündung der Großen Laber, wurde die Kleine Laber zum Nebenfluss der Großen Laber, wodurch sich deren Einzugsgebiet flächenmäßig nahezu verdoppelt hat. An vielen Stellen noch unreguliert fließt sie in zahlreichen Mäandern durch die weite Talaue. Bei Hochwasser kommt es zu weiträumigen Überschwemmungen der Auewiesen. Die Orte liegen meist am Talrand, so dass Hochwasserschäden eher selten sind und wenn, dann nur im geringen Maße auftreten. Die Kleine Laber entspringt im Landkreis Landshut bei Pfeffenhausen-Egg. Sie fließt dann in nordöstlicher Richtung und passiert die Ortschaft Schmatzhausen, dann Türkenfeld und Andermannsdorf, wo der Mosbach in sie einmündet. Die nächsten Ortschaften, die sie durchfließt, sind Rahstorf, Allgramsdorf, Inkofen, Hebramsdorf, Ettenkofen, Hofendorf, Winklsaß und Asenkofen. In Neufahrn in Niederbayern wird sie rechts vom Goldbach aus Ergoldsbach gespeist und erreicht danach den Landkreis Straubing-Bogen. Darin durchfließt oder passiert sie Mallersdorf-Pfaffenberg, Geiselhöring und Perkam. Schließlich passiert sie Atting bzw. Rain, wonach sie bei Atting-Wallmühle in die Große Laber mündet. Gespeist wird sie neben dem Goldbach vom Bayerbacher Bach, dem Altbach, dem Grafentraubach und dem Eiglfurter Bach, die wir allesamt auf unseren Wandertouren berühren.

Grundsätzliches zu unseren Wanderstrecken

Um eine Tour einschätzen zu können, sind vor allem zwei Parameter wichtig: Die Länge der Strecke und die Höhenunterschiede. Beides steht gleich am Anfang der Tour, ein Höhenprofil unter der Karte veranschaulicht dies auch. Bei unseren Zeitangaben sind wir sehr kinderfreundlich gewesen und haben mit 3,5 km pro Stunde gerechnet. Da kann man auch einmal stehenbleiben und die herrliche Landschaft betrachten (und das ist es wert!). Oder auch mal einer seltenen Blume oder einer Vogelart nachspüren. Das Mitnehmen eines Fernglases empfiehlt sich tatsächlich bei jeder unserer Touren, weil es immer mindestens einen weiten Ausblick gibt. Da die Natur weitgehend unberührt ist, laufen einem auch schon mal tagsüber Rehe oder Hasen über den Weg. Auch Blindschleichen und Ringelnattern haben wir aufgespürt.

Unsere Wege führen im Großen und Ganzen über Feld- und Waldwege, die kaum befahren sind. Allerdings lässt es sich nicht immer vermeiden, auch mal ein Stück einer Staatsstraße in Anspruch zu nehmen. Dies beschränkt sich auf wenige Meter, aber hier ist dann besondere Vorsicht geboten. Außerhalb geschlossener Ortschaften immer links gehen, um die von vorne kommenden Autos schnell zu erspähen.

Ursprünglich und unberührt: Die Mäander der kleinen Laber

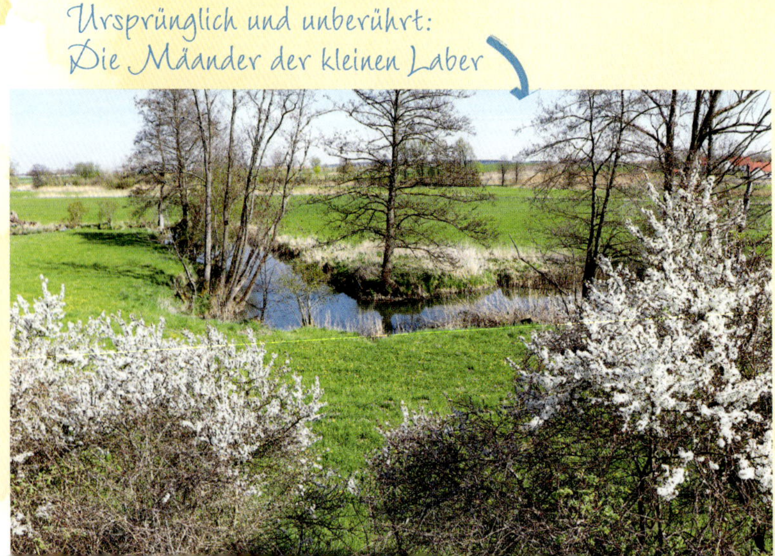

Da unsere Wanderungen oft fern von größeren Ansiedlungen verlaufen, wo es keine Möglichkeit gibt, ein Gasthaus aufzusuchen, sollte an eine entsprechende Brotzeit gedacht werden, die man unterwegs an einem romantischen Ort auspacken kann. Wichtiger noch als das Essen sind die Getränke. Aber da haben wir für Sie den ultimativen Tipp, mit dem wir uns bis Rom „über Wasser" gehalten haben. Halten Sie Ausschau nach einem Kirchturm, denn da liegt nebenan der Friedhof. Und auf dem Friedhof gibt es immer frisches Wasser!! Das gilt für Niederleierndorf genauso wie für Kläham, Hainsbach, Laaber oder Paring. Bei der Tour nach Paring gibt es unterwegs sogar frisches Quellwasser, ebenso in der Kapelle in Heiligenbrunn.

Falls Sie beim Wandern trotz ordnungsgemäßer Kleidung Druckstellen spüren, empfiehlt es sich, diese Stelle mit einem Pflaster abzudecken, und zwar beim ersten Anzeichen. Bereits gebildete Blasen zu Hause nicht mit Okklusionspflastern zudecken, sondern mit flüssigem Polyvidon behandeln und an der frischen Luft heilen lassen. Hier spricht der Apotheker. Pflaster schützen vor Schmutz und mechanischer Reizung, fördern aber nicht die Heilung.

In diesem Sinne wünschen wir Ihnen eine unbeschwerte und blasenfreie Wanderung.

Immer wieder: Der Ausblick zum Bayerischen Wald

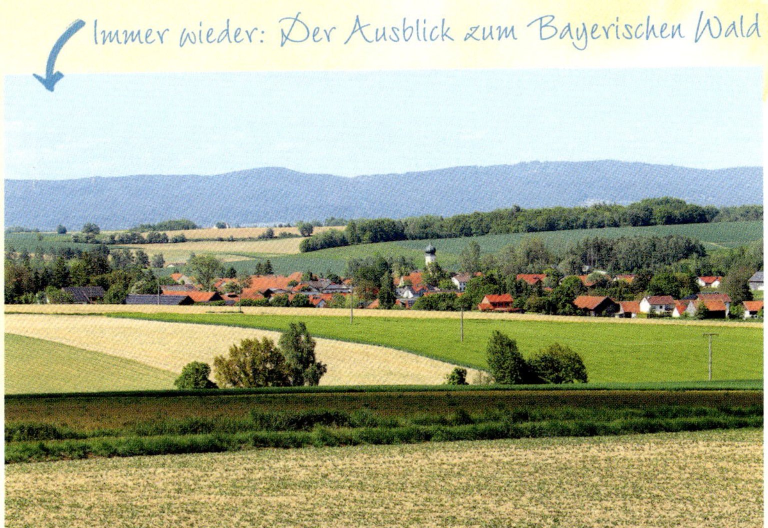

Respektvoll auf dem Weg & mit der Natur

In den letzten Monaten sind immer mehr Menschen „outdoor“ unterwegs. Ob zu Fuß, mit dem Bike oder einfach nur, um die Natur zu genießen. Sie ist für uns alle ein wertvolles Gut und daher müssen wir sie jetzt und auch für die Zukunft schützen. Bitte verhaltet euch umsichtig, seid respektvoll zueinander und schützt die Umwelt. „Seid's freundlich zueinander!“

12 Tipps für „Respektvoll auf dem Weg & mit der Natur“:

1. Informieren Sie sich vor der Abfahrt über Ihr Ziel, die Anreise und mögliche Parkplätze.
2. Respektieren Sie Schutzzonen (z. B. im Nationalpark oder Auerhahnschutzgebiete)
3. Bleiben Sie auf Pfaden und Wegen. Respektieren Sie das Eigentum der Grundstücksbesitzer.
4. Schonen Sie Flora und Fauna.
5. Abfall gehört in den Rucksack.
6. Vermeiden Sie das Befahren und Begehen von Wald und Wiesen zur Dämmerung oder nachts. Tiere brauchen nachts ihre Ruhe.
7. Machen Sie kein offenes Feuer in der Natur.
8. Parken Sie nur auf offiziellen, ausgewiesenen Parkplätzen.
9. Nehmen Sie Ihren Hund in der freien Wildbahn bitte immer an die Leine und lassen Sie die Hinterlassenschaften nicht liegen.
10. Mountainbiken und Radfahren bitte nur auf ausgewiesenen Radwegen.
11. Betreiben Sie Wassersport oder Baden nur auf den dafür vorgesehenen Plätzen.
12. Berücksichtigen Sie stets Ihre eigene Fitness und was Sie sich zutrauen können.

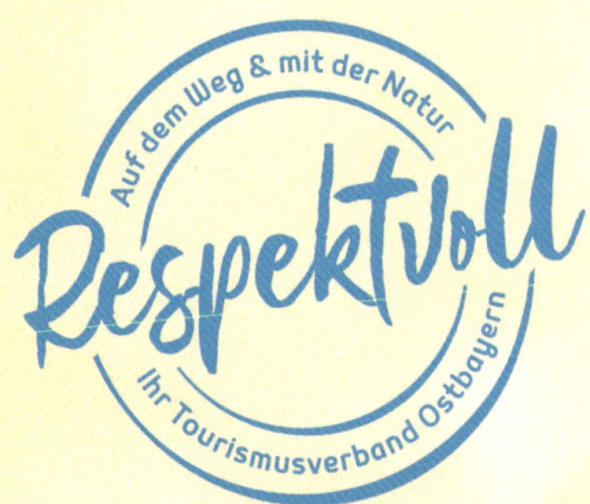

(Quelle: Tourismusverband Ostbayern e. V.)

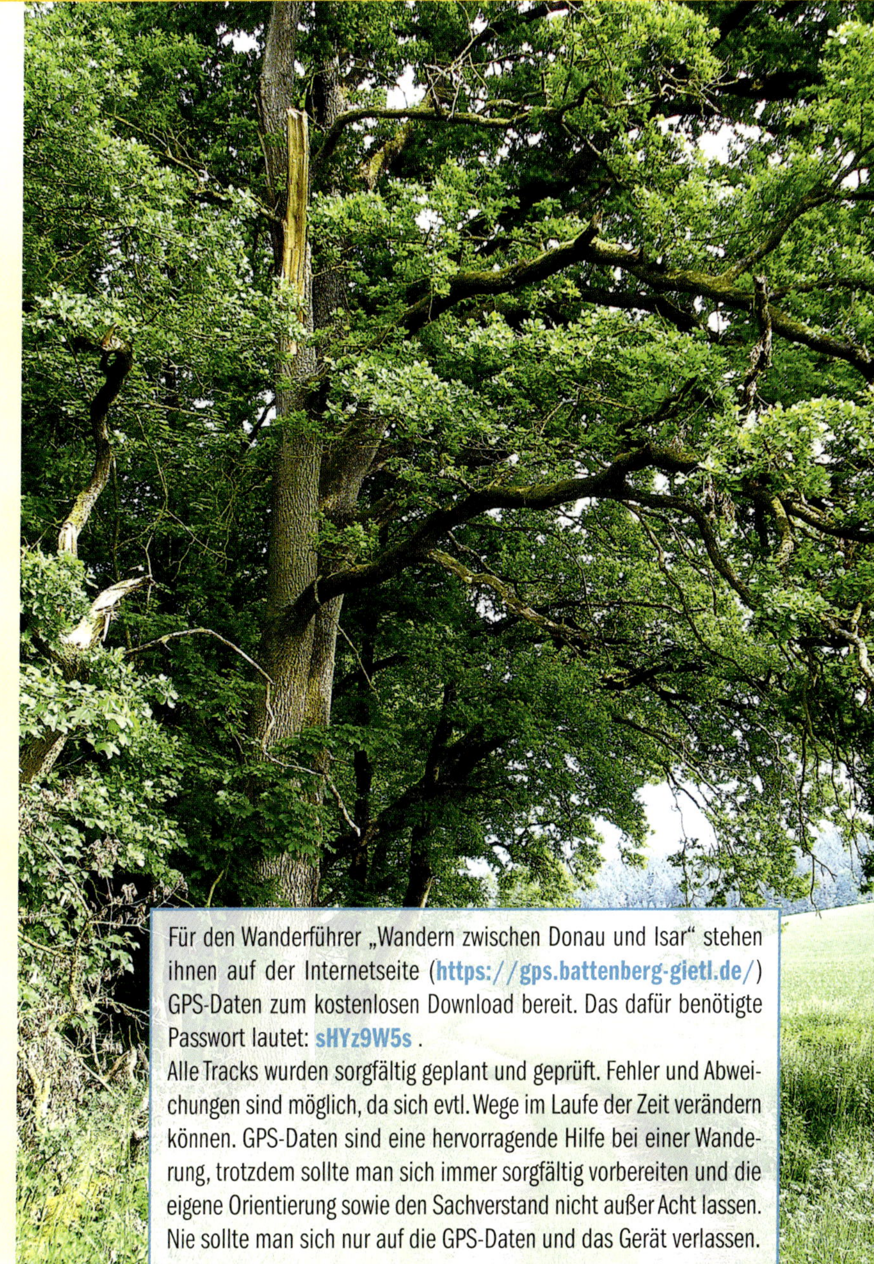

Für den Wanderführer „Wandern zwischen Donau und Isar“ stehen ihnen auf der Internetseite (**https://gps.battenberg-gietl.de/**) GPS-Daten zum kostenlosen Download bereit. Das dafür benötigte Passwort lautet: **sHYz9W5s** .

Alle Tracks wurden sorgfältig geplant und geprüft. Fehler und Abweichungen sind möglich, da sich evtl. Wege im Laufe der Zeit verändern können. GPS-Daten sind eine hervorragende Hilfe bei einer Wanderung, trotzdem sollte man sich immer sorgfältig vorbereiten und die eigene Orientierung sowie den Sachverstand nicht außer Acht lassen. Nie sollte man sich nur auf die GPS-Daten und das Gerät verlassen.

Von Ergoldsbach hinab ins Osterhauner Tal und den Münsterer Graben, vorbei beim „Herrgott auf der Wies“

Leicht bis Mittel

12,5 km

↓↑ 130 m

3,5 Std.

Ergoldsbach Sendemast – Siegensdorf-Osterhaun – Oberröhrenbach – Kapelle Herrgott auf der Wies – Windrad

Es erwartet Sie ein leichter ruhiger Wanderweg im Süden von Ergoldsbach hinab ins Osterhauner Tal mit lohnenswertem Abstecher zur Kapelle.

Parken:
Sendemast
84061 Ergoldsbach
Dingolfinger Straße
(sieht man bereits von Weitem).

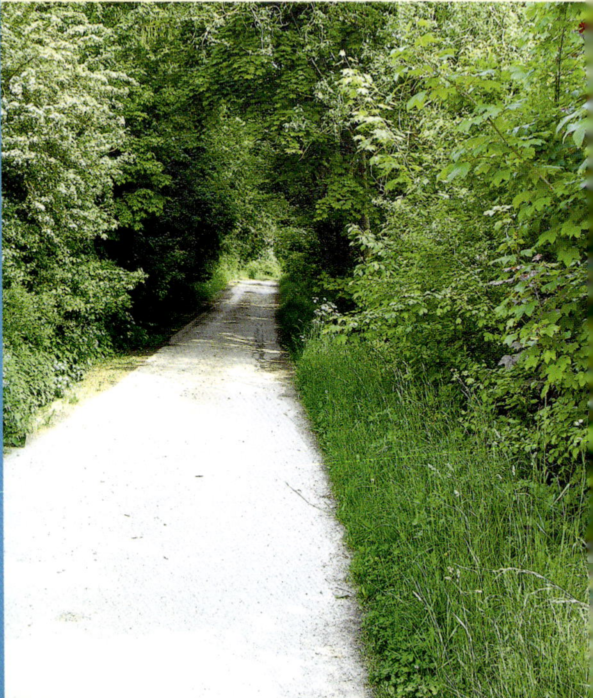

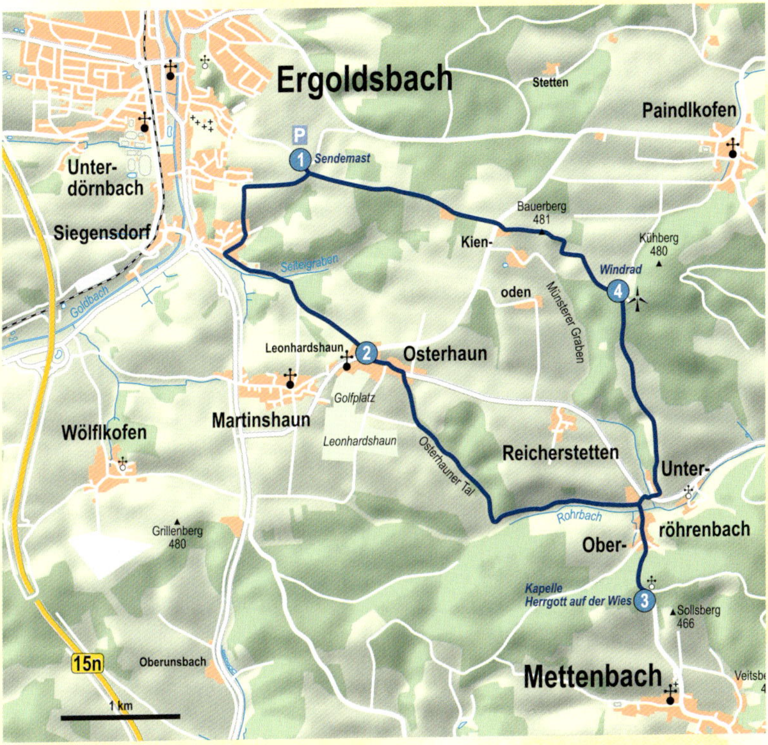

1 Sendemast – Start/Ziel

2 Leonhardshaun/Osterhaun

3 Kapelle Herrgott auf der Wies

4 Windrad

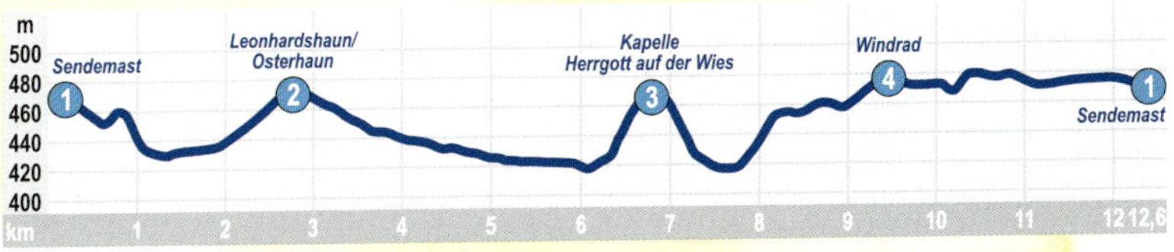

Diese Tour führt uns vom Sendemast (am Ende der Dingolfinger Straße) in Ergoldsbach über Siegensdorf nach Martinshaun, weiter am Ammerholz vorbei nach Oberröhrenbach.
Von dort gönnen wir uns einen kleinen Abstecher zur Waldkapelle „Herrgott auf der Wies".

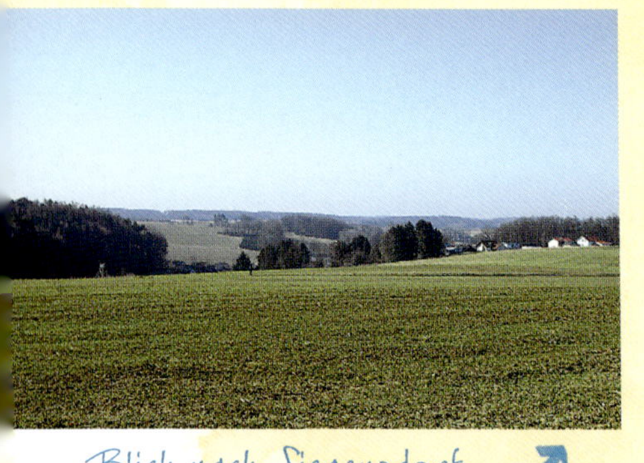

Blick nach Siegensdorf.

Zurück in Oberröhrenbach setzen wir die Wanderung weiter fort zum Windrad der Stadt Vilsbiburg, wo wir dann den Rückweg zum Ausgangspunkt antreten.

Ergoldsbach liegt im nördlichen Landkreis von Landshut. Der Marktflecken ist mit seinen gut 8000 Einwohnern der größte Ort im Goldbachtal. Schon im Jahre 822 wurde Ergoldsbach erstmals urkundlich erwähnt und 1403 zum Markt erhoben. Hier lag der Ursprung der über die Landesgrenzen hinaus bekannten Ziegelei ERLUS, früher Ergoldsbacher Dachziegel. Seine bekanntesten Bürger sind wohl Heidi Hutterer, die 1980 den Silvester-Marathonlauf in São Paulo gewann, und Dominik Brunner, der bei seinem selbstlosen Eintreten für den Schutz von Jugendlichen auf dem Bahnhof in München/Solln sein Leben verlor.
Wir starten unsere Tour am Sendemasten, 1 wo auch das Auto bequem abgestellt werden kann. Hier befinden wir uns jetzt auf einer Höhe von 472 m über NN und können bereits den ersten Rundumblick über Ergoldsbach bis hin nach Neufahrn i. NB. genießen. Beim wenige Meter entfernten Bankerl führt unser Weg schnurgerade in Richtung Westen für gut 500 m. Dort wandern wir bergab in den Ortsteil Siegensdorf/Siedlung bis zum unteren Teil der

Blick nach Ergoldsbach.

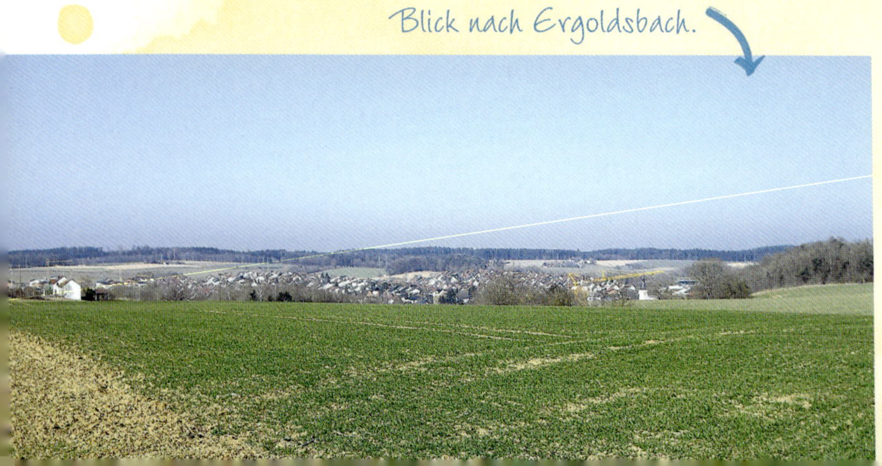

Durchs Osterhauner Tal.

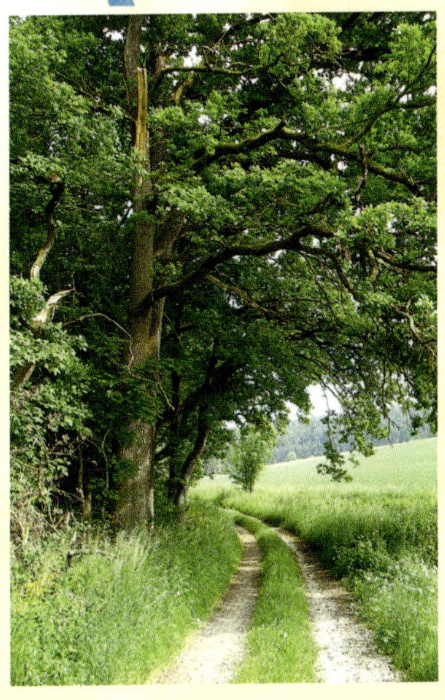

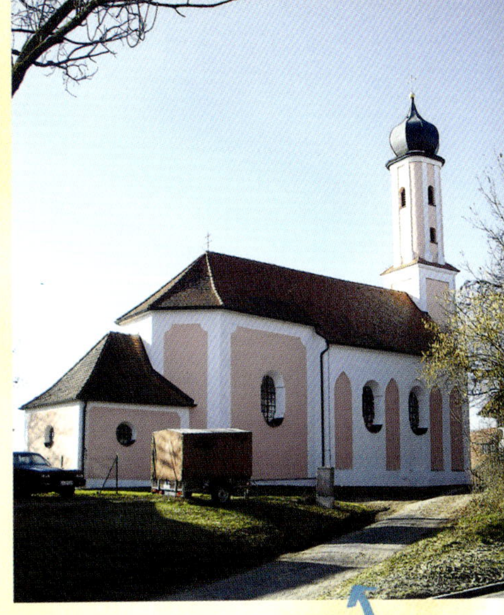

Kirche Osterhaun.

Ringstraße (ca. 400 m), dann geht's rechts weiter, bis wir auf die Neusiedler Straße stoßen. Wir biegen jetzt links ab und folgen der Neusiedler Straße ortsauswärts an den letzten Häusern vorbei. Nach 200 m teilt sich der Weg. Wir folgen ihm rechts, überqueren den Seitlgraben und wandern nun direkt auf ein kleines Waldstück zu. Nun geht es immer weiter leicht bergauf, bis wir in Martinshaun auf die Staatsstraße nach Bayerbach stoßen. Dort biegen wir rechts ab und folgen der Straße für wenige Meter, bis wir auf die Straße nach Postau treffen, die uns nun für ca. 400 Meter Richtung Osten begleitet.

Vor dem letzten Anwesen auf der rechten Seite biegt nun eine Sandstraße hinab ins Osterhauner Tal. 2 Der Weg begleitet nach wenigen

Golfplatz bei Martinshaun.

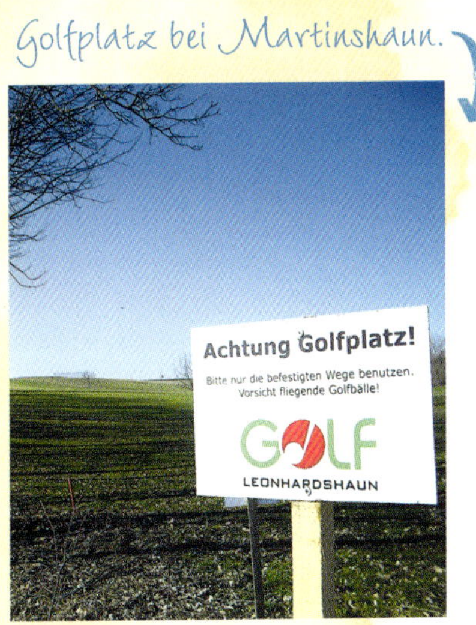

Hundert Metern das Ammerholz. An dessen Ende nach gut 1,4 km macht der Weg eine 90°-Abbiegung nach links. Von hier können wir bereits den kleinen Ort Oberröhrenbach sehen. Nach gut 1 km treffen wir auf die geteerte Straße, die rechts hinauf zur idyllisch gelegen Waldkapelle „Herrgott auf der Wies“ ❸ führt (ca. 800 m bei 50 m Höhenunterschied).

Nach einer kleinen Rast an der Kapelle geht es wieder zurück nach Oberröhrenbach, bis die Staatsstraße nach Postau kreuzt. Diese

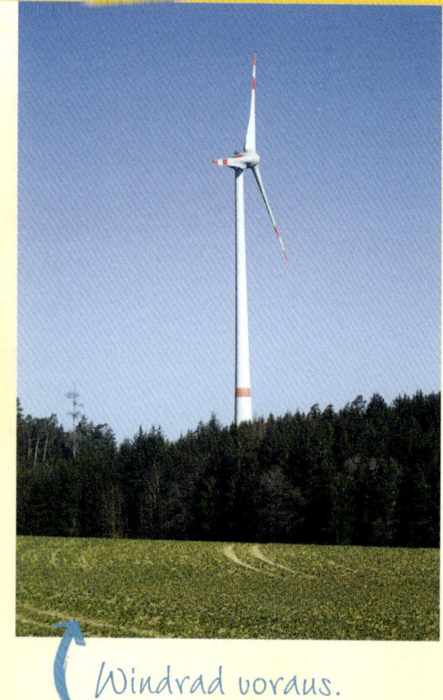

Windrad voraus.

Herrgott auf der Wies.

überqueren wir und gelangen nun wieder auf einen Feldweg, der nach ca. 100 m eine Linkskurve macht und stetig leicht ansteigt, bis wir nach etwa 1,3 km den Waldrand erreichen. Auf dem Weg nach oben bietet sich uns ein weiter Blick nach Moosthann bis hinaus ins Isartal. Nach einigen Hundert Metern durch den Wald stehen wir jetzt am

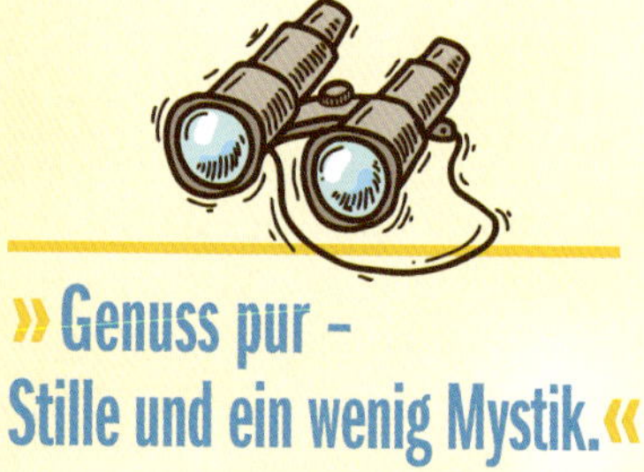

» Genuss pur – Stille und ein wenig Mystik. «

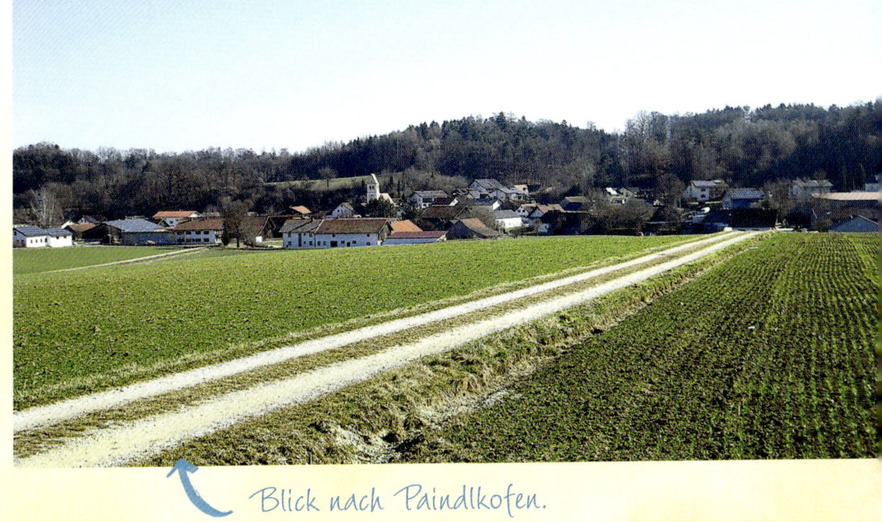

Blick nach Paindlkofen.

Windrad, ④ das die Stadt Vilsbiburg betreibt. An ihrem Fuß berichtet eine Informationstafel über die technischen Daten. Bemerkenswert ist die Höhe des Windrades. Bis zur Nabenhöhe sind es 135 m, also einige Meter mehr, als der Turm der Landshuter Martinskirche misst, weltweit der höchste Kirchturm aus Backsteinen.

Nach wenigen Metern in Richtung Norden verlassen wir wieder den Wald. Hier führt gleich links direkt am Wald entlang ein kleiner Weg, dem wir weiter folgen, bis wir nach etwa 600 m wieder ein kleines Wäldchen erreichen. Dieses umrunden wir und gelangen dann zu einigen Häusern des Ortsteiles Kienoden. Nun begegnen wir der Staatsstraße von Martinshaun nach Bayerbach. Nachdem wir diese überquert haben, treffen wir nun auf unser letztes Stück Weg, das uns direkt nach etwa 1,7 km zu unserem Auto beim Sendemasten führt.

Essen/Einkehren:

Hotel Gasthof Dallmaier
Hauptstraße 26
84061 Ergoldsbach
Telefon: 08771/1210

Öffnungszeiten:
Di. bis So. 11.30 bis 13.30 Uhr und 17.00 bis 22.00 Uhr, Mo. Ruhetag

Ristorante Pizzeria Italia
Speisen vor Ort und zum Mitnehmen
Hauptstraße 17 a
84061 Ergoldsbach
Telefon: 08771/4095117

Öffnungszeiten:
Di. bis So. 11.00 bis 14.00 Uhr und 17.00 bis 22.00 Uhr, Mo. Ruhetag

Leicht

14 km

↓↑ 114 m

4 Std.

Iffelkofen – Poschenhof – Gnarn – Oberhaid – Oberdörnbach

Ideal an Sonnentagen, viel Schatten im Staatsforst, typisch Niederbayern.

Parken:
Filialkirche St. Stephan
Iffelkofen
Kirchenstraße
84061 Ergoldsbach.

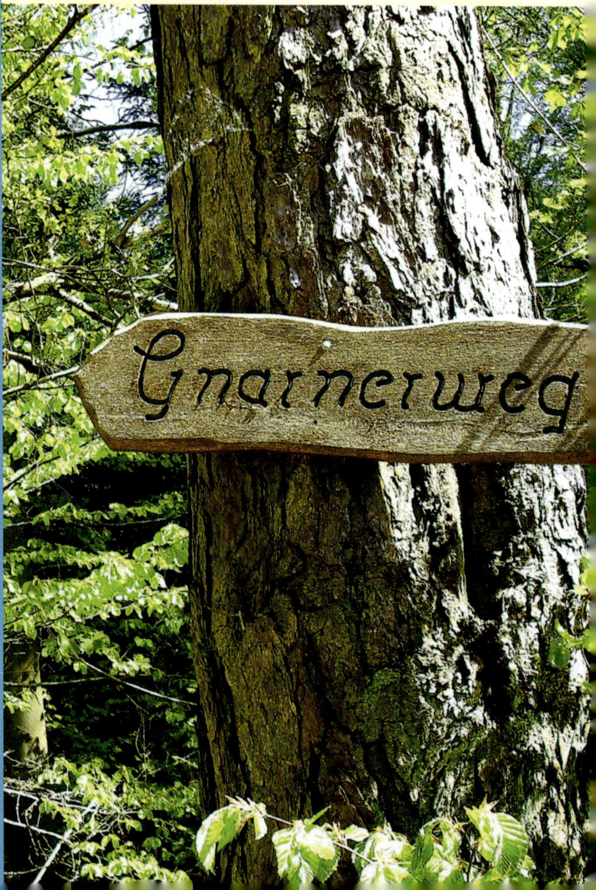

Ergoldsbach: Über Kirchholz und Dachsberg zum Lohgraben

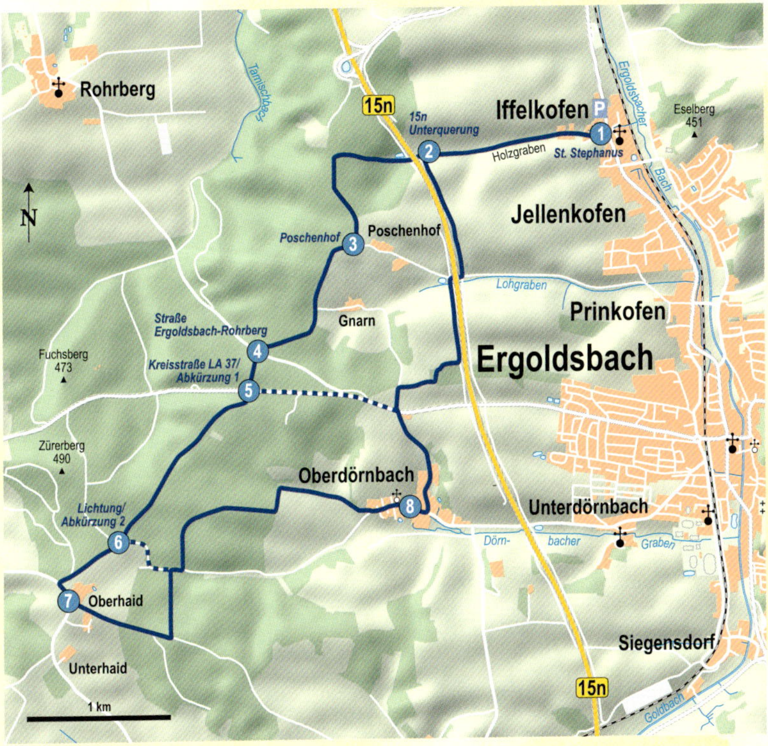

1. St. Stephanus – Start/Ziel
2. 15n Unterquerung
3. Poschenhof
4. Straße Ergoldsbach Rohrberg
5. Kreisstraße LA 37/Abkürzung 1
6. Lichtung/Abkürzung 2
7. Oberhaid
8. Oberdörnbach

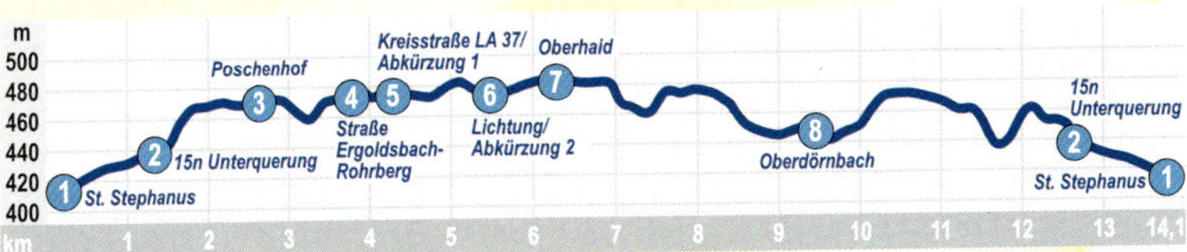

Diese Tour führt uns von der Filialkirche St. Stephanus in Iffelkofen, Gem. Ergoldsbach, in Richtung Westen. Durch den Staatsforst ist die Einöde Haid der Wendepunkt und führt über Oberdörnbach zurück zum Ausgangspunkt. Auf halber Strecke gibt es eine Möglichkeit, die Tour (A) abzukürzen. Etwas weiter besteht sie nochmals, um einige Meter (B) zu sparen. Trotz der Nähe zur Autobahn-ähnlichen B15 neu ist die erholsame Ruhe ein ständiger Begleiter, ebenso werden wir immer wieder mit herrlichen Ausblicken verwöhnt.

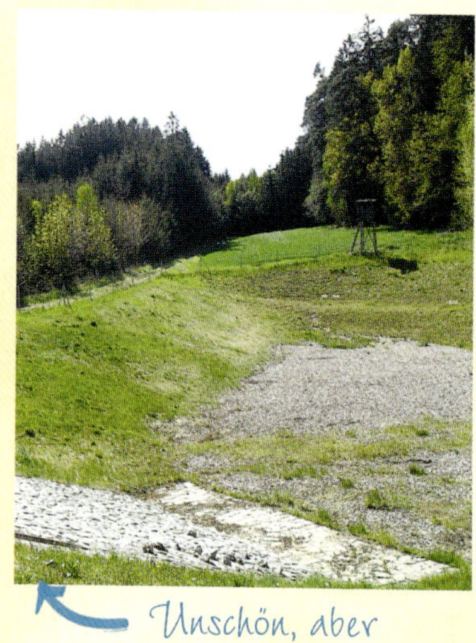

Unschön, aber notwendig.

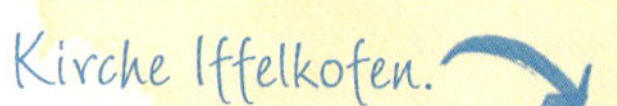

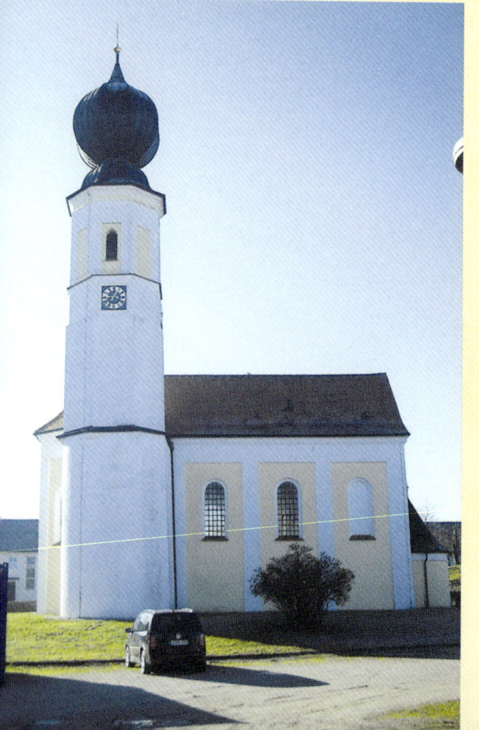

Startpunkt ist die Filialkirche St. Stephanus in Iffelkofen ❶ direkt an der Regensburger Straße (B15 alt) und dem Kirchenweg. Iffelkofen war bis zur Gebietsreform in den 70er Jahren zusammen mit Prinkofen und Jellenkofen eine eigenständige Gemeinde, bis alle 3 Orte in die Gemeinde Ergoldsbach eingegliedert wurden.

Direkt gegenüber der Kirche in westlicher Richtung beginnt im Lohfeldweg unsere Wanderung. Fast schnurgerade führt uns dieser gut befestigte Feldweg westwärts bis zur B 15 neu ❷. Nachdem wir die neue Schnellverbindung von Landshut nach Regensburg unterquert haben, wählen wir nun den mittleren Pfad und wandern links am Regenrückhaltebecken vorbei etwa 550 m durch das Kirchenholz. An der nächsten Weggabelung führt uns der Waldweg nach

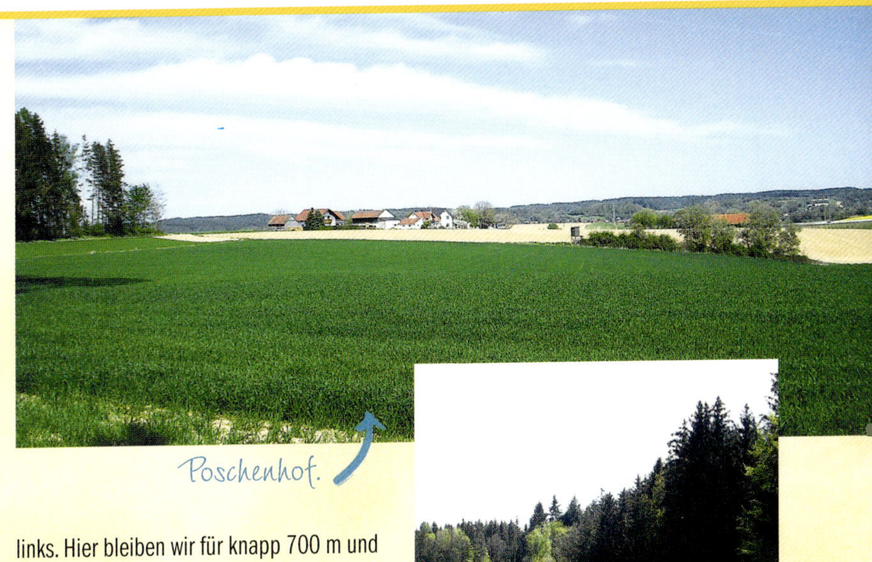

Poschenhof.

links. Hier bleiben wir für knapp 700 m und wenden uns dann nach rechts. Linker Hand sehen wir in unmittelbarer Nähe den Ortsteil Poschenhof ③. Für weitere 700 m genießen wir die Ruhe und wandern dann, nachdem wir die Abzweigung zum Ortsteil Gnarn passiert haben, in den Wald. Wir folgen dem Weg und gelangen nach einigen Hundert Metern an die Staatsstraße, die von Ergoldsbach nach Rohrberg führt. ④

Auch hier brauchen wir die Teerstraße nur überqueren und bleiben für kurze Zeit weiter

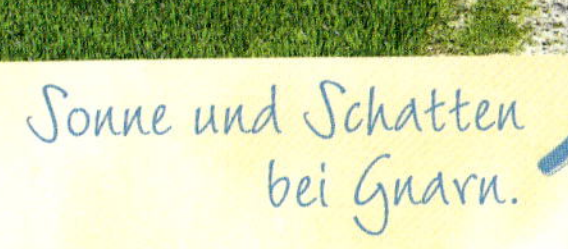

Sonne und Schatten bei Gnarn.

Gnarn.

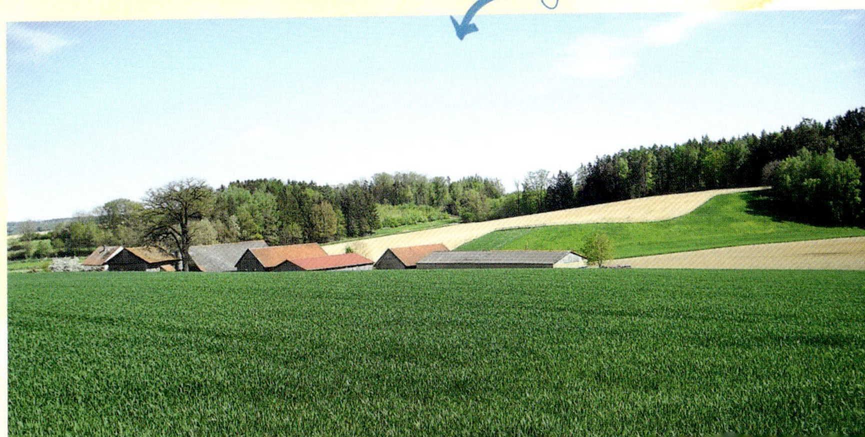

im Staatsforst, bis wir die nächste Straße erreichen. Jetzt ist es die Staatsstraße, die von Ergoldsbach nach Rottenburg führt. 5 Wer jetzt die Wanderung abkürzen will, biegt nach links ab und geht weiter auf der Staatsstraße in östlicher Richtung, bis nach etwa 1 km ein Wegweiser auf den Weiler Gnarn nach links verweist.

Will man aber sein Kalorienkonto nach unten korrigieren, überquert man die Staats-

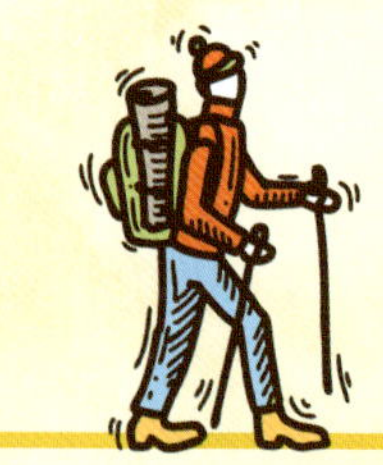

»Die Tour überrascht mit Vielfalt. Ideal an heißen Tagen.«

Impressionen.

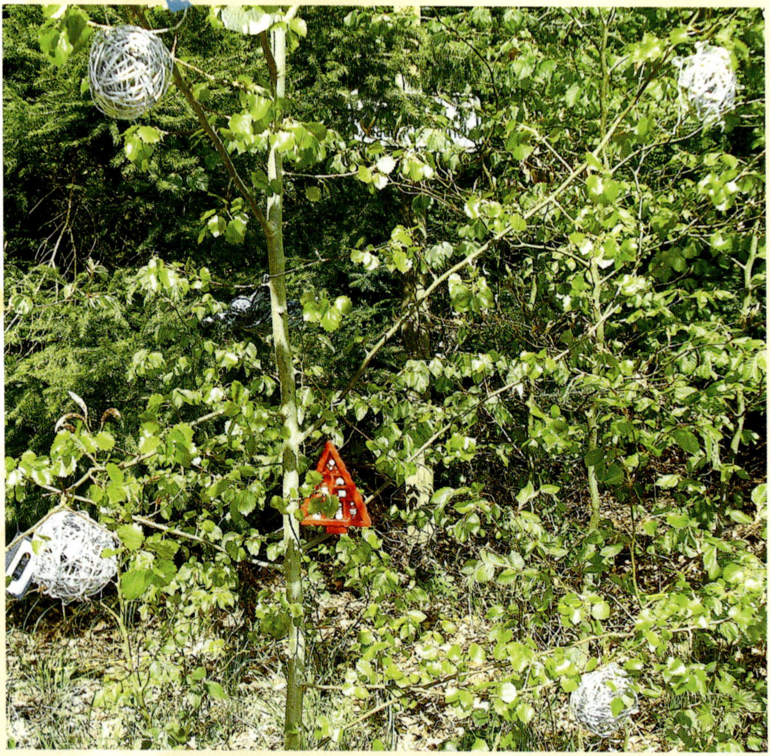

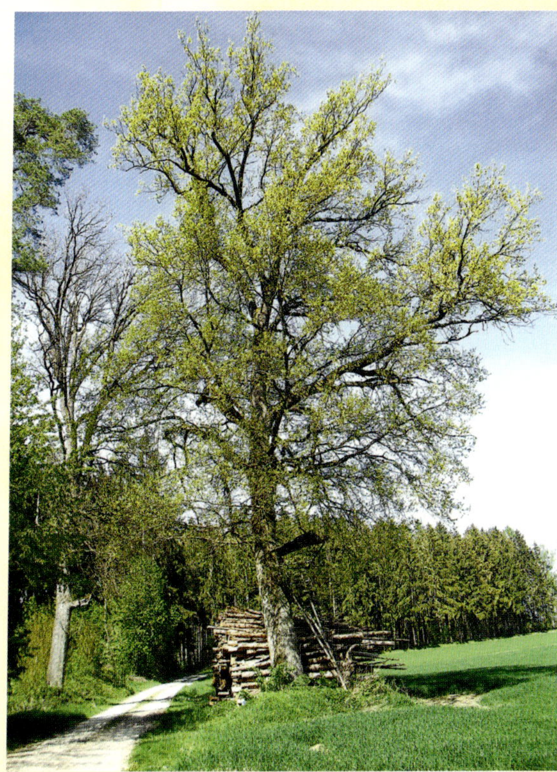

Alte Eiche.

straße und folgt dem Weg genau gegenüber für knapp 1,5 km. Wir sind jetzt mitten im Staatsforst und können hier die Unterschiede der staatlichen Waldarbeit zu den privaten Waldbauern erkennen. Am Waldrand angekommen haben wir einen ungehinderten Blick auf die Einöde Oberhaid.

Wollen wir etwas abkürzen, wendet sich nun unser Weg nach links. 6 Diesem folgen wir zunächst am Wald entlang für 300 m und nach weiteren 200 m führt unser weiterer Weg – jetzt wieder im Wald – links eine kleine Anhöhe hoch. Kurz zuvor mündet von rechts kommend die verlängerte Wanderung.

Die Kilometerjäger biegen nach rechts ab und kommen nach etwa 400 m auf eine geteerte Straße, die von Oberergoldsbach nach Kirchberg führt. Dort richtet sich nun der Weg nach links und führt sofort nach der Hofstelle von Oberhaid 7 wieder nach links in Richtung Wald. Nach knapp 800 m führt der erste Waldweg hinab und trifft nach wenigen Hundert Metern auf die 2. Abkürzungsroute.

Wir biegen jetzt rechts ab und wenden uns

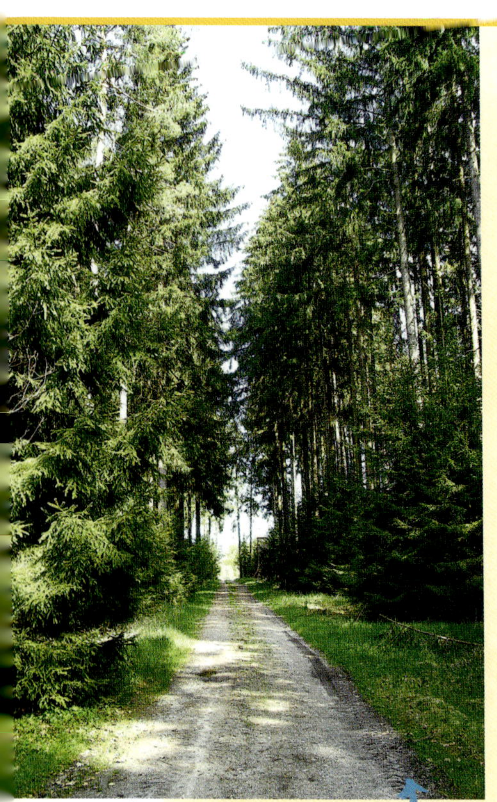

Hier spürt man noch den böhmischen Wind.

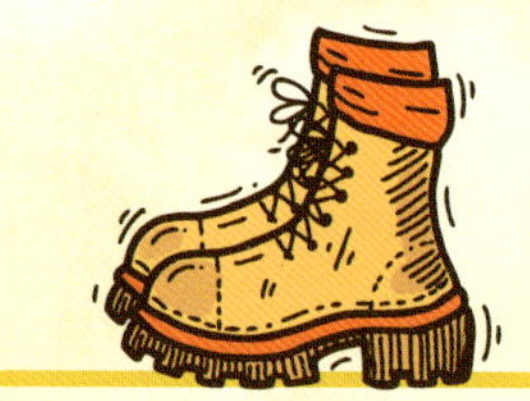

»Lust auf mehr??«

Weg für etwa 150 m links hinab und dann nach einem Knick nach rechts direkt auf den kleinen Ort Oberdörnbach 8 zu. In der Ortsmitte weist uns ein Wegweiser unseren Weg nach links in Richtung Ergoldsbach. Nach gut 800 m in leichtem Anstieg treffen wir nicht nur auf die Staatstraße von Ergoldsbach nach Rottenburg, sondern auch auf die Wanderer, die die erste Abkürzung gewählt haben. Nachdem wir die Teerstraße überquert haben, führt uns nach etwa 100 m der Weg nach rechts in Richtung B 15 neu. Bis vor wenigen Jahren konnten die Ergoldsbacher auf diesem Weg bis mitten in den Markt wan-

nach wenigen Metern nach links und wandern die kleine Anhöhe hoch. Nach kurzer Distanz macht unser Weg nun eine kleine Rechtswendung und führt uns schnurgerade in östliche Richtung. Dieser Teil unserer Wanderroute ist uns besonders in Erinnerung geblieben. Der kerzengerade Weg wirkt bei Ostwind wie ein Kamin. Hier kann man gerade in den Wintermonaten den berühmt-berüchtigten böhmischen Wind noch zu spüren bekommen. Am Waldrand angekommen, führt uns nun der

Richtung Oberdörnbach.

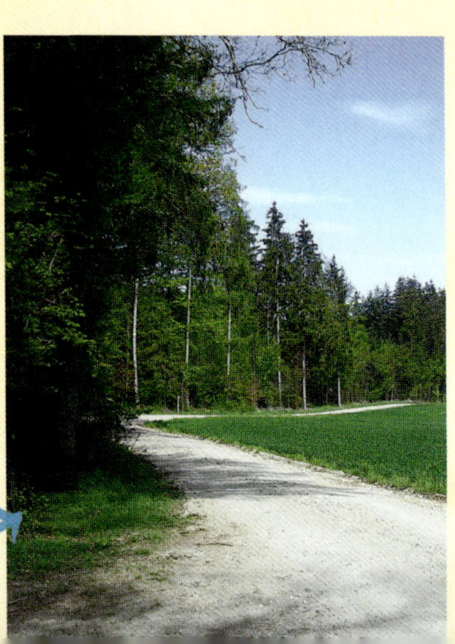

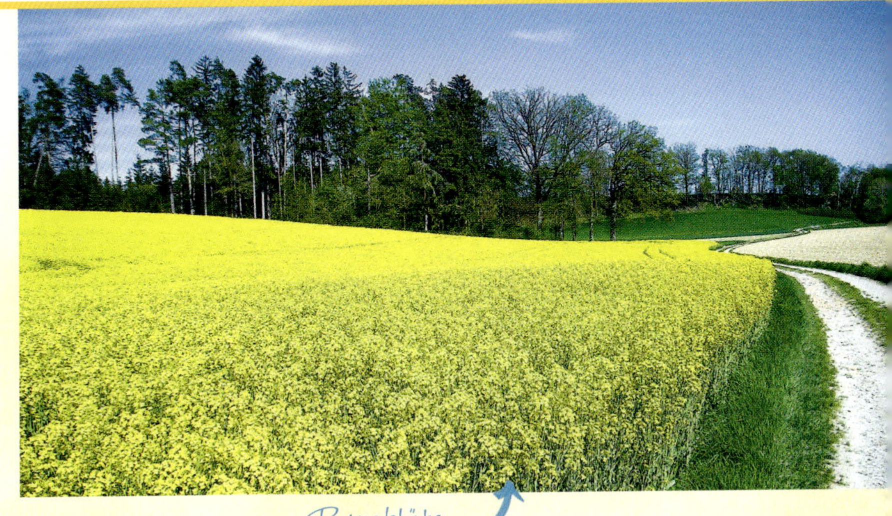

Rapsblüte.

dern. Leider wurde beim Bau der neuen Bundesstraße nicht an eine Überquerung für die Wanderer gedacht. Schade. Nun treffen wir nach wenigen Schritten auf ein kleines Wäldchen, das wir sowohl von links wie von rechts umgehen können. Wir werden immer am Wirtschaftsweg, der neben der B 15 neu verläuft, herauskommen. Wir wenden uns nun nach links und wandern in Richtung Norden. Nach weiteren 900 m unterqueren wir wieder die B 15 neu und biegen anschließend sofort nach links ab und gehen weiter Richtung Norden, nur jetzt auf der anderen Seite der neuen Bundesstraße. Auf dem Höhepunkt des Weges bietet sich uns ein herrlicher Ausblick weit über das Goldbachtal hinaus, bei klarem Wetter bis in den bayerischen Wald. Jetzt haben wir es fast geschafft. Nach knapp einem Kilometer treffen wir wieder auf die Lohfeldstraße, die uns zurück zum Startpunkt an der Kirche führt.

Essen/Einkehren:

Hotel Gasthof Dallmaier
Hauptstraße 26
84061 Ergoldsbach
Telefon: 08771/1210

Öffnungszeiten:
Di. bis So. 11.30 bis 13.30 Uhr und 17.00 bis 22.00 Uhr, Mo. Ruhetag

Ristorante Pizzeria Italia
Speisen vor Ort und zum Mitnehmen
Hauptstraße 17 a
84061 Ergoldsbach
Telefon: 08771/4095117

Öffnungszeiten:
Di. bis So. 11.00 bis 14.00 Uhr und 17.00 bis 22.00 Uhr, Mo. Ruhetag

Leicht bis Mittel

13 km

↓↑ 107 m

3,5 bis 4 Std.

Von Kläham auf dem Höhenweg ins Hirttal

Kläham – Höhenweg nach Hohenthann – Bruckbach – Buch – Pfellnkofen

Der Höhenweg überrascht mit seinen weiten Blicken ins Tal des Goldbaches. Auch die Alpen stehen – manchmal – zur Verfügung.

Parken:
Filialkirche Mariä Heimsuchung Kläham
Kirchplatz
84061 Ergoldsbach.

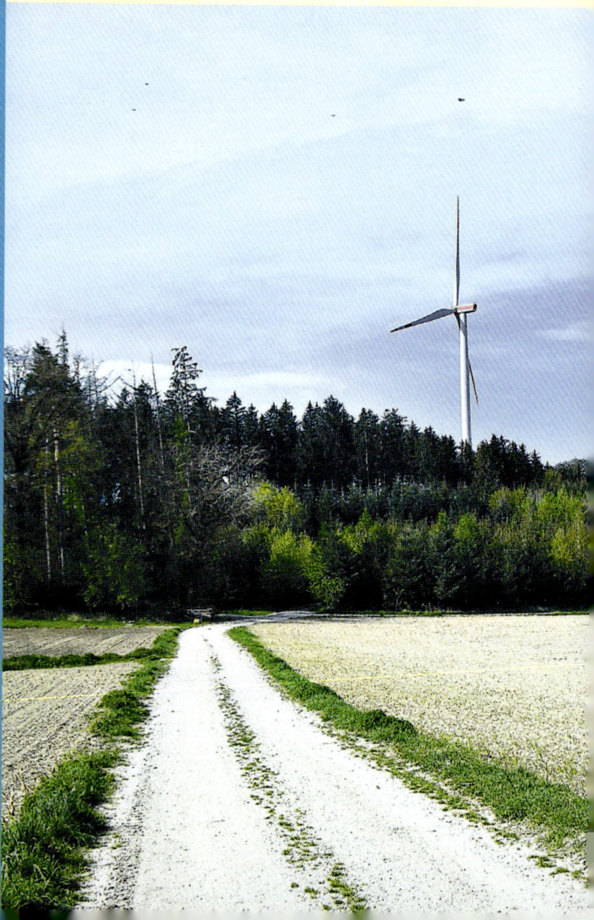

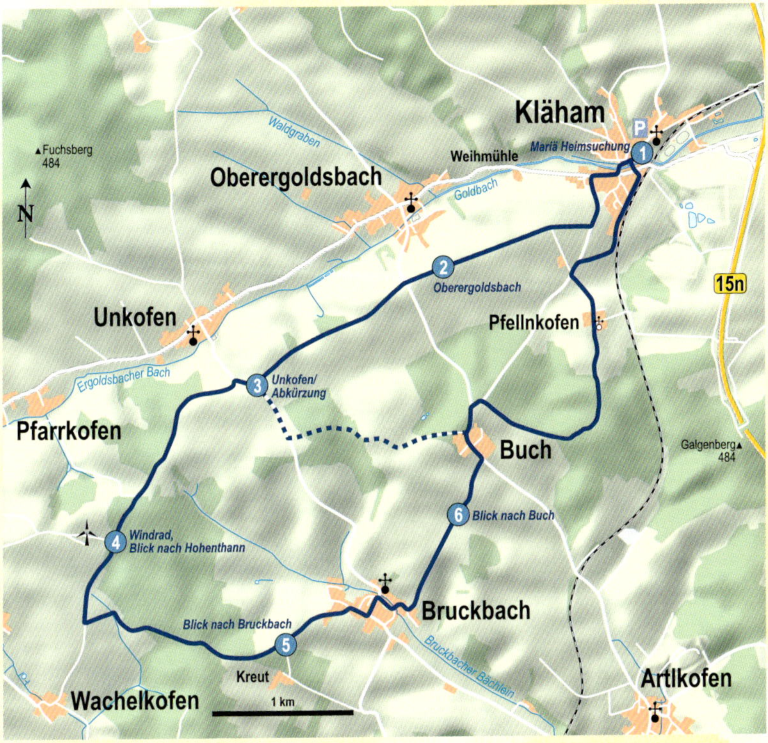

1 Mariä Heimsuchung – Start/Ziel
2 Oberergoldsbach
3 Unkofen/Abkürzung
4 Windrad, Blick nach Hohenthann
5 Blick nach Bruckbach
6 Blick nach Buch

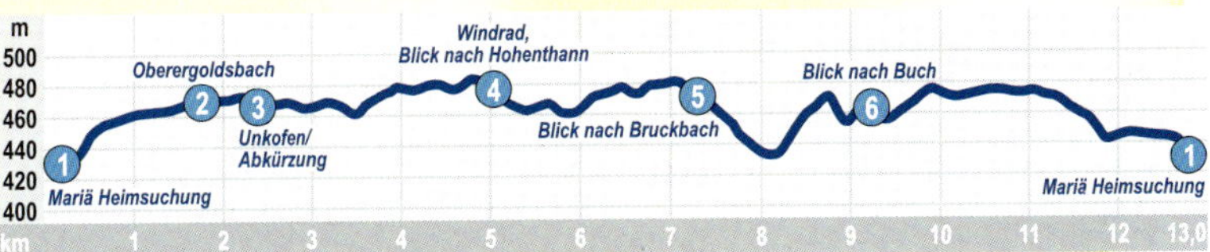

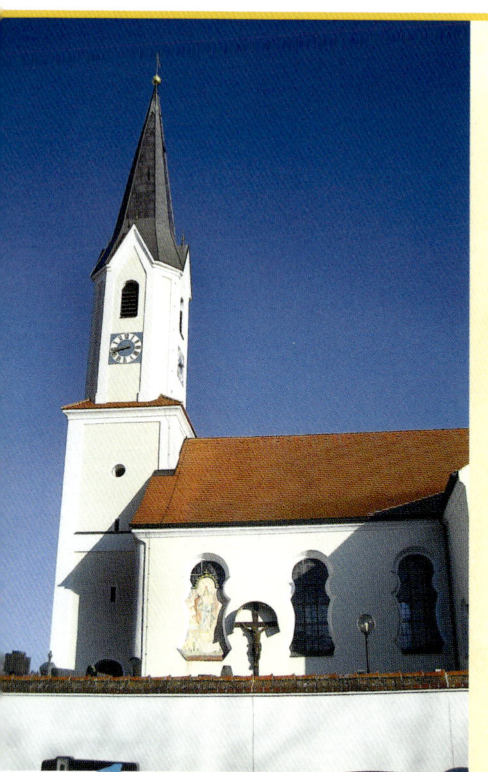

Kirche Kläham.

Auch hier stellen wir wieder eine Tour vor, die eine Abkürzung beinhaltet. Die Wanderung führt uns von der Expositurkirche in Kläham, ❶ die 1747 im Rokokostil erbaut wurde, auf einem herrlichen Höhenzug Richtung Hohenthann. Von dort geht es dann über Bruckbach und Buch zurück nach Kläham.

Vom Kirchplatz starten wir in Richtung Westen auf der Hofmarkstraße, die nach wenigen Metern in die Talstraße mündet und weiter nach Hohenthann führt. Nach ca. 150 m erreichen wir die Abzweigung nach Pfellnkofen, der wir für etwa 350 m folgen. Dann biegen wir rechts in den Feldweg ein, der uns nun auf einen Höhenrücken fast schnurgerade in westliche Richtung führt. Von Weitem erkennen wir schon ein Windrad, das uns als Orientierung dient. Rechts im Tal liegt Oberergoldsbach, ❷ das bereits zur Gemeinde Hohenthann gehört. Nach etwa 1300 m überqueren wir die Staatsstraße nach Buch

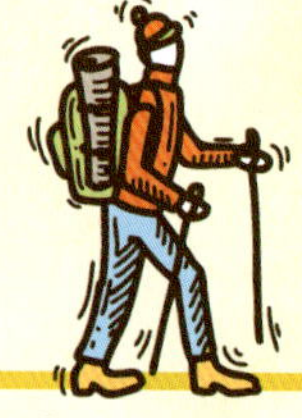

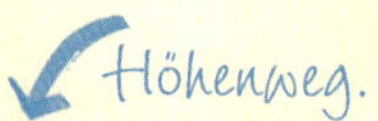

» Feste Schuhe und etwas Kondition. Dann passt alles. «

Höhenweg.

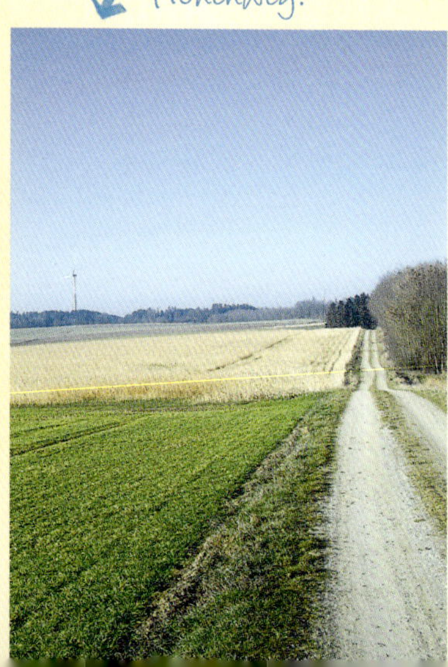

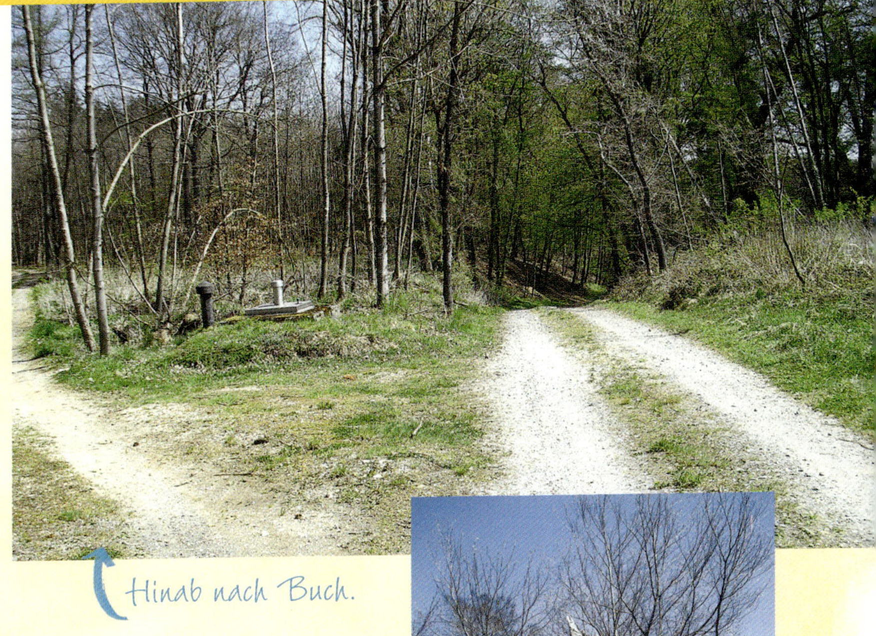

Hinab nach Buch.

und treffen nach weiteren 1300 m auf die Straße von Unkofen nach Bruckbach.

Hier trennen wir uns jetzt. ❸

Wer die kürzere Variante wählt, biegt nun links ab und wandert auf der Teerstraße Richtung Süden. Nach gut 400 m zweigt nun links ein Feldweg ab, der direkt in ein kleines Wäldchen führt. Wir folgen dem Weg und treffen nach gut 700 m auf einen Pfad, der sich uns von links kommend anschließt. Nun sehen wir schon das nächste Wäldchen, das wir schnell durchwandert haben, an dessen Ende wir direkt in der Einöde Buch wieder auf die Staatstraße treffen. Hier werden wir dann auf die Wanderer treffen, die einen kleinen Umweg über Bruckbach gemacht haben. Wir biegen jetzt links ab und gelangen nach wenigen Metern an eine Gabelung, der wir rechts folgen.

Sturmschaden bizarr.

Wer die längere Variante wählt, wendet sich nach rechts und sieht unten im Goldbachtal den Ort Unkofen. Nach gut 150 m zweigt links wieder ein Feldweg ab, den wir wählen und auf dem wir unsere Wanderung nach Westen bzw. Südwesten fortsetzen. Zunächst

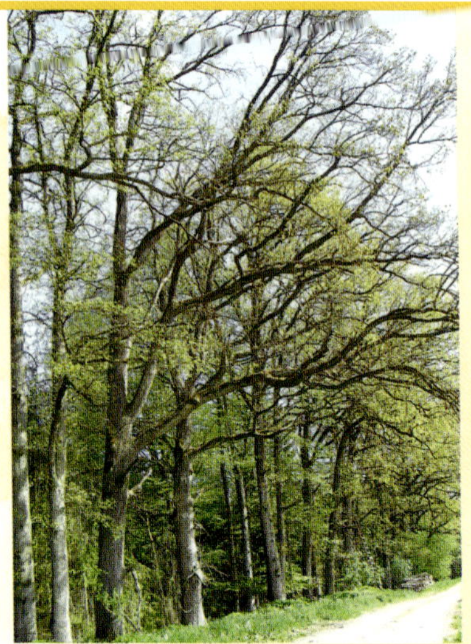

Windrad rechts liegen und setzen unseren Weg bergab fort und stoßen nach etwa 600 m auf einen kleinen Weg, der nach links zu einem Wäldchen führt. Hier überqueren wir den Wachelkofener Bach, dessen Quelle nur wenige Meter vom Weg entfernt liegt. Wir folgen jetzt dem Weg, der uns nach wenigen Metern ins Holz führt und uns nach knapp

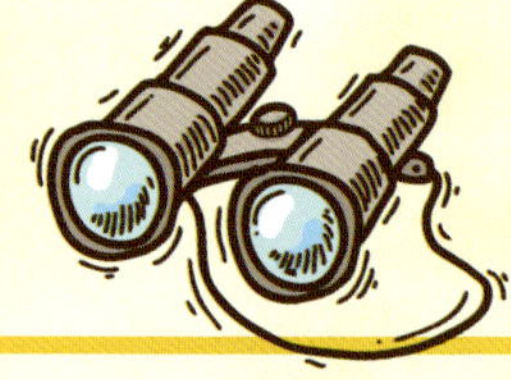

immer am Waldrand, dann durch ein kleines Wäldchen hindurch, und schon erreichen wir nach etwa 1400 m das Windrad. Von hier aus sehen wir in der Ferne die Gemeinde Hohenthann 4 mit ihren Ortsteilen Pfarrkofen und Penkofen. Wir aber lassen das

» Wunderschöne Sicht ins Isartal. Bei bester Fernsicht warten die Alpen. «

Kinderspielplatz Bruckbach.

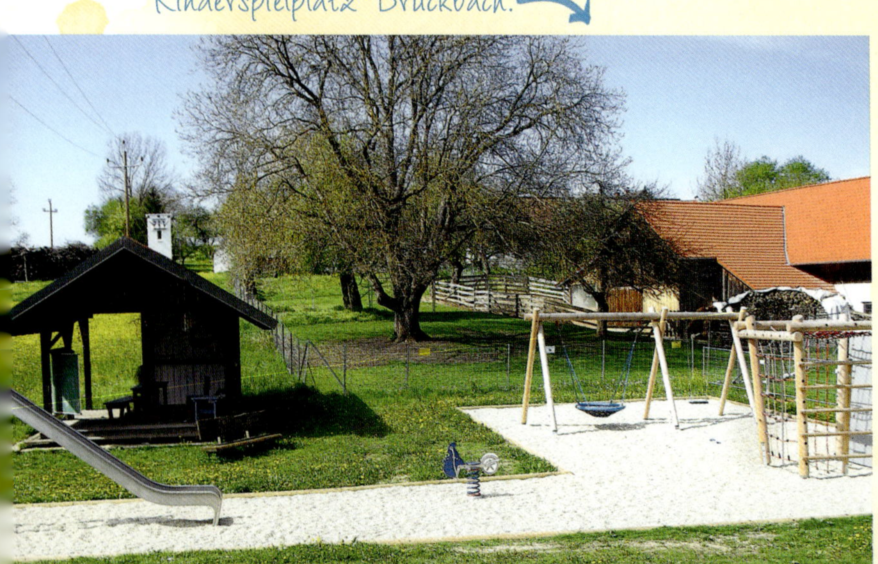

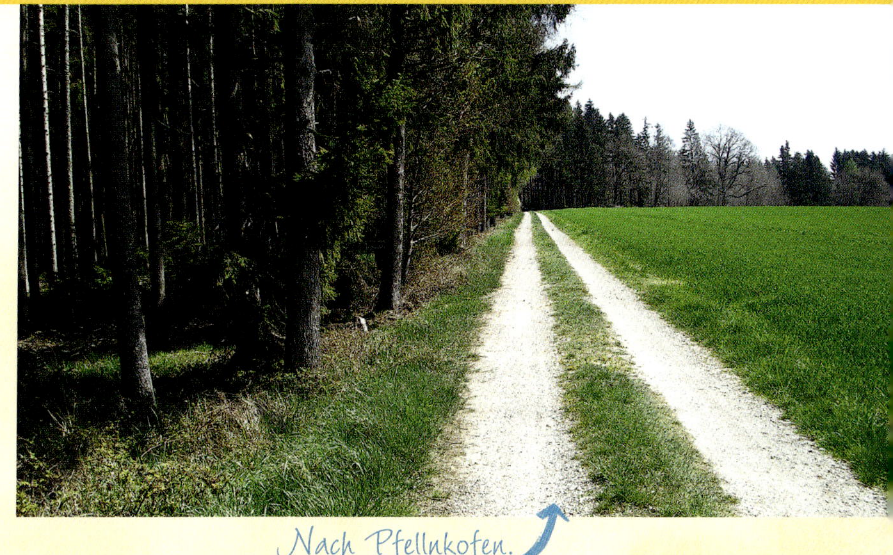

Nach Pfellnkofen.

2 km in Bruckbach ⑤ ankommen lässt. Dort suchen wir uns den Weg zur Kirche St. Johannes der Täufer. Auch dieses Kirchlein ist 1750 im Rokokostil erbaut worden. Unterhalb des Gotteshauses führt ein Weg am Spielplatz vorbei, der nach links ansteigt und uns nach 1,3 km in Buch ⑥ ankommen lässt. Wir treffen hier auf die Straße, die ihren Weg von Mirskofen her nach Oberergoldsbach führt. Wir folgen ihr nach links in nördlicher Richtung und treffen – wie unerwartet – nach wenigen Hundert Metern auf unsere Wanderfreunde, die abgekürzt haben.

Zusammen wandern wir weiter und wählen an der Abbiegung die Straße Richtung Kläham/Pfellnkofen, die wir jedoch nach 100 m wieder rechts verlassen, wobei wir am Waldrand entlang gehen und dabei den weiten Blick Richtung Isartal genießen können. Nach etwa 550 m tauchen wir wieder in die Atmosphäre des Waldes ein und gelangen so, jetzt dann in nördlicher Richtung, nach etwa 1 km nach Pfellnkofen. Unser Weg führt gerade durch das kleine, verlassen scheinende Örtchen gerade auf die Teerstraße, die uns wieder nach Kläham, unseren Ausgangsort, zurückkehren lässt. Jetzt sind es nur noch wenige Meter bis zur Kirche.

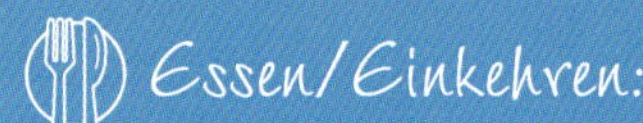

Landgasthof Beck
Talstraße 12
84061 Ergoldsbach
Telefon: 08771/1383

Öffnungszeiten:
Täglich von 8.00 bis 23.00 Uhr
Biergarten gleich gegenüber

Rund um Langenhettenbach

Leicht

7,8 km

↓↑ 94 m

2,5 Std.

Langenhettenbach – Frauenwies – Stocka – Haselwies

Es warten viele kleine Überraschungen auf abwechslungsreichen Wegen am Waldrand. Ideal für Einsteiger.

Parken:
Filialkirche St. Peter
Langenhettenbach
84061 Ergoldsbach.

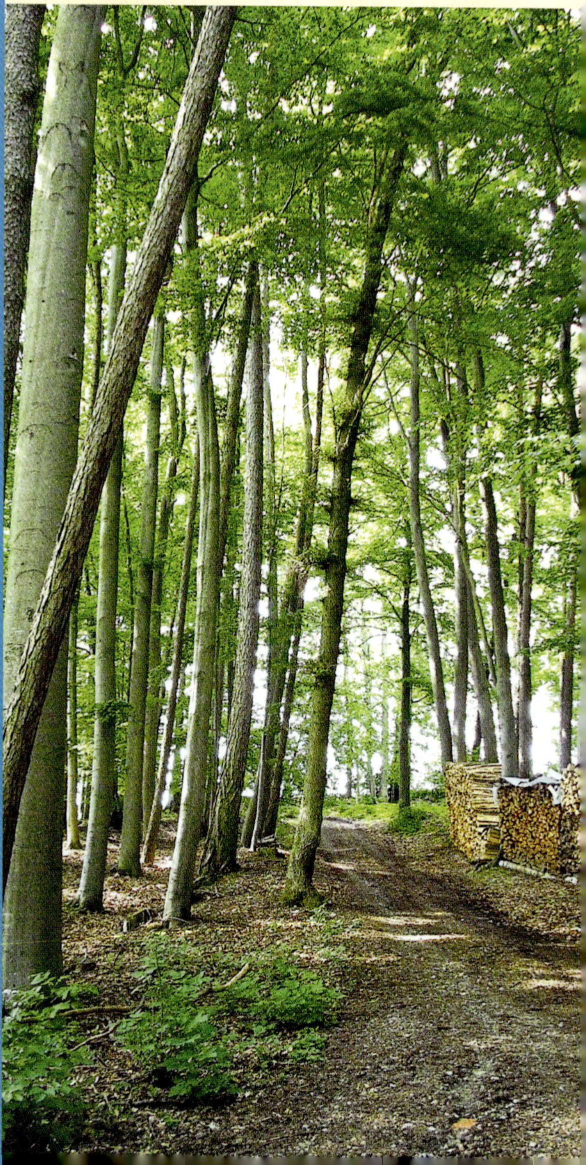

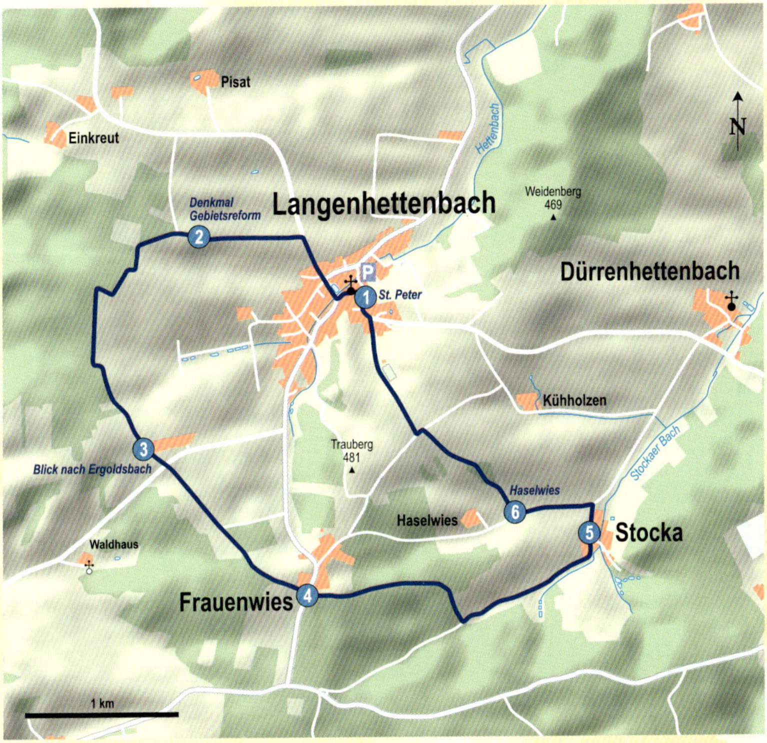

1 St. Peter - Start/Ziel

2 Denkmal Gebietsreform

3 Blick nach Ergoldsbach

4 Frauenwies

5 Stocka

6 Haselwies

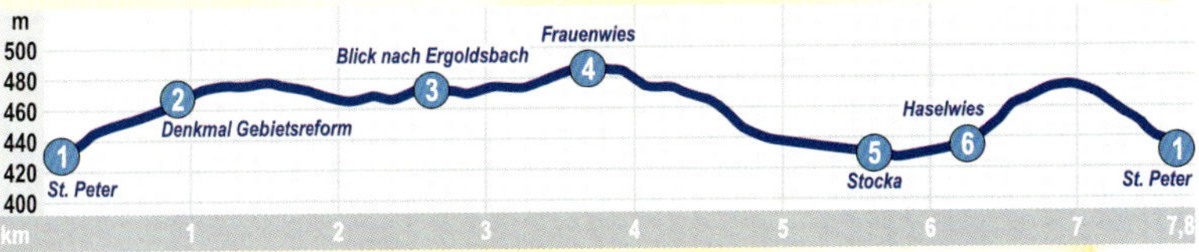

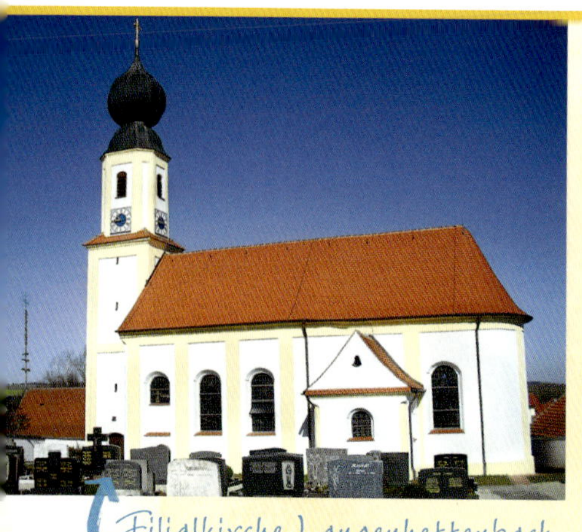

Filialkirche Langenhettenbach.

Und wieder starten wir eine Wanderung an der Kirche. Dieses Mal ist es die Filialkirche St. Peter ❶ in Langenhettenbach, die um 1760 erbaut wurde.

Langenhettenbach gehört zur Gemeinde Ergoldsbach, sein Kirchlein zum Pfarrverband Ergoldsbach-Bayerbach.

Wir stellen unser Auto am Kirchplatz ab und folgen der Straße zum Dorfweiher, der jedes Jahr Mittelpunkt des Dorffestes ist. Von dort führt unser Weg nach Norden in Richtung Neufahrn i. NB. Etwa 150 m nach dem Ortsende zweigt ein Feldweg nach links, also in Richtung Westen, ab. Von hier können wir die idyllische Lage von Langenhettenbach auf uns wirken lassen. Es liegt – wie viele andere Orte auch – geschützt in einer kleinen Senke umgeben von Wäldern, Wiesen und sanften Hügeln. Auf unserem Weg treffen wir nach etwa 500 m auf ein modernes Denkmal. ❷ In vielen kleinen, aber sehr aufwändig gestalteten Motiven und informativen Texten erfahren wir mehr über die Gebietsreform,

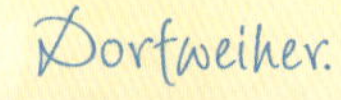

Dorfweiher.

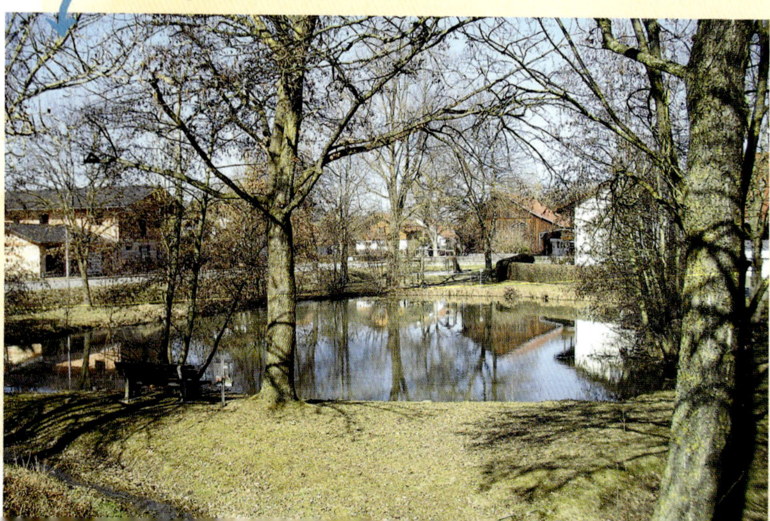

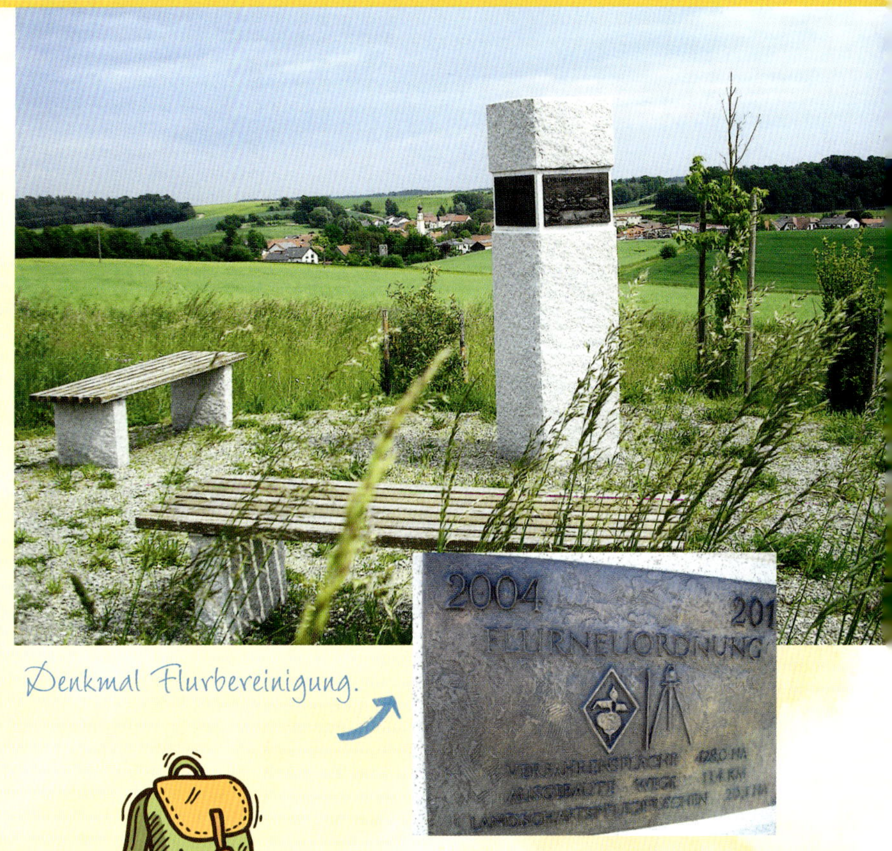

Denkmal Flurbereinigung.

» Herrliche Wanderung für Einsteiger. «

die in den 70er Jahren des letzten Jahrhunderts in Bayern vieles verändert hat. Wege wurden begradigt, Wälder, Wiesen und Flure wurden zu kompakteren Verbänden zusammengeschlossen und viele kleinere Gemeinden mussten ihre Selbstständigkeit zu Gunsten von Großgemeinden aufgeben. Wir sind zwar erst wenige Minuten unterwegs, aber hier lässt es sich gut verweilen.

Nach gut 150 m treffen wir auf die östlichste Spitze des Brandleitenholzes. An der Weggabelung wählen wir die linke Abzweigung und schlendern für die nächsten 1500 m immer am Waldrand entlang und treffen nach weiteren 200 m auf die geteerte Verbindungsstraße von Ergoldsbach nach Langenhettenbach. Wenden wir jetzt unseren Blick nach

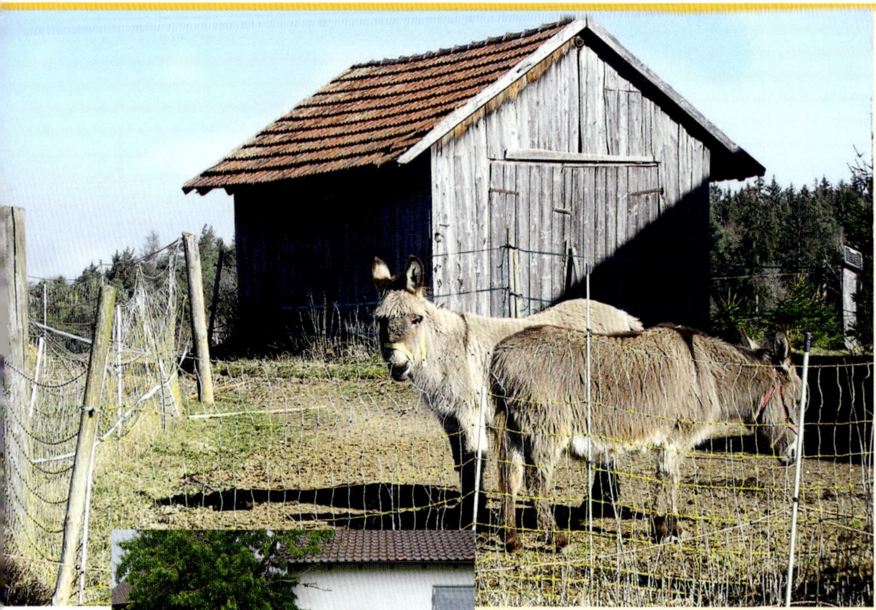

Freundlicher Empfang in Frauenwies.

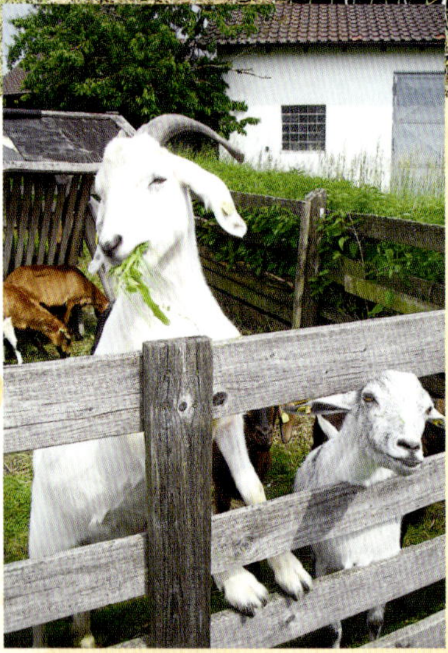

Westen, so sehen wir hinab ins Goldbachtal mit Ergoldsbach. 3 Nachdem wir die Straße überquert haben, führt uns der Weg direkt und genau nach 1 km nach Frauenwies. 4 Am Ortsanfang werden wir von freundlichen Eseln empfangen. Nach wenigen Metern überqueren wir die Hauptstraße und wandern nun weiter in ein kleines Wäldchen. Dem nicht besonders befestigten Waldweg folgen wir für etwa 700 m und wenden uns

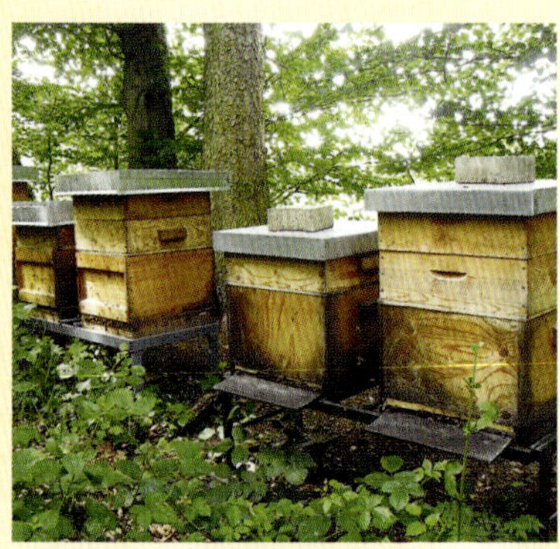

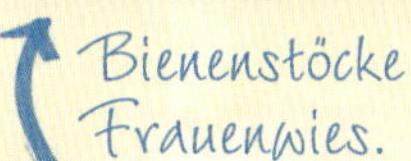

Bienenstöcke Frauenwies.

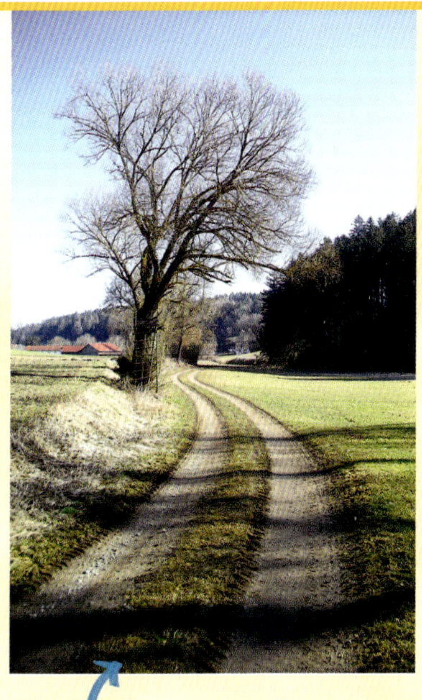

Weg nach Stocka.

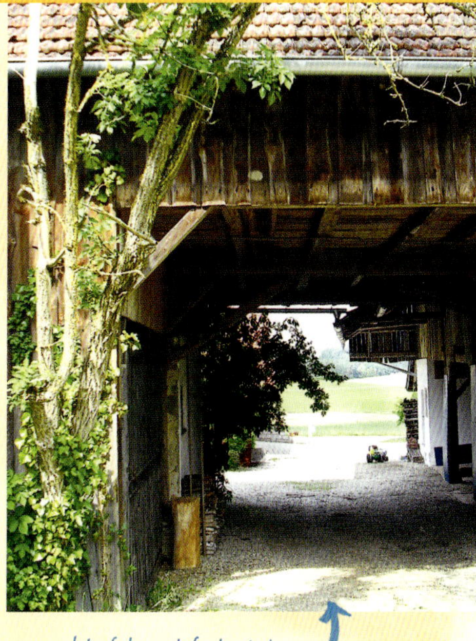

Hofdurchfahrt in Haselwies.

dann nach rechts, bis wir nach weiteren 200 m leicht bergab wieder auf einen festeren Weg treffen. Wir wechseln nun unsere Richtung nach links und folgen dem Weg für weitere 800 m nach Stocka, 5 das wir bereits aus der Ferne sehen.

Nach wenigen Minuten haben wir den kleinen Ort wieder verlassen und wenden uns am Ortsende nach links in Richtung Westen, nach Haselwies. 6 Ungefähr 200 m vor dem Ortsschild führt nach rechts ein Weg zu einem kleinen Wäldchen. Jetzt geht es leicht bergauf, bis wir nach etwa 800 m wieder auf eine Teerstraße stoßen. Rechts von uns liegt Küholzen. Wir biegen jedoch links ab und nach wenigen Metern sofort wieder nach rechts. Jetzt haben wir nur wenige Hundert Meter vor uns, die auch noch leicht bergab führen, und wir treffen dann auf eine Teerstraße, die uns direkt zur Kirche und unserem Ausgangspunkt führt.

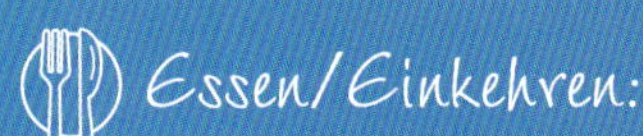

Essen/Einkehren:

Agnes Falter
Langenhettenbach 122
84061 Ergoldsbach
Telefon: 08771/1300

Öffnungszeiten:
Auf Anfrage

Von der Wallfahrtskirche Heiligenbrunn nach Rottenburg/Laaber

Leicht bis Mittel

12,3 km

↓↑ 120 m

3,5 Std.

Wallfahrtskirche Heiligenbrunn – Eschenloh – Viehhausen – Oberhatzkofen – Rottenburg/Laaber

Die Tour am östlichen Rand der Hallertau überrascht immer wieder mit weiten Ausblicken über die sanften Hügel.

Parken:
Wallfahrtskirche Heiligenbrunn
Heiligenbrunn 36
84098 Hohenthann.

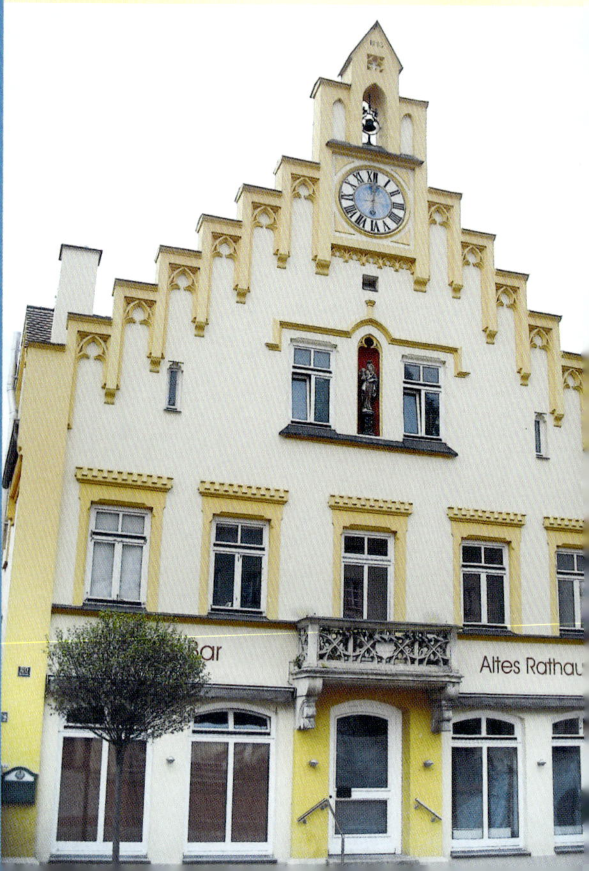

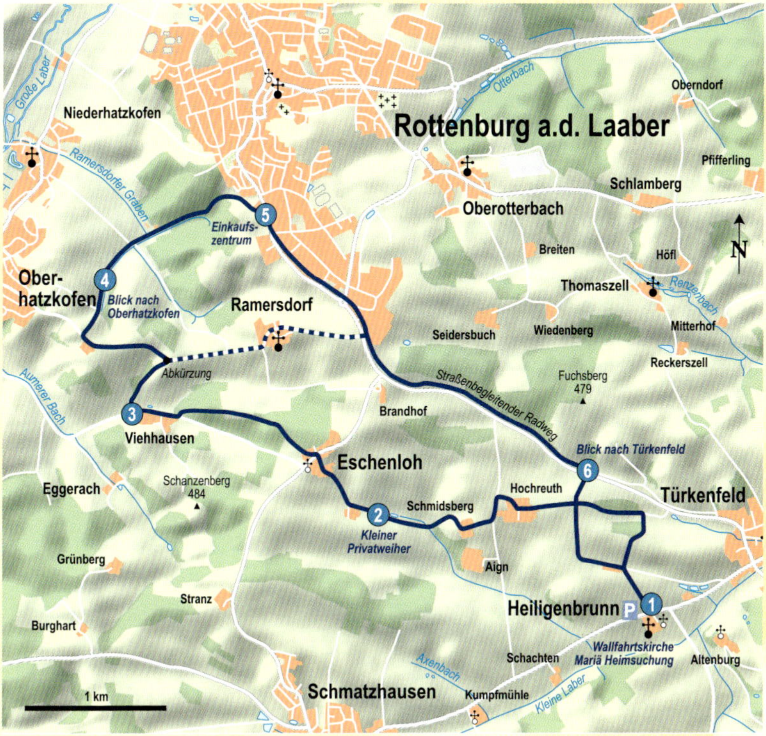

1. Wallfahrtskirche Mariä Heimsuchung – Start/Ziel
2. Kleiner Privatweiher
3. Viehhausen
4. Blick nach Oberhatzkofen
5. Einkaufszentrum
6. Blick nach Türkenfeld

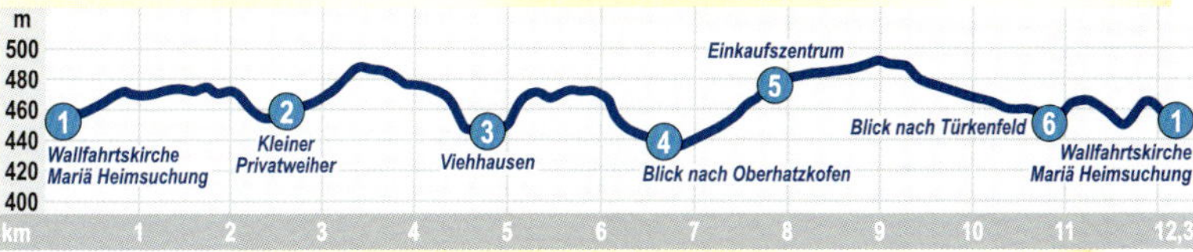

Unsere Tour führt von der Wallfahrtskirche Heiligenbrunn über Viehhausen nach Rottenburg a. d. Laaber und zurück. Auch hier ist wieder eine Abkürzung eingebaut.

Dies ist die einzige Wandertour, bei der wir begleitet wurden. Mit von der Partie war der Tierarzt von Ergoldsbachs Partnerstadt Montefiascone in Italien, Dr. Stefan Ziegler. Er befand sich damals zufällig gerade in Ergoldsbach und wollte es sich nicht nehmen lassen, uns auf einer Trainingsroute für unseren Marsch nach Rom zu begleiten. Montefiascone ist ein kleines Städtchen, das wunderbar am Bolsena-See gelegen ist. Es liegt etwa 100 km nordwestlich von Rom und ist das Herzstück der Est-Est-Est-Weine. Start und Ausgangspunkt für die Wanderung ist die Wallfahrtskirche Mariä Heimsuchung ❶ in Heiligenbrunn, Gemeinde Hohenthann. In der 2. Hälfte des 17. Jahrhunderts wurde dort eine kleine Kapelle zum Dank für die Heilung nach einem Unfall errichtet. Ein Bauer war von der Leiter gefallen und verlor dabei seine Sprache. Als kein Arzt und keine Medizin mehr helfen konnten, trank der Schwerverletzte von dem Wasser einer Quelle und wurde geheilt.

Vom Parkplatz an der Kirche überqueren wir die Straße und gehen den Weg bei der Bushaltestelle hoch. Nach 300 m biegen wir links ab, nach weiteren 300 m rechts und wieder nach etwa 300 m noch mal links und nach weiteren 300 m erreichen wir den Weiler Hochreuth. Jetzt ist aber Schluss mit dem ständigen Wechsel von links - rechts - links!!?? Inzwischen haben wir ein wenig an Höhe gewonnen und können weit voraus die ersten Gebäude von Rottenburg a. d. Laaber sehen. Unter uns liegt die Straße von Rottenburg nach Türkenfeld, die sich in einem kleinen Tal ihren Weg sucht. Hinter uns erkennen wir noch Türkenfeld. In Hochreuth führt uns jetzt die Straße zur Abwechslung

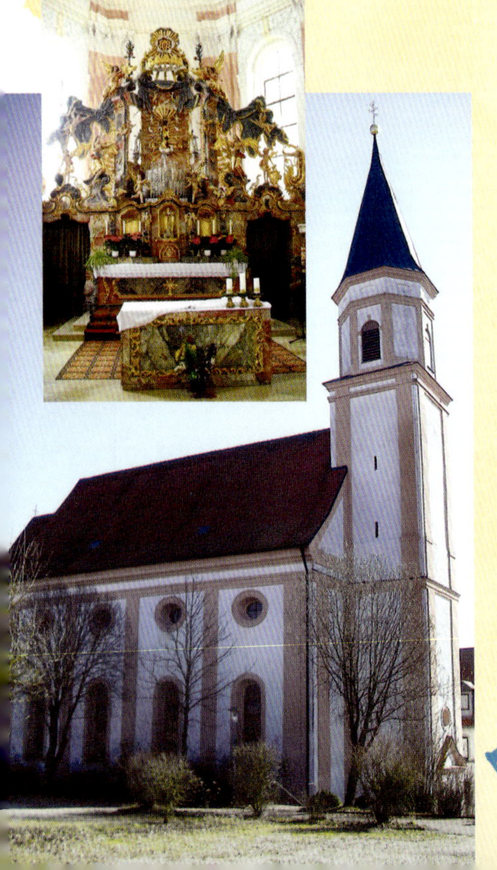

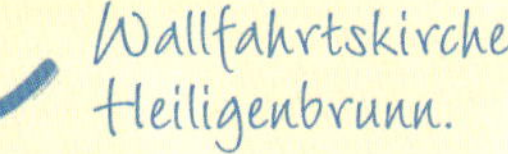

Wallfahrtskirche Heiligenbrunn.

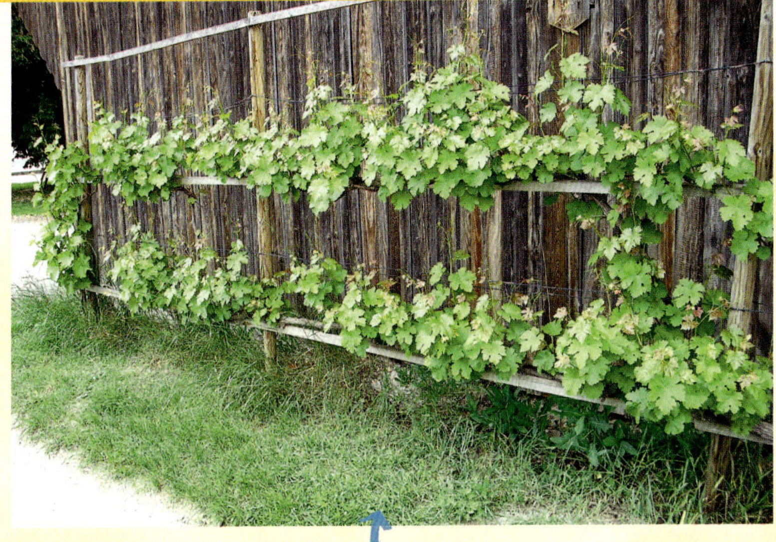

Wein an der Scheune.

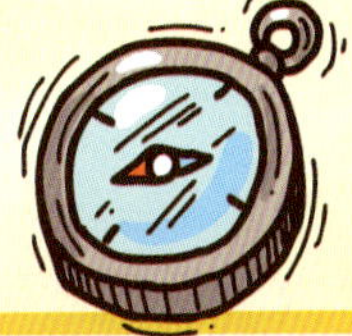

»Am östlichen Rand der Hallertau. Hopfen und Malz – Gott erhalt`s.«

Richtung Hochreuth.

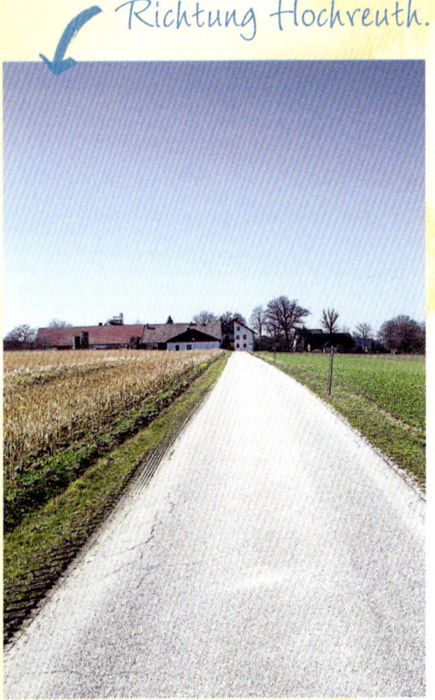

zuerst nach rechts, dann nach links und nach wenigen Metern wieder nach rechts, so dass wir nun schnurgerade auf Schmidsberg zugehen. Hier beginnt das Spiel wieder von vorne. Rechts – links – rechts. Vorbei an einem kleinen Weiher ❷ und einem Gehöft, bis wir nach wenigen Hundert Metern den Ort Eschenloh erreichen. In der Ortsmitte

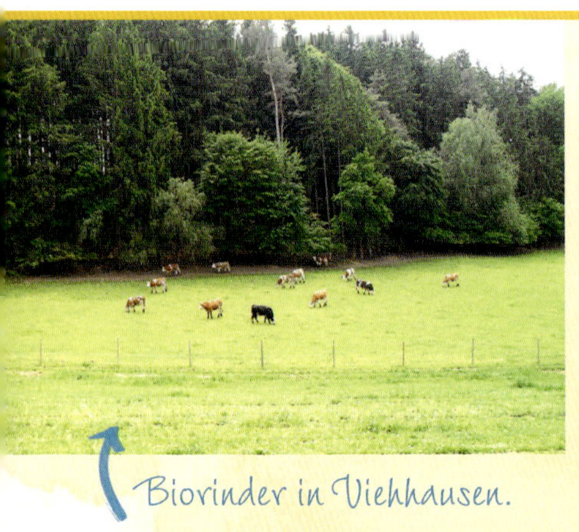

Biorinder in Viehhausen.

wenden wir uns auf der Hauptstraße nach links, um nach wenigen Metern sofort wieder rechts in einen Waldweg einzubiegen, der uns nach etwa 1 km in Viehhausen ❸ wieder auf eine geteerte Straße führt.

Am westlichen Ortsende führt ein kleiner Weg rechts hoch an einem kleinen Wäldchen vorbei, bis er nach ca. 500 m in eine geteerte Straße einmündet.

Hier trennen wir uns wieder.

Wer die kürzere Wanderung wählt, muss jetzt rechts abbiegen. Er folgt der Straße nach Ramersdorf und erreicht nach insgesamt 1,5 km am südlichen Ortsende von Rottenburg die Staatsstraße nach Türkenfeld. Neben der Straße verläuft parallel dazu ein Geh- und Radlerweg. Hier werden wir dann wieder auf die andere Gruppe treffen, die die längere Variante gewählt hat.

Die Linksabbieger haben sich für die Langversion entschieden. Die geteerte Straße führt weiter in Richtung Westen. Nach etwa 700 m, direkt an einer einzelnen Hofstelle, verlassen wir die Straße und biegen in den Weg ein, der rechts hinab führt. ❹ An der tiefsten Stelle überqueren wir die Straße und gehen direkt auf den Frauenwald zu. Nach insgesamt 2,5 km stoßen wir in Rottenburg ❺ auf die Landshuter Straße, der wir nun nach rechts in südlicher Richtung folgen. Ab der Benzstraße steht uns nun ein Geh- und Radlerweg zur Verfügung, auf dem weiter vorne die Gruppe der „Kurzwanderer“ wartet.

Gemeinsam folgen wir nun dem Weg in Rich-

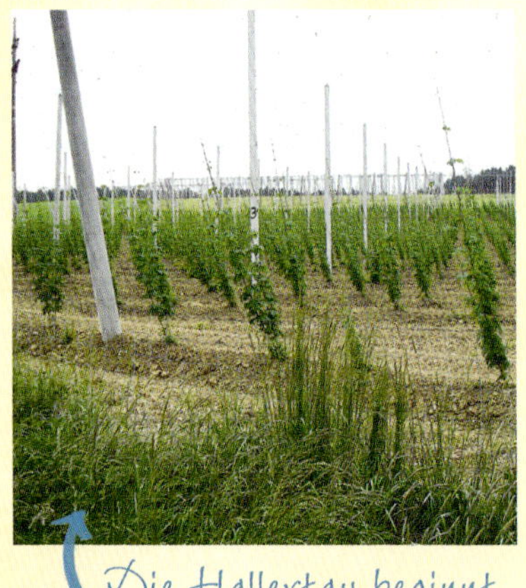

Die Hallertau beginnt.

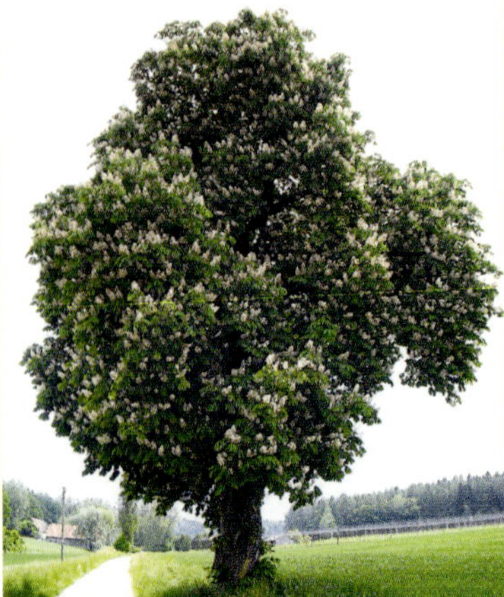

Richtung Ramersdorf.

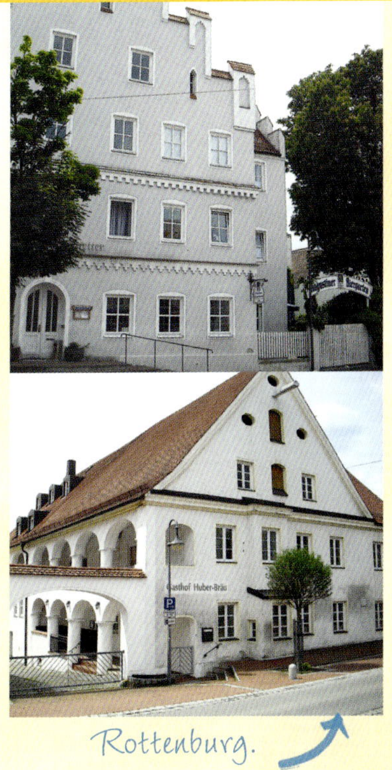

Rottenburg.

tung Türkenfeld 6 für etwa 2 km. Bald wird ein kleines Wäldchen unser Begleiter links neben dem Weg. Etwa 250 m nach dem Ende des Wäldchens führt auf der anderen Seite der Straße ein Feldweg hoch zu unserem

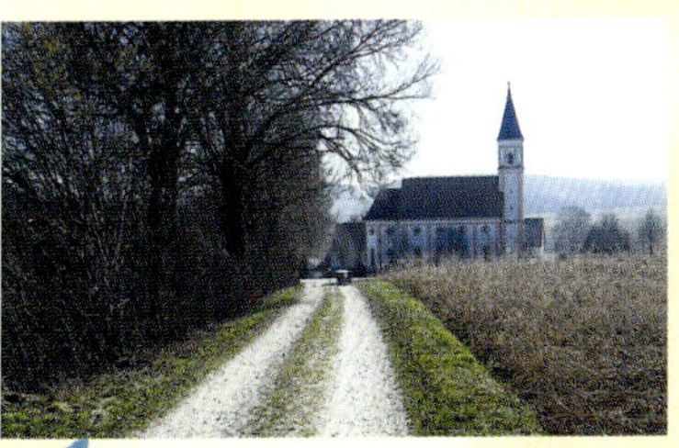

Kirche Heiligenbrunn vor Augen.

Ausgangspunkt. Auf der Anhöhe erkennen wir bereits wieder Hochkreuth. Unser Weg endet wie er begonnen hat, links – rechts.

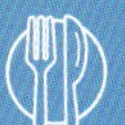

Essen/Einkehren:

Gasthof Eigenstetter
Marktstraße 19
84056 Rottenburg an der Laaber
Telefon: 08781/1249

Öffnungszeiten:
Mo., Do., Fr., Sa., So. 11.00 bis 13.30 Uhr und 17.30 bis 24.00 Uhr
Di. 11.00 bis 13.30 Uhr, Mittwoch Ruhetag

Forstnerwirt
Max-von-Müller-Straße 76, 84056 Rottenburg an der Laaber
Telefon: 08781/1301

Öffnungszeiten:
Mo. bis Fr. ab 17.30 Uhr (Küche bis 20.30 Uhr), Dienstag Ruhetag, Mi. bis Sa. 11.00 bis 14.00 Uhr und ab 17.30 Uhr (Küche bis 20.30 Uhr), So. 11.00 bis 15.00 Uhr (Küche bis 14.00 Uhr)

La Ruota Ristorante italiano
Kapellenpl. 1A
84056 Rottenburg an der Laaber
Telefon: 08781/2974

Öffnungszeiten:
Di. bis Fr. 11.00 bis 14.00 Uhr und 18.00 bis 23.00 Uhr, Samstag 18.00 bis 23.00 Uhr, Sonntag 11.00 bis 14.00 und 17.00 bis 22.00 Uhr

Mittel

17,3 km

↓↑ 127 m

5 Std.

Von Inkofen nach Hohenthann über Pfaffenloch und kleine Laber

Inkofen – Ziegelstadel – Oberhaid – Unkofen – Hohenthann – Andermannsdorf

Zwischen Inkofen und Hohenthann erwartet uns eine abwechslungsreiche, ruhige Wanderung nahe der kleinen Laber, Kondition ist gefragt. 2 Abkürzungen sind vorhanden.

Parken:
Filialkirche Mariä Lichtmess Inkofen
84056 Rottenburg/Laaber.

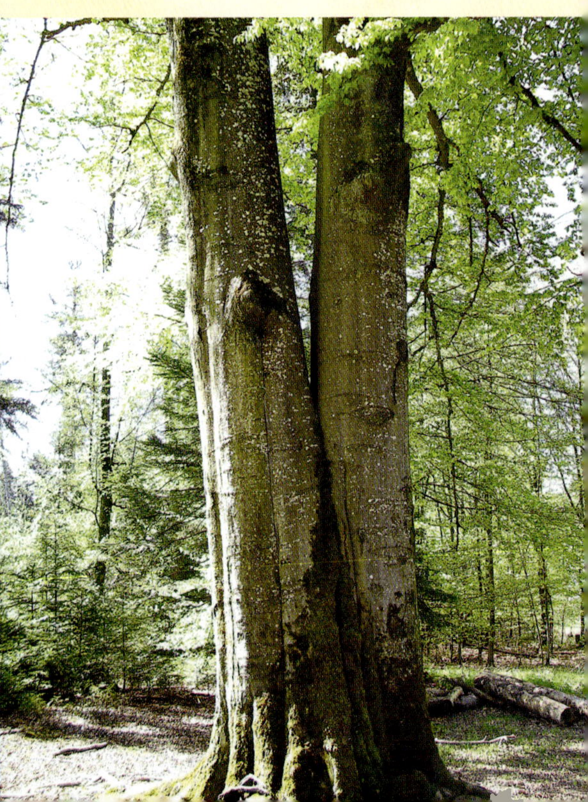

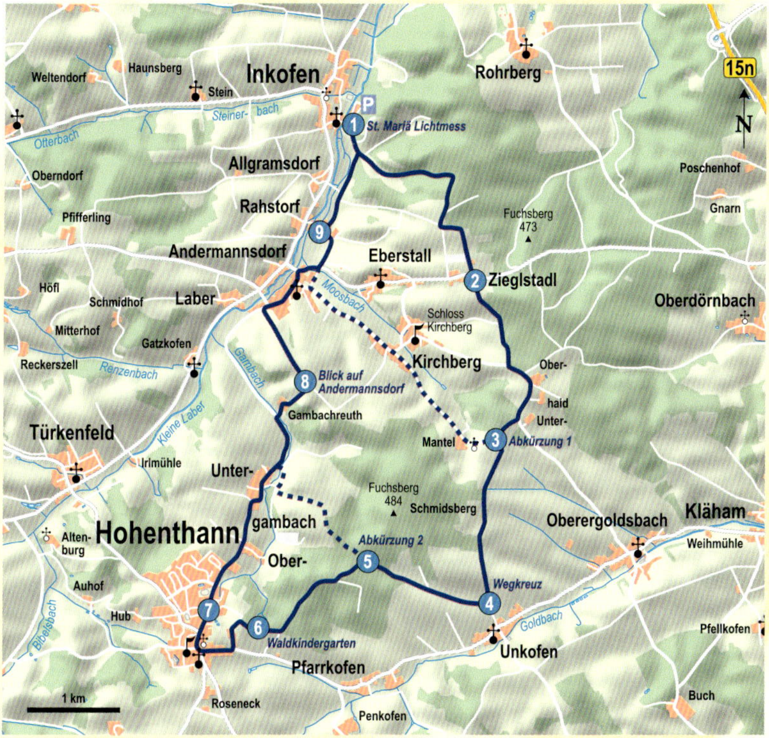

1 St. Mariä Lichtmess – Start/Ziel
2 Zieglstadl
3 Abkürzung 1
4 Wegkreuz
5 Abkürzung 2
6 Waldkindergarten
7 Hohenthann
8 Blick auf Andermannsdorf
9 Rahstorf

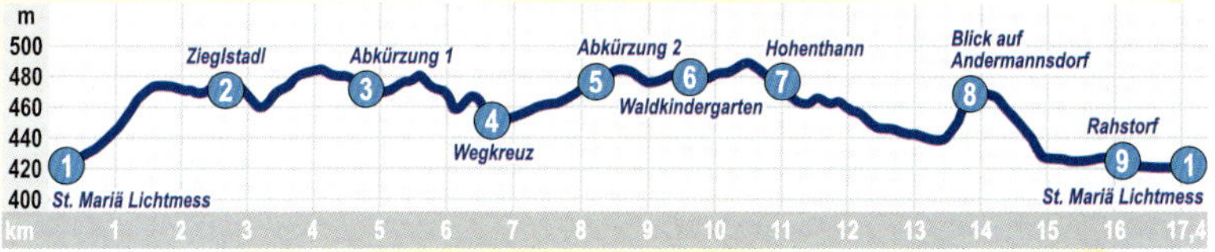

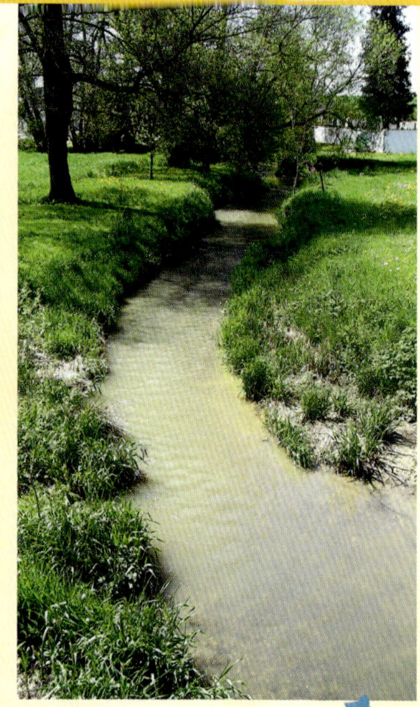

Kleine Laber.

Heute wartet auf uns eine etwas längere Tour. Mit 2 Abkürzungen wollen wir jeder Kondition gerecht werden. Sie sind mit A und B gekennzeichnet.

Die gesamte Tour beträgt 17 km, mit Abkürzung A 9 km und mit Abkürzung B 14 km.

Unser Weg führt uns von Inkofen/Stadt Rottenburg/Laaber über Zieglstadl nach Oberhaid und Unkofen. Von dort geht es weiter nach Hohenthann und über Rahstorf wieder zurück.

Wir starten bei der Kirche St. Mariä Lichtmess in Inkofen. ❶ Der Kern des Gotteshauses ist spätgotisch und stammt aus dem 15. Jahrhundert. In der Mitte des 17. Jahrhunderts wurde er barock ausgebaut.

Unser Weg führt vom Friedhof in Richtung Osten. Nach wenigen Metern überqueren wir die kleine Laber und folgen der Straße nach rechts in südlicher Richtung. Nach gut 400 m gabelt sich der Weg, den wir nun nach links weitergehen und dem wir entlang des sog. Pfaffenlochs folgen, das zwischen 2 Wäldchen eingebettet ist. Nach gut 400 m nähert sich von links der Wald und wir folgen dem Weg links in den Wald hinein. Nach etwa 700 m stoßen wir bei leichtem Anstieg auf eine Weggabelung, die in einer Lichtung liegt. Wir wenden uns nach rechts Richtung Süden und folgen unserem Weg für gut 500 m. Nun biegen wir links ab und nach weite-

King Highland in Niederbayern.

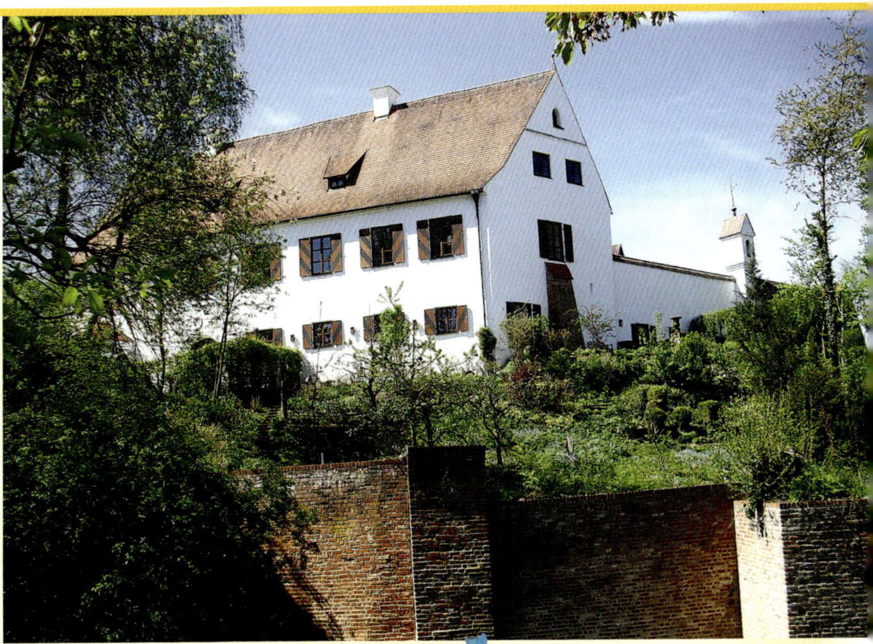

Schloss Kirchberg.

ren 200 m wieder nach rechts. Hier sehen wir bereits den kleinen Ort Zieglstadl ❷ vor uns liegen, auf den wir schnurgerade an einem Solarfeld vorbei zugehen. Nach einigen Minuten treffen wir gegenüber der Fa. RKE auf die geteerte Straße, die von Ergoldsbach kommend nach Andermannsdorf führt. Nachdem wir sie überquert haben, wenden wir uns nach links, um nach wenigen Metern in den Weg rechts einzubiegen, der uns direkt am Firmengelände weiter in südlicher Richtung führt. Für knapp 1 km wird jetzt der Wald unser linker Begleiter. Wenn wir wieder auf eine geteerte Straße stoßen, erkennen wir links vor uns die Einöde Oberhaid. Wir folgen ihr weiter Richtung Süden, bis ein Wegweiser uns rechts nach Mantel abbiegen lässt. Jetzt geht es leicht bergab. Nach gut 200 m sehen wir die Einöde. Auf halbem Weg zweigt links ein Feldweg ab. Wir haben jetzt 5 km zurückgelegt.

Hier scheiden sich nun zum ersten Mal unsere Wege. ❸

(A Anfang) Folgen wir der Straße weiter, werden wir zuerst durch die Einöde Mantel

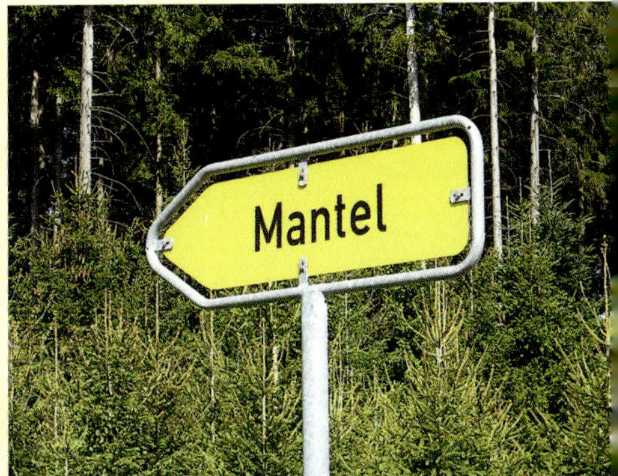

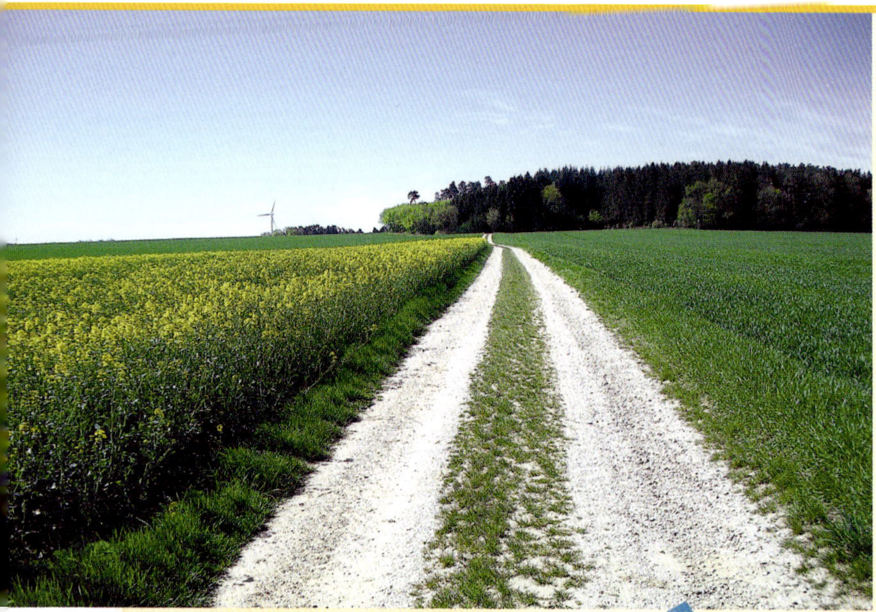

Richtung Unkofen.

wandern und nach knapp 1 km Kirchberg erreichen. Vor uns liegt auf dem Hügel Schloss Kirchberg, das in Privatbesitz ist. Ein Abstecher lohnt sich allemal. Unsere Straße führt uns direkt auf Andermannsdorf zu. Auf der Kirchberger Straße erreichen wir den Ort. Gleich am Ortseingang biegen wir rechts ein – auch dies ist ein Teil der Kirchberger Straße – und bleiben, bis wir auf den Moosbach und die Staatsstraße von Zieglstadl treffen. Hier werden wir später auf unsere Wanderfreunde stoßen, die sich für die längeren Varianten entschieden haben. ***(A Ende)***

Kurz vor Mantel biegen wir nun links in den Feldweg ein, um ihm nach etwa 200 m rechts zu folgen. Auf diesem Weg bleiben wir

Richtung Wald vor Hohenthann.

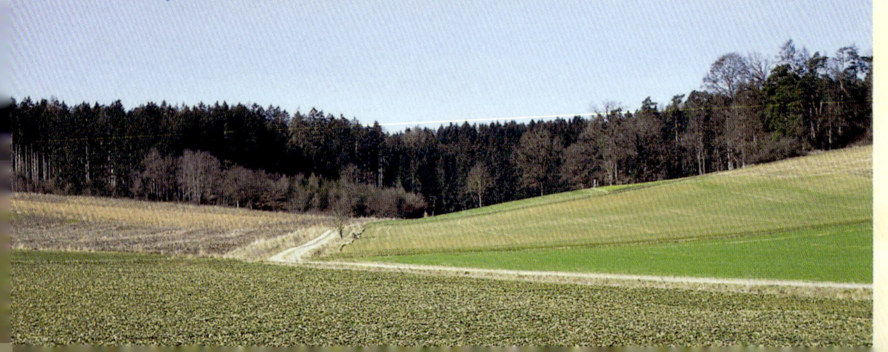

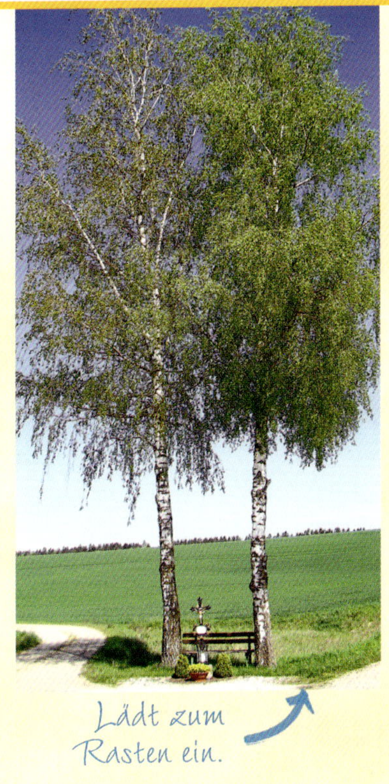

Lädt zum Rasten ein.

und orientieren uns an dem Wäldchen, das vor uns liegt. Nach einem leichten Anstieg sehen wir nun die Orte Oberergoldsbach links und Unkofen vor uns unten im Goldbachtal. Diese beiden Ortsteile von Hohenthann kennen wir bereits aus einer anderen Perspektive, als wir südlich davon den Höhenweg Richtung Windrad gewandert sind. Nun geht es bergab nach Unkofen. Von Weitem können wir bereits eine kleine Baumgruppe kurz vor dem Ortseingang erkennen. Ein kleines Bankerl lädt hier zum Verweilen ein. 4 Unser Weg wendet sich hier nach rechts und wir nehmen voller Elan den leichten Anstieg Richtung Westen in Angriff. Wir wandern jetzt direkt auf den vor uns liegenden Wald zu. Nach etwa 200 m im Holz wartet auf uns eine Weggabelung.

Die Natur braucht manchmal Hilfe.

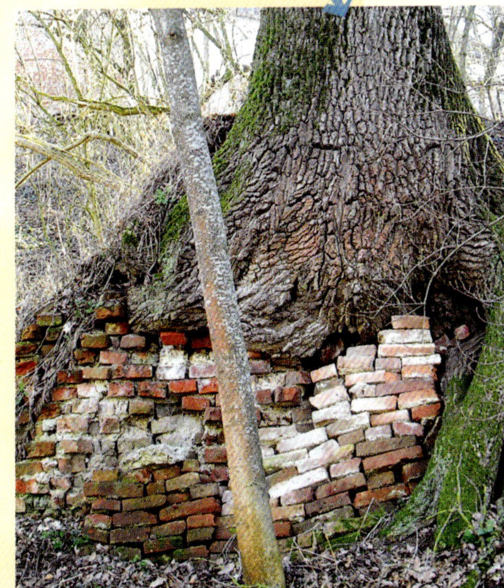

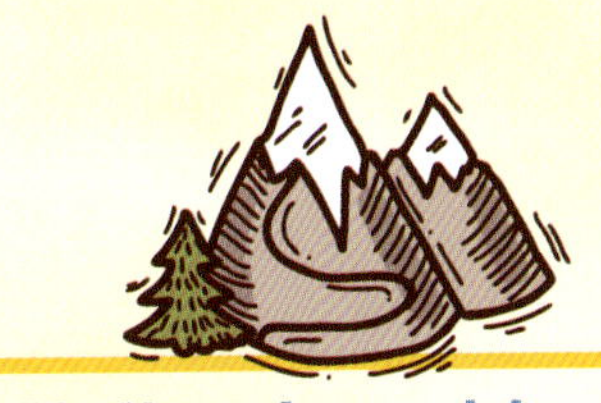

»Die Natur kennt viele interessante und geheimnisvolle Geschichten.«

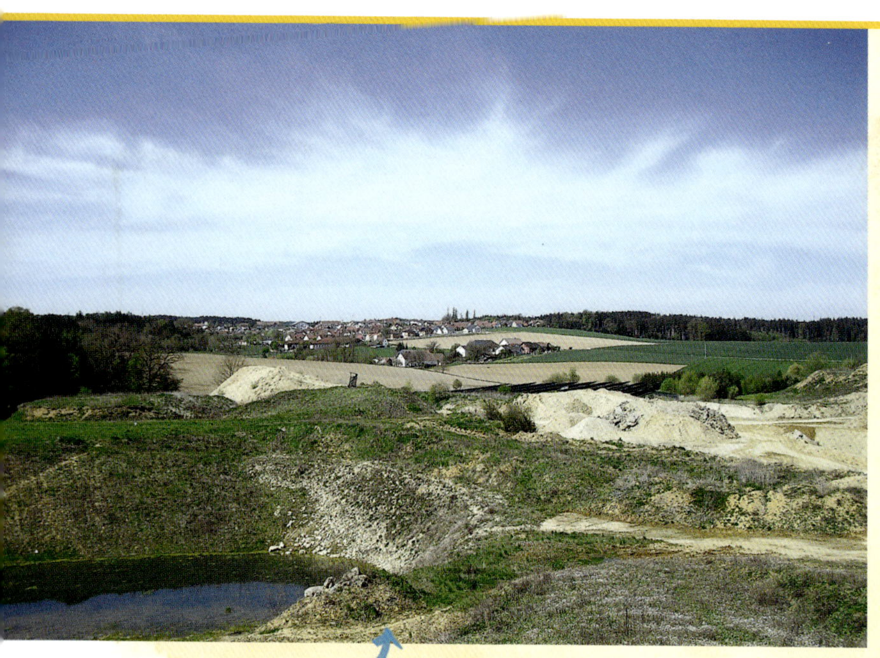

Kiesgrube.

Hier trennen wir uns nun zum 2. Mal. 5 ***(B Anfang)*** Wenn wir gerade weitergehen, kürzen wir ab und verzichten vielleicht auf eine gute Brotzeit im Biergarten der Schlossbrauerei Hohenthann. Immer gerade durch den Wald werden wir nach wenigen Minuten am Waldesrand auf eine große Kiesgrube treffen, die wir nach rechts umwandern, bis wir in Untergambach wieder auf die Teerstraße von Hohenthann nach Andermannsdorf treffen. Dieser und dem neben ihr fließendem Gambach folgen wir bis zum Weiler Gambachreuth. Dort werden wir uns dann mit den Freunden, die sich im Biergarten gestärkt haben, treffen und weiterwandern. ***(B Ende)***

An der Gabelung führt der Weg nun nach links, der sich nach 400 m mit einem weiteren Weg vereinigt und einen Bogen nach links macht. Jetzt geht es im Hochwald für etwa 800 m geradeaus weiter. Kurz vor dem Waldrand treffen wir auf den Waldkindergarten der Gemeinde Hohenthann. 6 Hier führt nun der Weg nach rechts, bis dieser in den Forstweg mündet. Wir wenden uns nach links und treffen nach wenigen Hundert Metern auf die Ergoldsbacher Straße, der wir weiter nach rechts Richtung Ortsmitte 7 folgen. Jetzt kommen wir direkt am Biergarten vorbei. Hier stehen in unmittelbarer Nähe die Ortskirche St. Laurentius und die Johanniskapelle. Nach einem Biergartenbesuch fol-

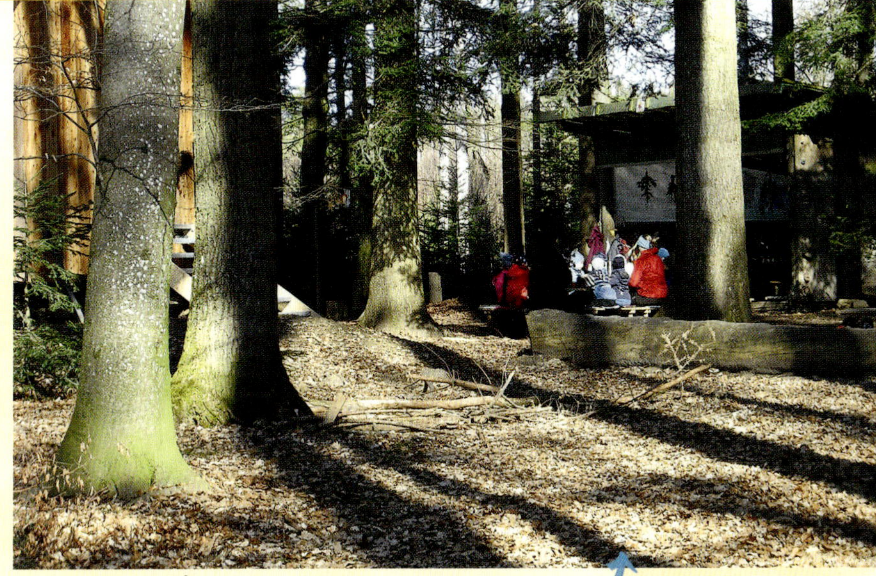

Waldkindergarten.

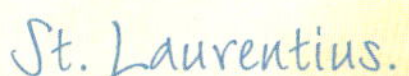

St. Laurentius.

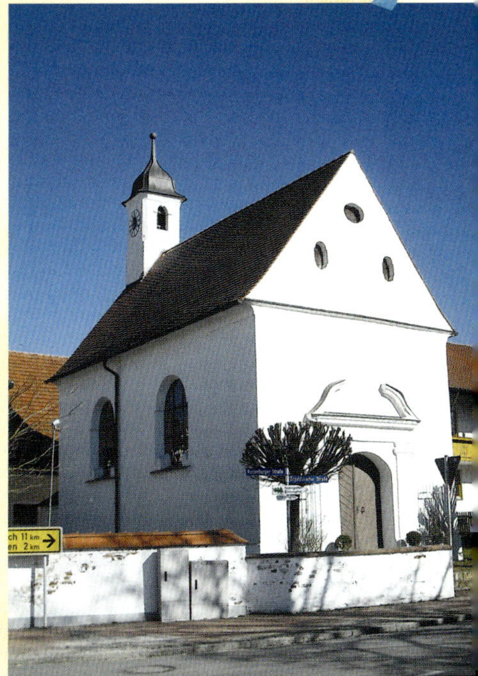

» Der Waldkindergarten – ein Paradies. Das hätte ich als Kind auch gebraucht. War damals aber noch nicht „erfunden". «

gen wir der Straße weiter nach rechts, die jetzt Rottenburger Straße heißt. Nach etwa 150 m verlassen wir sie und gehen leicht bergab auf der Gambacher Straße. Am Ortsende nehmen wir die Abkürzler von B auf und gehen weiter bis Gambachreuth.

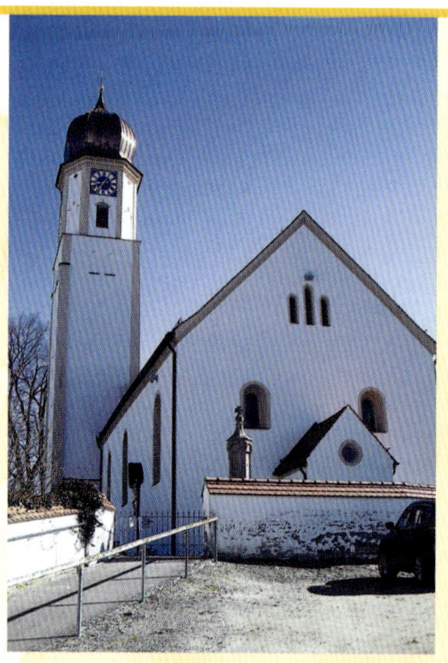

Kirche Andermannsdorf.

Und nun wieder gemeinsam mit den Wanderern der Abkürzung B.

Wir wenden uns jetzt nach rechts und wandern durch den Weiler durch, leicht bergauf. Nach 500 m stehen wir auf einer kleinen Anhöhe und können den wunderbaren Rundblick genießen. Wir schauen nun hinab ins Tal der kleinen Laber. Vor uns liegt Andermannsdorf, dahinter Rahstorf und in der Ferne erkennen wir Inkofen, unseren Ausgangsort. Wir biegen nun links ab und wandern immer leicht abwärts auf Andermannsdorf

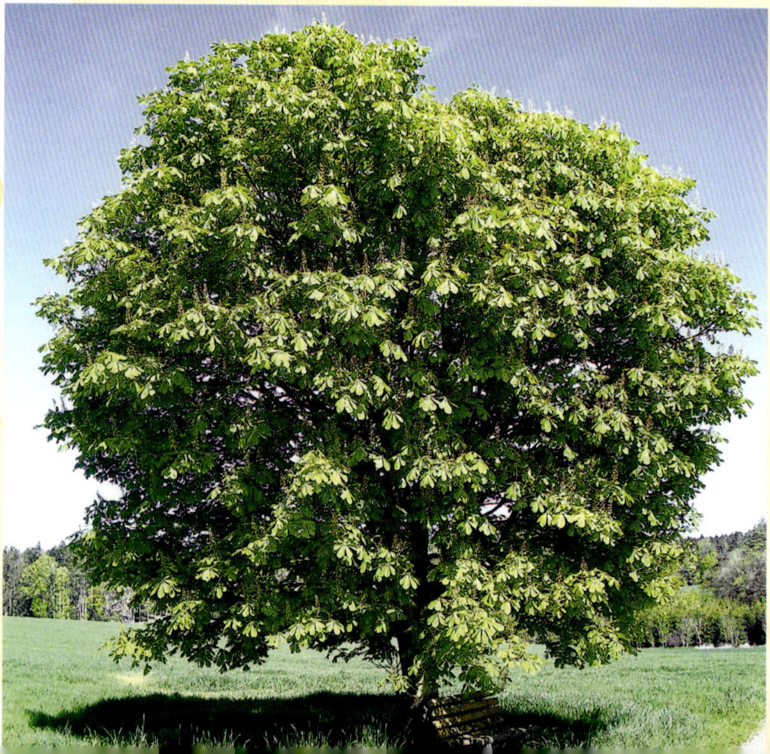

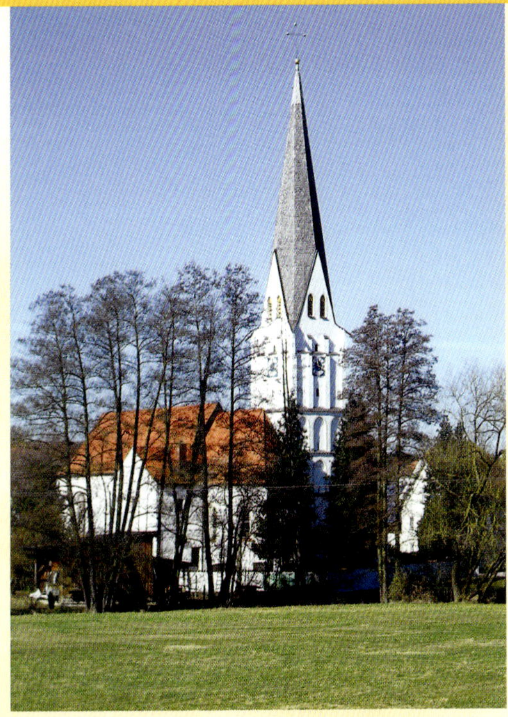

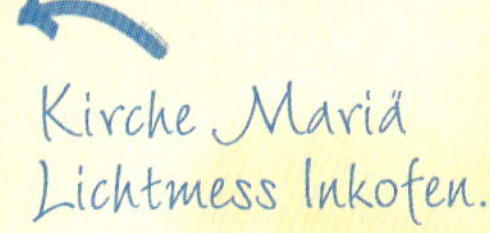

Kirche Mariä Lichtmess Inkofen.

zu. 8 Wenn wir die Dorfstraße erreicht haben, bleiben wir auf ihr, bis nach einer kleinen Obstplantage die Staatsstraße nach Zieglstadl und Ergoldsbach quert. Dem kleinen Geh- und Radweg folgen wir nach rechts. Nach etwa 200 m wartet dort schon die Gruppe der anderen „Abkürzler".

Und ab hier alle gemeinsam.

Gemeinsam überqueren wir nun die Teerstraße und wandern weiter nach Rahstorf. 9 Am Ortsanfang führt uns der Weg nach links und bei nächster Gelegenheit nach rechts. Hier befinden wir uns jetzt in unmittelbarer Nähe vom Bauernhof unseres derzeitigen stellvertretenden bayerischen Ministerpräsidenten, Hubert Aiwanger. Jetzt haben wir es fast geschafft. Nur noch 1,5 km immer geradeaus und wir sind wieder bei der Kirche St. Mariä Lichtmess in Inkofen.

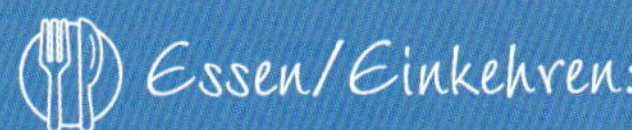

Hohenthanner Brauereigasthof
Rottenburger Str. 22
84098 Hohenthann
Telefon: 08784/969601

Öffnungszeiten:
Mi. bis Sa. 17.00 bis 00.00 Uhr
So. und Feiertags: 11.00 bis 14.00 Uhr
und 17.00 bis 22.00 Uhr

Leicht bis Mittel

13 km

↓↑ 78 m

4 Std.

Laaber – Unter-/Obergrünbach – Rohr i. NB – Alzhausen – Laaberberg

Es erwartet Sie eine leichte Wanderung von der großen Laber zur berühmtem Asamkirche in Rohr, ein Muss für jeden Kunst- und Kirchenliebhaber.

Parken:
Kirche St. Stephanus in Laaber
93352 Rohr.

Rohr in Niederbayern – die Asamkirche lockt

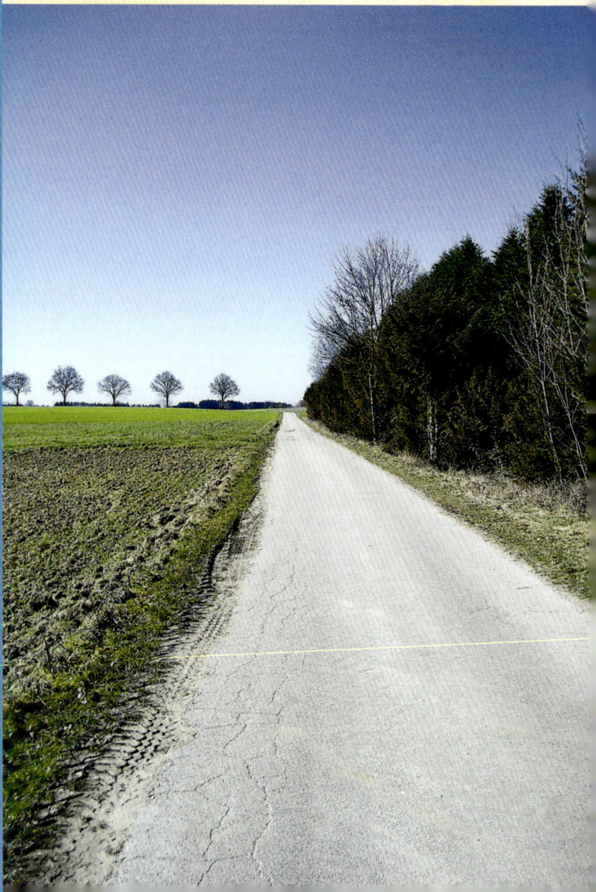

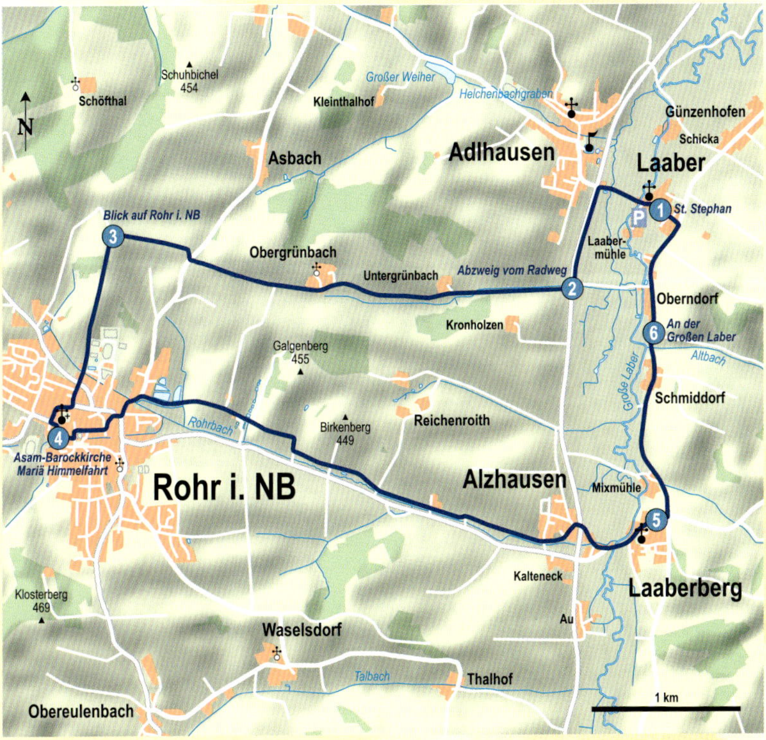

1 St. Stephan – Start/Ziel
2 Abzweig vom Radweg
3 Blick auf Rohr i. NB
4 Asam-Barockkirche Mariä Himmelfahrt
5 Laaberberg
6 An der Großen Laber

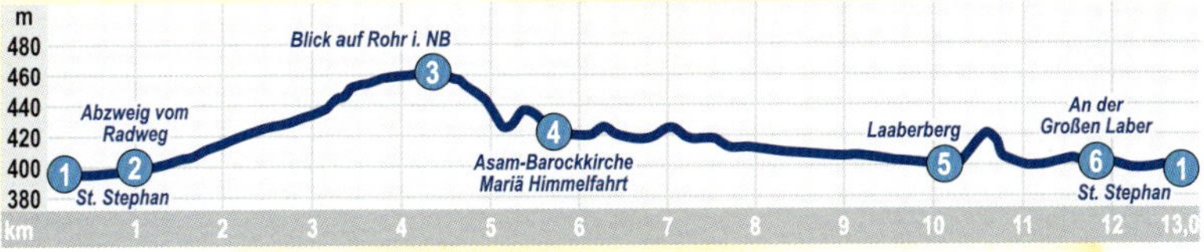

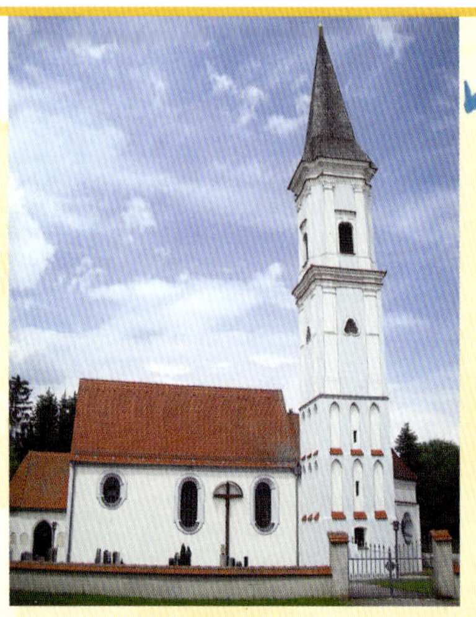

St. Stephan in Laaber.

Direkt neben der Kirche mäandert die große Laber in ruhigem Lauf nach Norden. Wir überqueren sie und nähern uns der Staatsstraße Rottenburg–Langquaid, neben der die Planer einen großzügigen Rad- und Wanderweg angelegt haben. Auf ihm wandern wir nun in südlicher Richtung. Nach 700 m verlassen wir den Weg ❷ und biegen rechts in Richtung Untergrünbach ab. Jetzt geht es für die nächsten 2,6 km immer leicht bergauf,

Unsere heutige Tour führt uns von Laaber nach Rohr und über Alzhausen entlang der großer Laber wieder zurück.

Wie üblich starten wir wieder an einer Kirche, dieses Mal an St. Stephan in Laaber ❶, Adlhauser Straße 10, Rohr.

Die im Kern spätgotische Kirche wurde Mitte des 15. Jahrhunderts erbaut, und um 1700/10 erfolgte ein Barocker Ausbau.

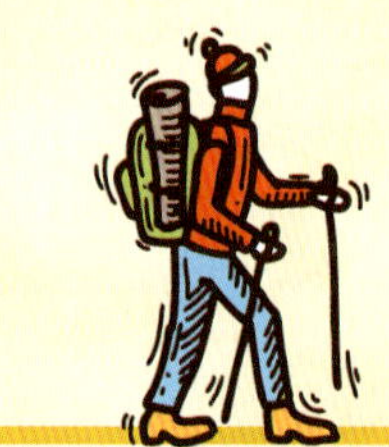

» Kirchen und Flüsse sind offene Bücher. Lies sie. «

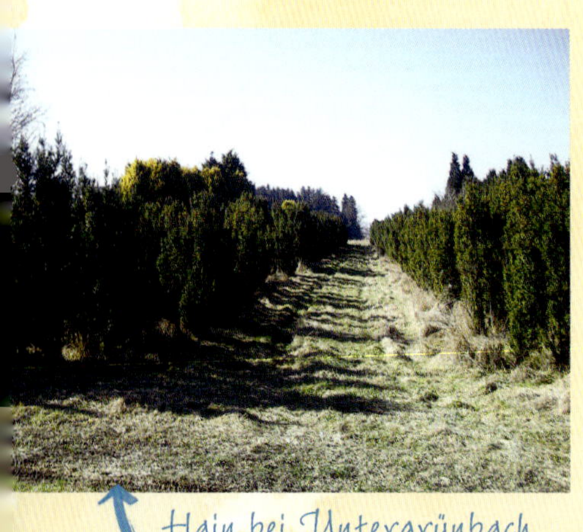

Hain bei Untergrünbach.

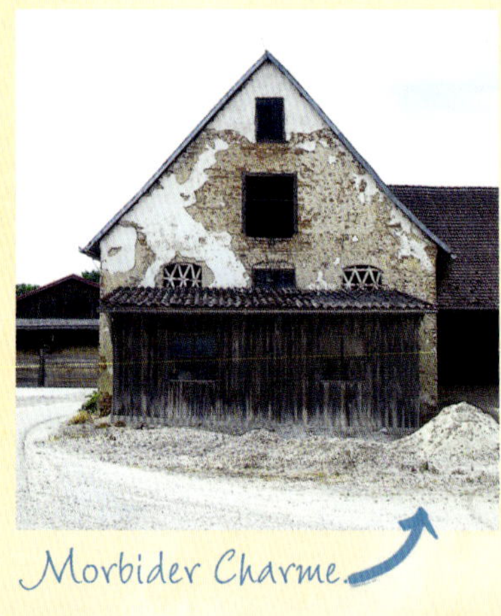

Morbider Charme.

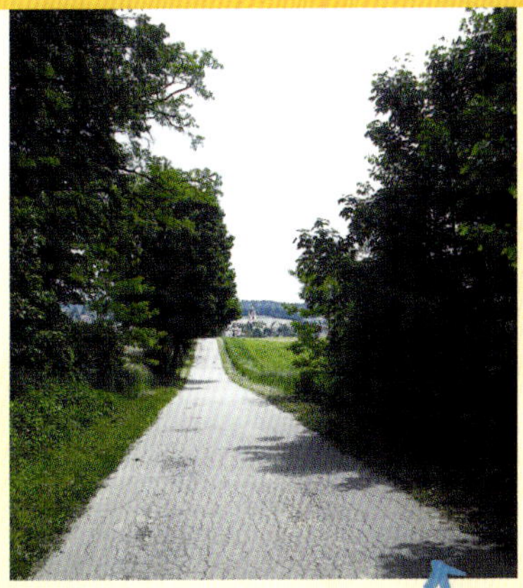

Rohr in Sicht.

Immer gerade wandernd passieren wir Fußballplatz, Freibad und den Kindergarten und treffen nach insgesamt 1 km auf die Regensburger Straße. Diese überqueren wir wieder und folgen dem Schulweg, der uns zur Hauptstraße führt, der wir nach rechts bis zur Klosterkirche folgen. 4 Wir stehen jetzt vor einem Meisterwerk der Gebrüder Asam. Es lohnt sich, ja, es ist ein Muss, diese Kirche zu besichtigen.

vorbei an Unter- und Obergrünbach, 2 Einöden, die von weiten Feldern, Wiesen und Äckern umgeben sind. Wir treffen jetzt auf die Staatsstraße von Rohr nach Asbach, die wir leicht links versetzt überqueren und auf der wir unseren Weg weiter in Richtung Westen für gut 500 m fortsetzen. Da wir uns nun auf 462 m ü. NN befinden, können wir einen weiten Rundumblick genießen. Links zu unseren Füßen liegt der Markt Rohr, 3 auf den wir schnurgerade zuwandern, aber bergab. Wir haben es uns verdient.

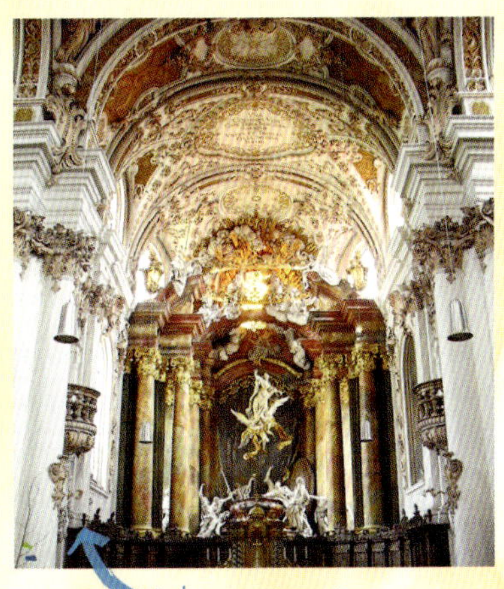

Asamkirche.

Asamkirche in Rohr.

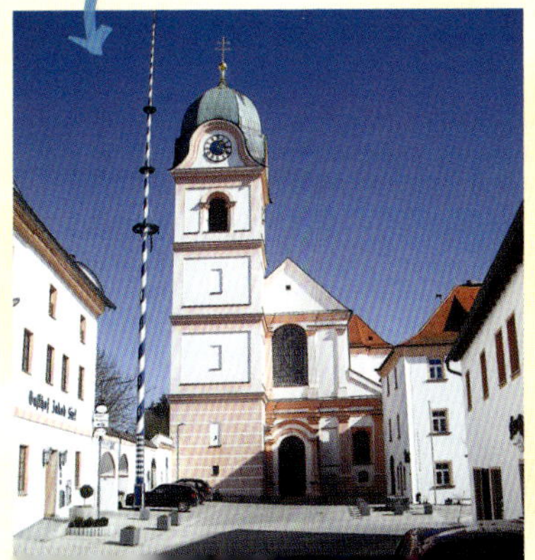

Gymnasium Rohr.

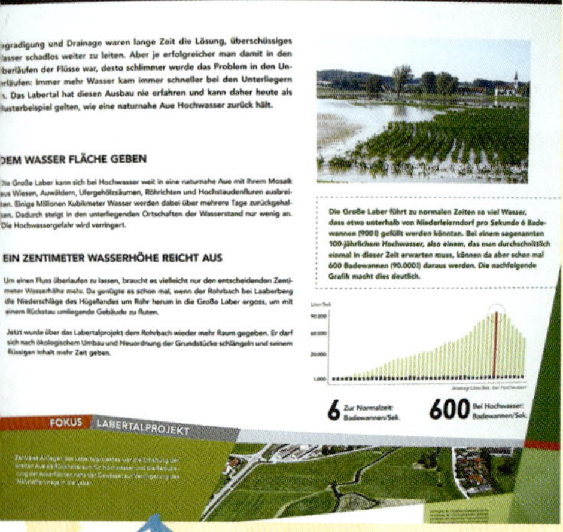

Wasser und seine Wirkung.

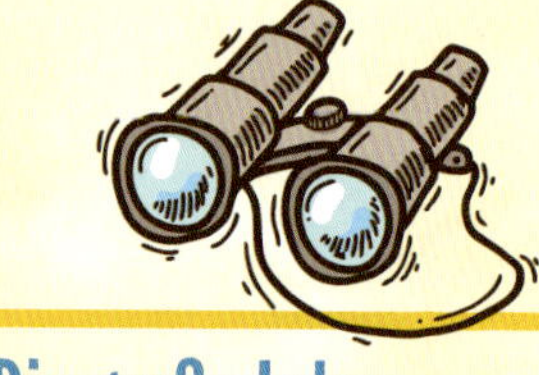

» Die große Laber prägt die Landschaft. «

Nach einer kleinen Pause geht es weiter über die Asamstraße, den Klostergarten und die Pfarrgasse hin zum Marienplatz. Die Ziegeleistraße führt nun zur Grünbacher Straße, die wir kurz vor dem Klärwerk (keine Angst, man riecht gar nichts) verlassen und jetzt entlang des Rohrbaches immer leicht bergab in Richtung Alzhausen wandern, bis wir auf die Laaberberger Straße treffen. Nun können wir uns entscheiden, ob wir gleich nach Überquerung der Staatsstraße nach Langquaid links in den Rad- und Wanderweg einbiegen und dort zurück bis zu unserem Ausgangsort Laaber wandern oder ob wir nach Laaberberg 5 hineingehen. Dort passieren wir die Wallfahrtskirche Mariä Opfe-

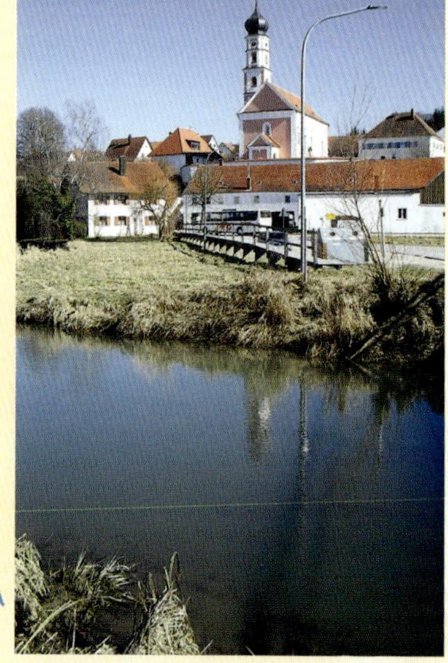

Kirche Laaberberg.

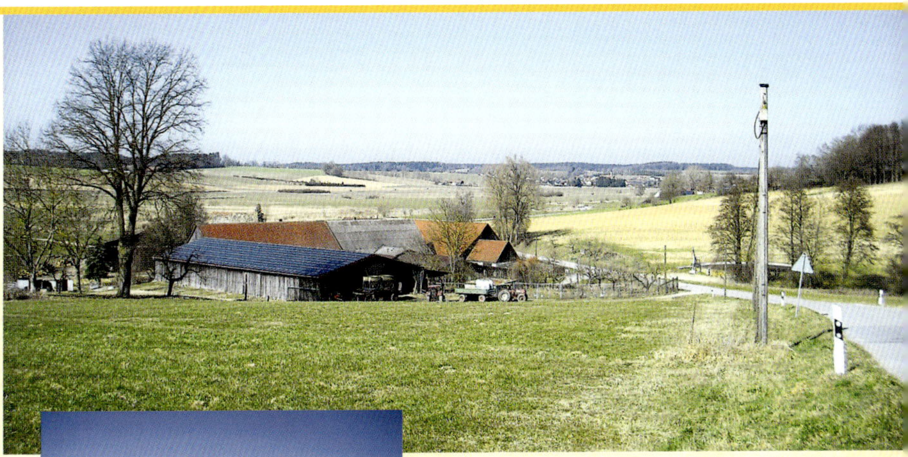

Hinab ins Tal der Laber.

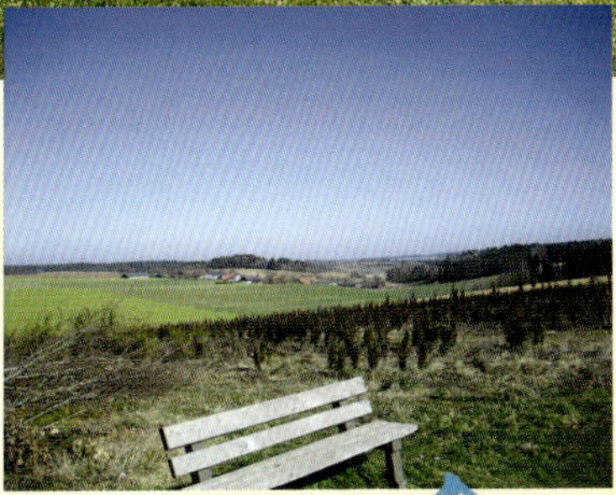

Letzte Rast vor dem Ende.

rung und gehen die Straße Am Laaberberg hoch und zweigen an ihrem höchsten Punkt in die Sandsbacher Straße ab. Von hier aus geht es nun immer gerade über Mixmühle, Schmiddorf und Oberndorf zurück nach Laaber, wo wir noch mal den Lauf der großen Laaber 6 verfolgen können. Die Adlhauser Straße führt uns wieder zu unserem Auto.

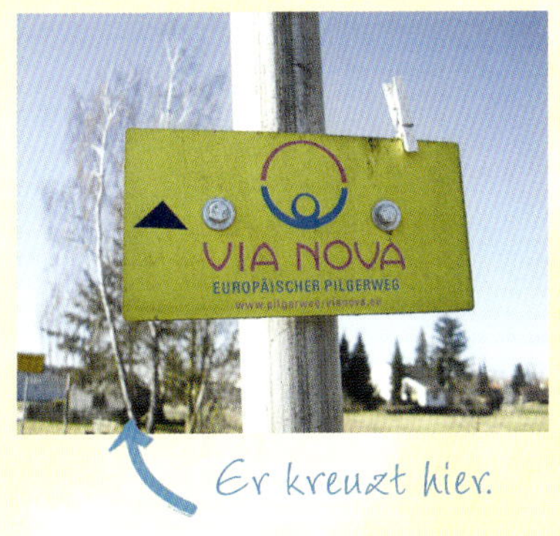

Er kreuzt hier.

Essen/Einkehren:

Hotel und Gasthof Sixt
Asamstraße 1
93352 Rohr in Niederbayern
Telefon: 08783/96960

Öffnungszeiten:
Mo. bis Do. und Sa. 8.00 bis 1.00 Uhr
Sonntag 8.00 bis 22.00 Uhr

Mittel

8 km
Richtung Grießenbach

9 km
Richtung Mettenbach

↓↑ 140 m
Richtung Grießenbach

↓↑ 148 m
Richtung Mettenbach

5 Std.
Gesamt für 17 km

Kapelle „Herrgott auf der Wies" – Irlsbrunn – Grießenbach – Mettenbach – Kapelle „Herrgott auf der Wies" – Mettenbach – Oberwattenbach

Es warten schattige Wege vorbei an mystischen Plätzen mit weiten Blicken ins Isartal.

Parken:
Kapelle „Herrgott auf der Wies" (Staatsstraße zwischen Oberröhrenbach und Mettenbach), LA22, 84051 Essenbach.

Von „Herrgott auf der Wies" nach Grießenbach, Mettenbach und Wattenbach

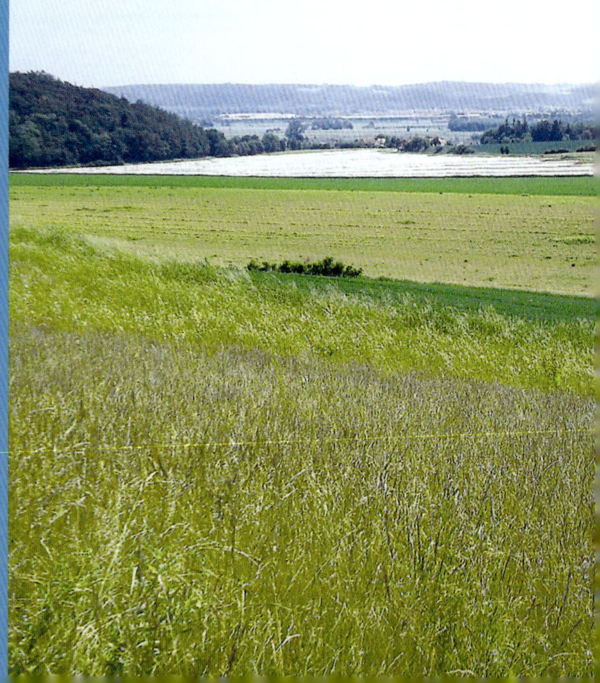

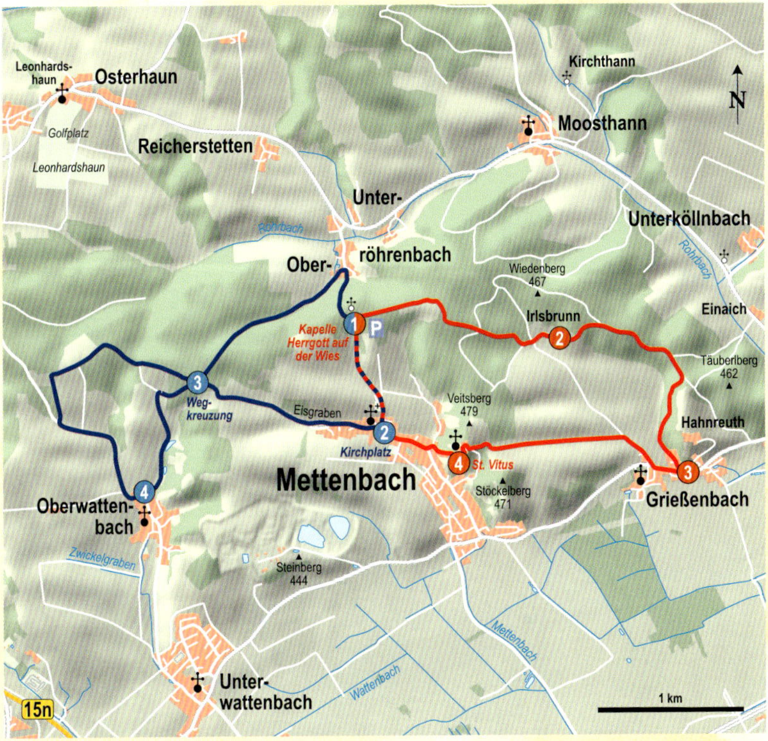

1 1 Kapelle Herrgott auf der Wies – Start/Ziel

2 Kirchplatz

2 Irlsbrunn

3 Wegkreuzung

3 Grießenbach

4 Oberwattenbach

4 St. Vitus

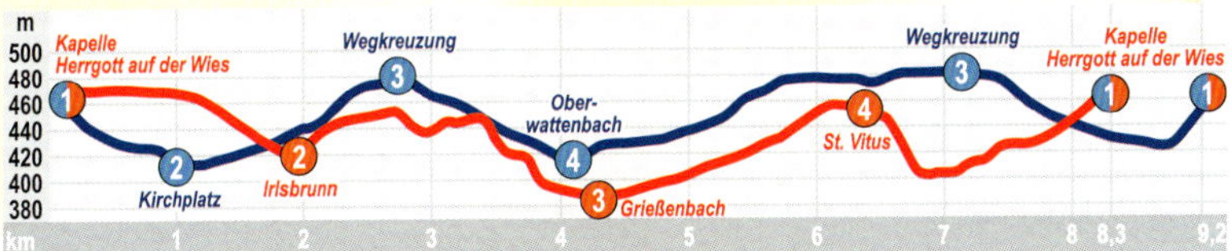

Die Rundtour war in seiner Urfassung etwas länger, so dass wir sie in 2 kleinere aufgeteilt haben. Stellen wir uns eine liegende 8 vor. Die beiden Kreise stellen jeweils eine eigenständige Wanderung dar, aber mit demselben Startpunkt, nämlich der Kapelle „Herrgott auf der Wies“ bei Oberröhrenbach.
Die rechte Runde geht in östlicher Richtung über Irlsbrunn bis Grießenbach und Veitsberg und von Mettenbach wieder zum Ausgangspunkt zurück. Die andere Tour führt nach Mettenbach und dann in westlicher Richtung nach Oberwattenbach und wieder zum Anfang.

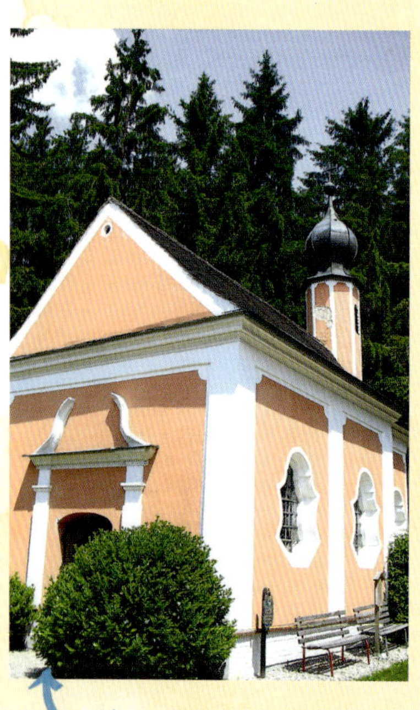

Kapelle Herrgott auf der Wies.

1. Richtung Osten über Grießenbach

Gleich unterhalb der Kapelle ❶ in südlicher Richtung beginnt ein Waldweg, der in östliche Richtung führt. Ihm folgen wir für etwa 700 m. An der Gabelung halten wir uns rechts und in weiteren knapp 200 m folgen wir dem Weg nach links. Nach ca. 800 m liegt der kleine Weiler Irlsbrunn ❷ vor unseren Füßen. Wir folgen dem Weg in den Ort und lassen uns von ihm am Ende hinauf in den Wald führen. Nach wenigen Hundert Meter schließt sich uns ein von links kommender Weg an. Wir wandern weiter für etwa 1 km. Der Weg führt nun nach rechts weg und beginnt nach wenigen Metern steil abzufallen. Schon bald verlassen wir den Wald und gehen direkt auf Grießenbach ❸ zu. Hier ganz in der Nähe zu Unholzing entstand im Jahre 1969 der für die damalige Zeit skandalöse Film „Jagdszenen aus Niederbayern“.
Die ersten Häuser stehen auf der Webergasse, die uns dann auf die Landshuter Straße führt. Dieser folgen wir in westlicher Richtung, bis uns nach etwa 250 m eine Straße nach Irlsbrunn weist. Nach 450 m biegt linker Hand ein Feldweg ein, dem wir bei leichtem Anstieg immer gerade folgen. In gut 1,5 km erreichen wir dann den Veitsberg, der zu Mettenbach gehört. Auf seinem höchsten Punkt thront das Kirchlein St. Vitus. ❹ Jetzt folgen wir der Teerstraße von der Kirche weg, biegen aber unmittelbar hinter dem letzten Gebäude rechts hinab zur Dorfstraße, der

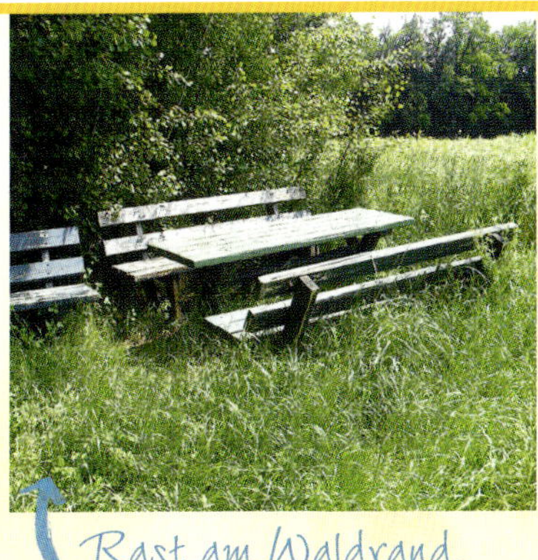

Rast am Waldrand.

wir jetzt Ortsauswärts in nördlicher Richtung folgen, rechts vorbei an der Kirche St. Dionysius. Nach gut 1 km haben wir dann wieder unseren Ausgangspunkt, die Kapelle „Herrgott auf der Wies", erreicht.

2. Richtung Westen über Oberwattenbach

Die zweite Runde führt uns von der Kapelle ❶ hinab in südlicher Richtung nach Mettenbach (hier sind wir doch gerade hochgewandert ??!!) bis zur Kirche St. Dionysius. ❷ Kurz danach verlässt uns rechts der Eis-

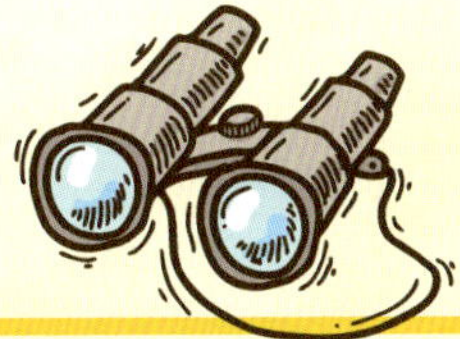

» Das Isartal lockt mit seinen Weiten «

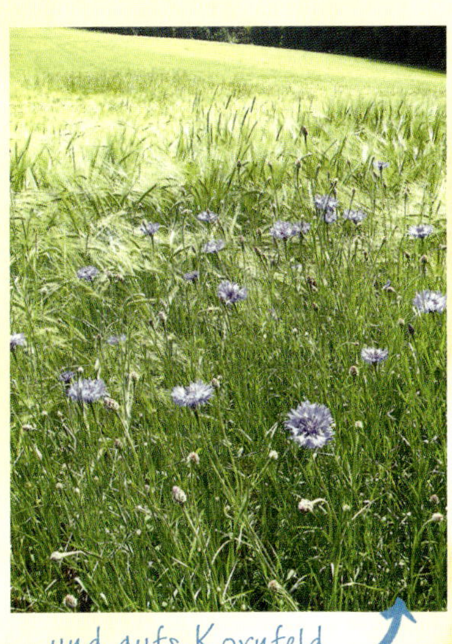

... und aufs Kornfeld.

Blick ins Isartal...

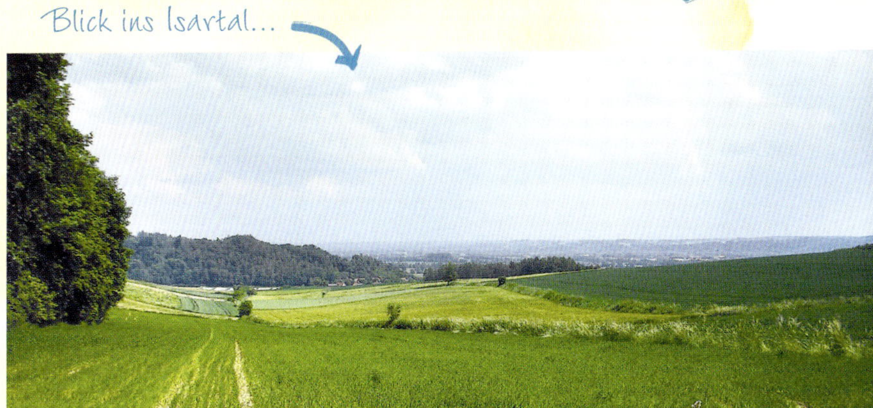

graben, dem wir gerade bei leichtem Anstieg folgen. Wir lassen uns nicht beirren, wenn immer wieder Wege wegführen. Nach etwa 800 m wendet sich unser Weglein in einem 90°-Winkel nach rechts, um sich nach 250 m mit drei anderen Wegen zu treffen. ③ Wir befinden uns jetzt auf 484 m ü. NN und lassen uns vom linken Weg hinabführen. Etwa 200 m nachdem wir den Wald verlassen haben, biegt unser Weg links ab und führt uns hinab nach Oberwattenbach, ④ vorbei an einem Regenrückhaltebecken. Dort treffen wir dann auf die Bachtalstraße, auf der wir nun rechts weiterwandern und nach wenigen

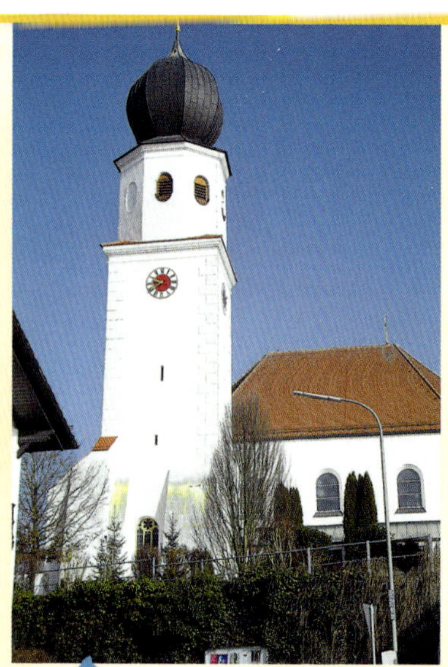

Mettenbach, St. Dionysus.

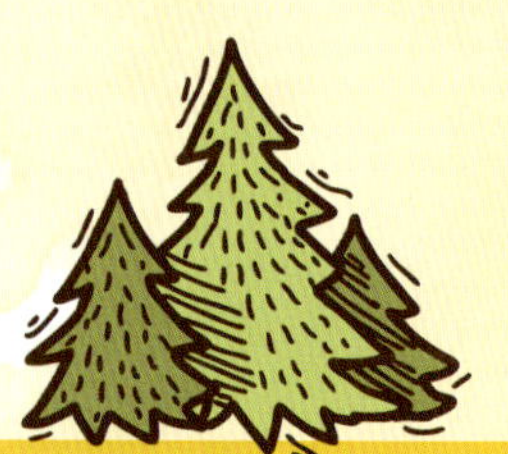

» Hörst du' s ?«
» Ich hör' nichts.«
» Dann hörst du sie – die Stille.«

Metern den Ort wieder verlassen. Nach 600 m wendet sich die Straße nach links und nach weiteren 350 m stößt ein kleines Wäldchen direkt an den Straßenrand. Hier führt ein kurzer, aber steiler Weg nach oben, der sich dann weiter nach rechts verläuft. Nach etwa 550 m führt er uns wieder direkt geradeaus in den Wald. Wir haben nun eine Höhe von etwa 480 m ü. NN erreicht. Nach 300 m gabelt sich unser Weg, dem wir links folgen. In gut 500 m stoßen wir dann wieder auf eine Wegkreuzung, der wir nun nach links folgen. (Hier waren wir heute schon. Erinnert ihr euch noch? Es ist noch nicht lange her.) Jetzt geht es für knapp 2 km immer

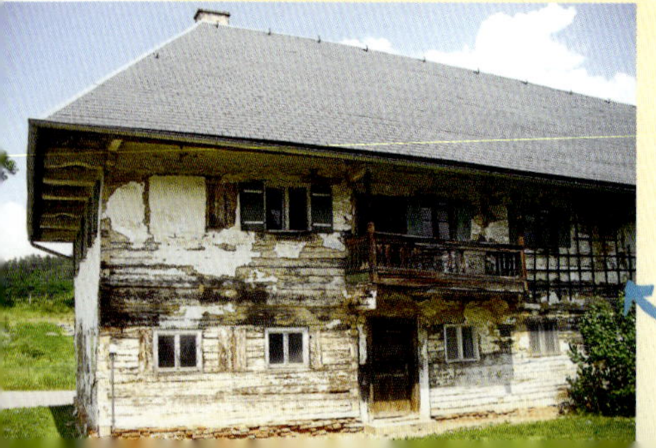

Hier gibt es noch was zu tun.

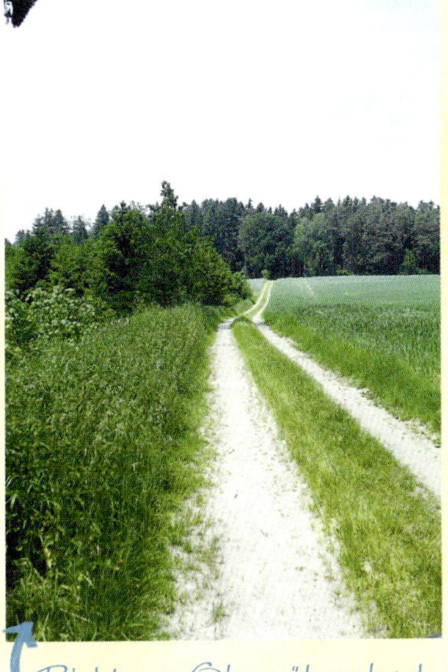

Richtung Oberröhrenbach.

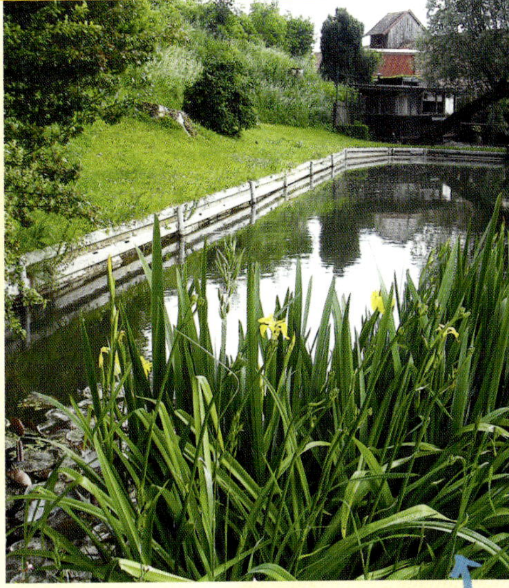

Fischweiher vor Oberwattenbach.

leicht bergab, bis unser Weg in Oberröhrenbach auf die Teerstraße trifft. Wir wenden uns nach rechts und haben es nach einem letzten kleinen Anstieg geschafft. Wir sind wieder an unserem Ausgangspunkt, der Kapelle „Herrgott auf der Wies“.

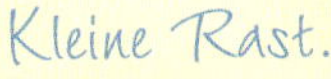

Kleine Rast.

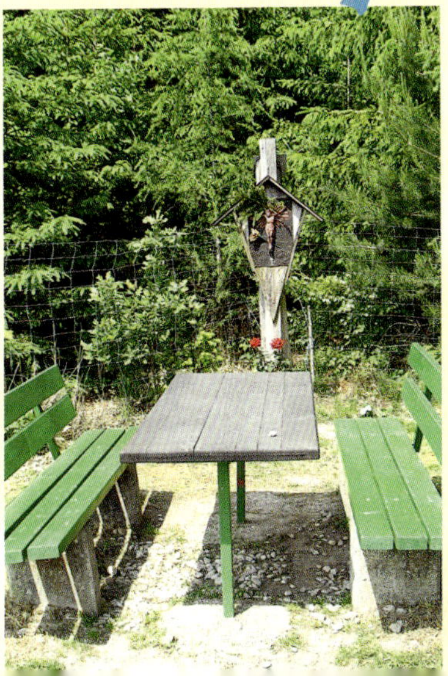

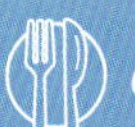

Essen/Einkehren:

Gasthaus Bergmüller Flori
Dorfstraße 60
84051 Essenbach
Telefon: 08702/2314

Öffnungszeiten:
Mo. bis So. ab 7.00 Uhr geöffnet
Di. Nachmittag geschlossen

Leicht bis Mittel

11 km

↓↑ 109 m

3 Std.

Hammelhof, Hinflucht, Kleinlug, Mausloch – seltsam?

Pramersbuch – Hagenau – Lug – Feistenaich – Mausloch

Hier warten nicht nur feste Wege mit weiten Ausblicken, sondern viele lustige Ortsnamen (Mausloch, Hinflucht, Hammelhof, Vogelsang etc.)

Parken:
Filialkirche St. Peter und Paul
Pramersbuch
84152 Mengkofen.

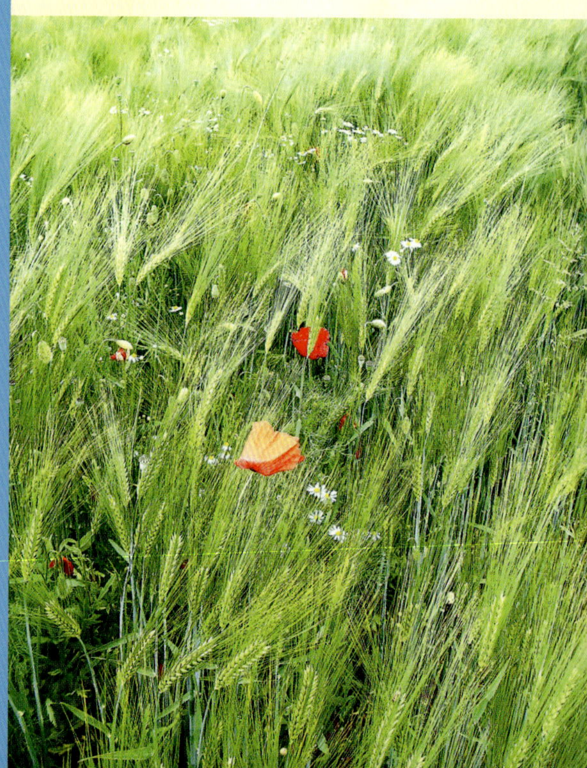

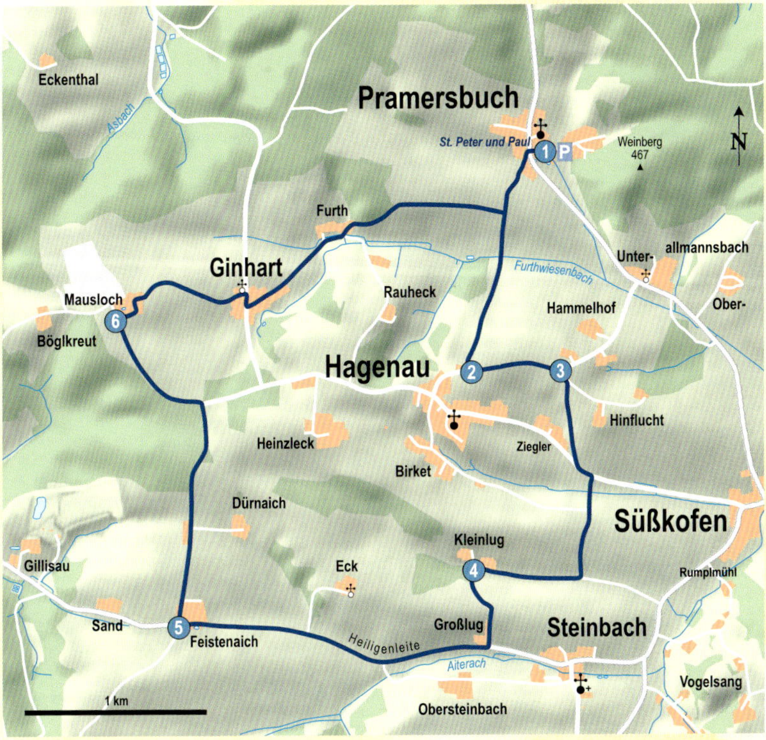

1. St. Peter und Paul – Start/Ziel
2. Hagenau
3. Hammelhof
4. Kleinlug
5. Feistenaich
6. Mausloch

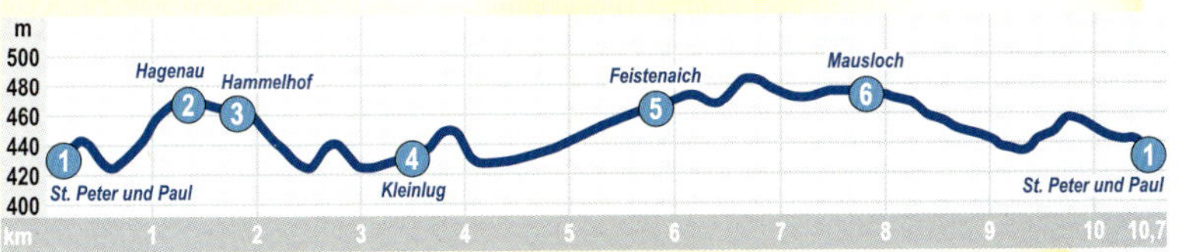

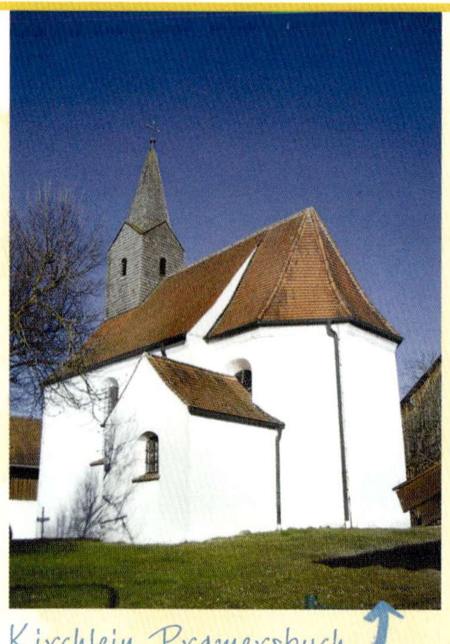

Kirchlein Pramersbuch.

Und wieder starten wir an einer Kirche. Diesmal ist es die Kirche St. Peter und Paul in Pramersbuch, das zur Gemeinde Mengkofen gehört. Und wieder können wir heute einmal mehr die weite sanfte Hügellandschaft genießen, die diesen Teil von Niederbayern so charakteristisch macht. Und noch etwas Besonderes wartet auf uns. Besondere Ortsnamen. Heute werden wir an Orten vorbeiwandern, die nicht etwa mit barocken Kirchen, herrschaftlichen Häusern oder mächtigen Burgen auf sich aufmerksam machen, sondern einfach nur ausgefallene Namen tragen. Wie etwa Hammelhof, Hinflucht, Großlug, Kleinlug oder Mausloch.

Nachdem wir unser Auto an der Kirche ❶ abgestellt haben, wenden wir uns auf der Hauptstraße nach links in Richtung Süßkofen, um sie auch gleich wieder nach rechts zu verlassen. Jetzt führt uns eine Sandstraße für die nächsten 1,4 km direkt nach Hagenau. Nach einem kleinen Anstieg fällt der Weg wieder ab

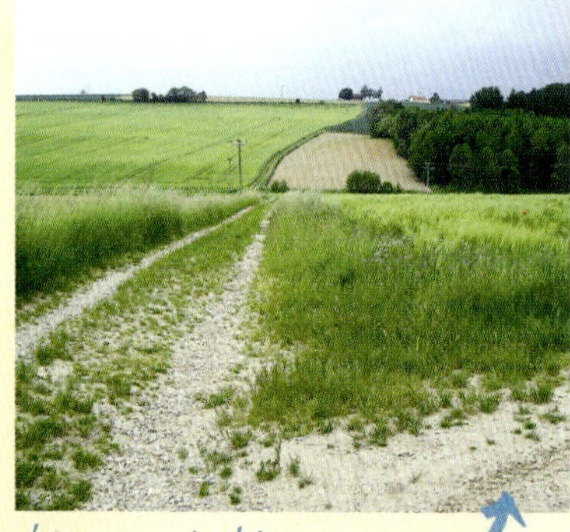

Weg nach Hagenau.

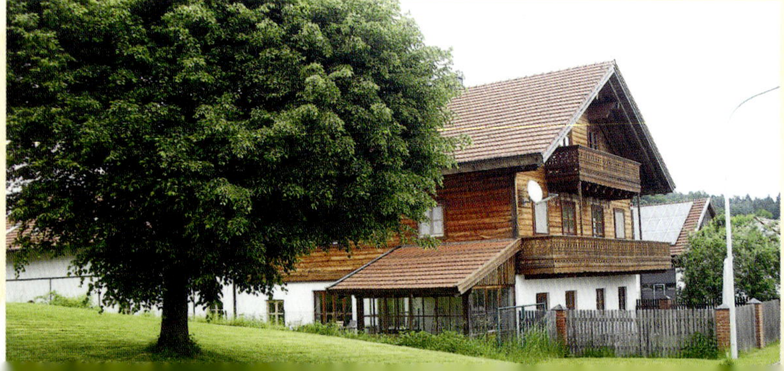

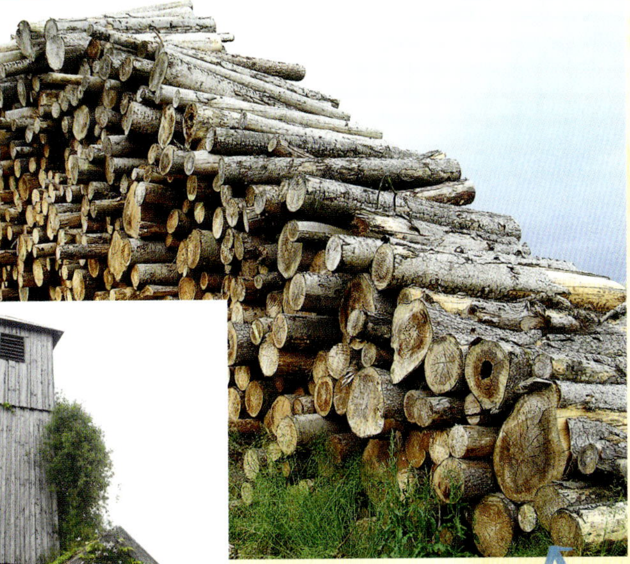

Holzlager am Weg.

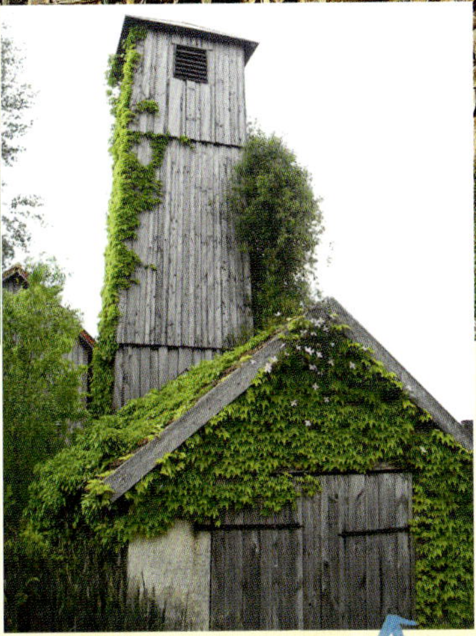

Hagenau,
altes Feuerwehrhaus.

Kirche Hagenau.

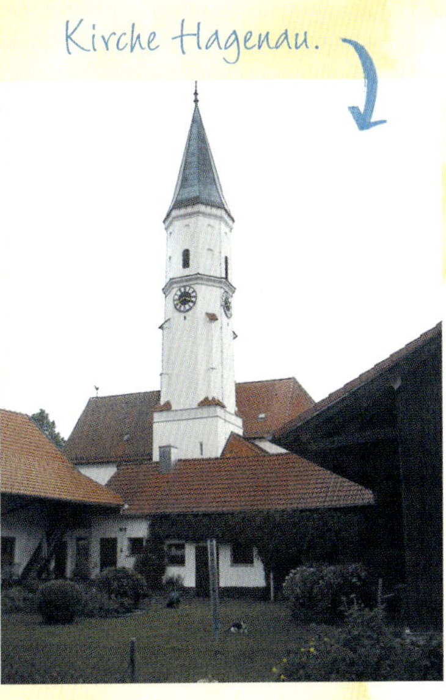

hinunter zum Furthwiesenbach, um sofort wieder anzusteigen, bis wir in Hagenau ankommen. 2 Wir wenden uns jetzt nach links und folgen der Teerstraße für etwa 500 m. An der Weggabelung sehen wir links vor uns die Einöde Hammelhof. 3 Wir folgen aber der Straße nach rechts Richtung Hinflucht, biegen aber schon nach 100 m nochmals rechts ab und folgen der Straße bergab an der Lehner-Kapelle vorbei, bis wir wieder auf eine Teerstra-

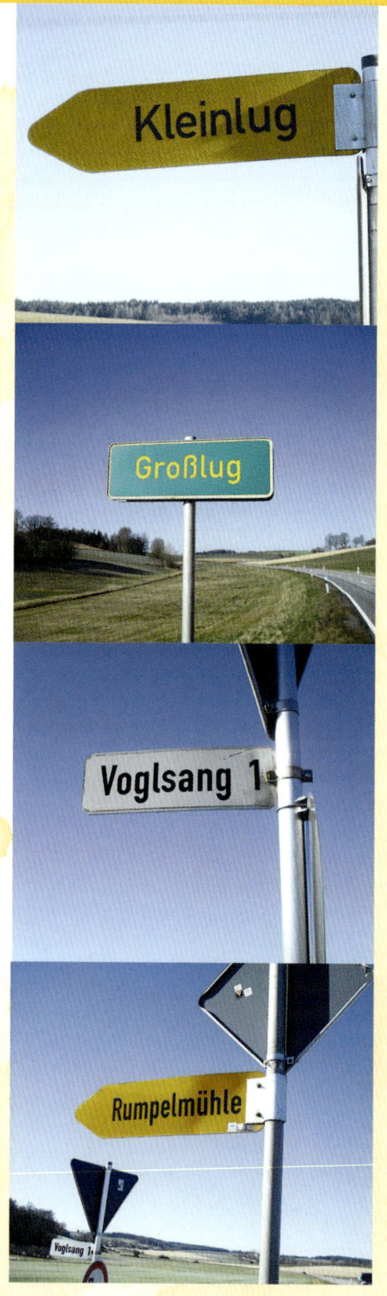

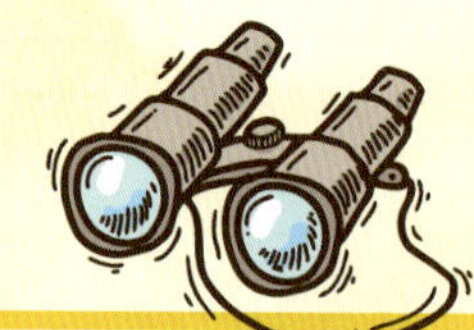

» Auch unspektakuläre Wanderungen verbergen kleine Geheimnisse. «

ße treffen. Nun wenden wir uns für etwa 100 m nach links Richtung Süßkofen, dann zweigt unser Wanderweg rechts ab. Nach 500 m führt uns die Straße rechts direkt nach Kleinlug. 4 An den ersten Häusern vorbei macht die Straße eine starke Biegung nach rechts, wir aber folgen direkt an der Kurve dem kleinen Weg in das Wäldchen. Nach wenigen Metern führt uns der Weg links am Waldrand entlang hoch. Wir

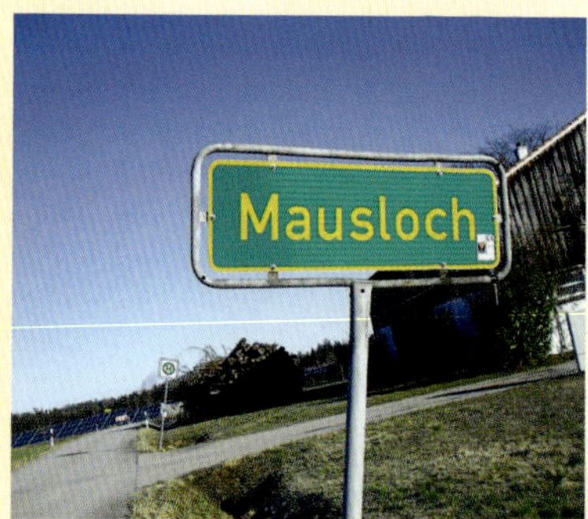

halten uns links und sehen nun schon den Weiler Großlug, auf den wir bergab zusteuern. Unten an der Staatsstraße angekommen wandern wir nun auf ihr in westlicher Richtung etwa 2 km. Dann erreichen wir Feistenaich. 5 An seinem Ende führt rechts ab eine Straße nach Mausloch 6 (ca. 2 km). Wir folgen einfach der Straße durch den Ort und treffen nach gut einem weiteren Kilometer auf die Ortschaft Ginhart. An der Hirschkapelle biegen wir rechts ab und folgen nach etwa 100 m links der Straße nach Furth. Kurz vor Ortsende biegen wir links ab und folgen dem Weg nach rechts in Richtung Wald, den wir kurz an seinem Südrand begleiten. Am Ende des kleinen Wäldchens führt uns nun direkt der Weg hinab nach Pramersbuch, zu unserem Ausgangspunkt.

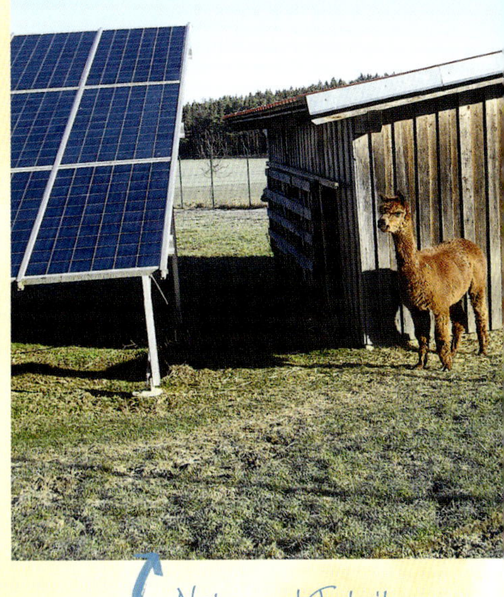

Natur und Technik.

Hochbehälter Feistenaich.

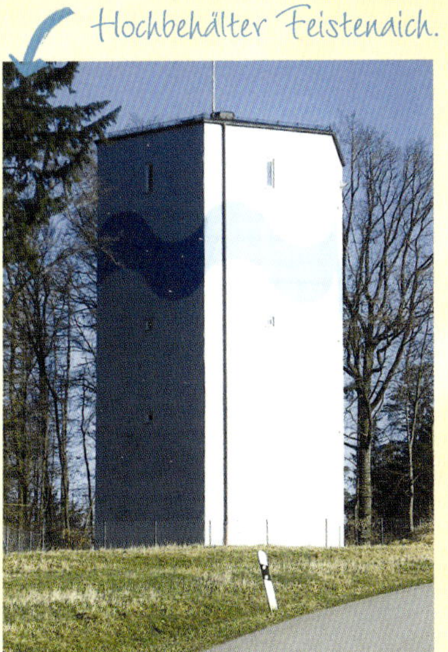

Essen/Einkehren:

Gasthof Pritscher
Bayerbacher Str. 10
84092 Bayerbach bei Ergoldsbach
Telefon: 08774/226

Öffnungszeiten:
Mo. bis Do. und Sa.
8.00 bis 13.00 Uhr und
17.00 bis 22.00 Uhr
Freitag Ruhetag (Wirtshaus geschlossen)
Sonntag 8.00 bis 13.00 Uhr und
17.00 bis 21.00 Uhr

Von Veitsbuch zum Dreifaltigkeitsberg

Mittel

10 km

↓↑ 119 m

3 Std.

Veitsbuch – Hösacker – Dreifaltigkeitsberg – Pestendorf

Der Dreifaltigkeitsberg ist über seine Grenzen hinaus bekannt. Wunderbare Aussichten in den bayerischen Wald und ins Isartal.

Parken:
Filialkirche St. Vitus
Veitsbuch
Wengerstraße
84187 Weng.

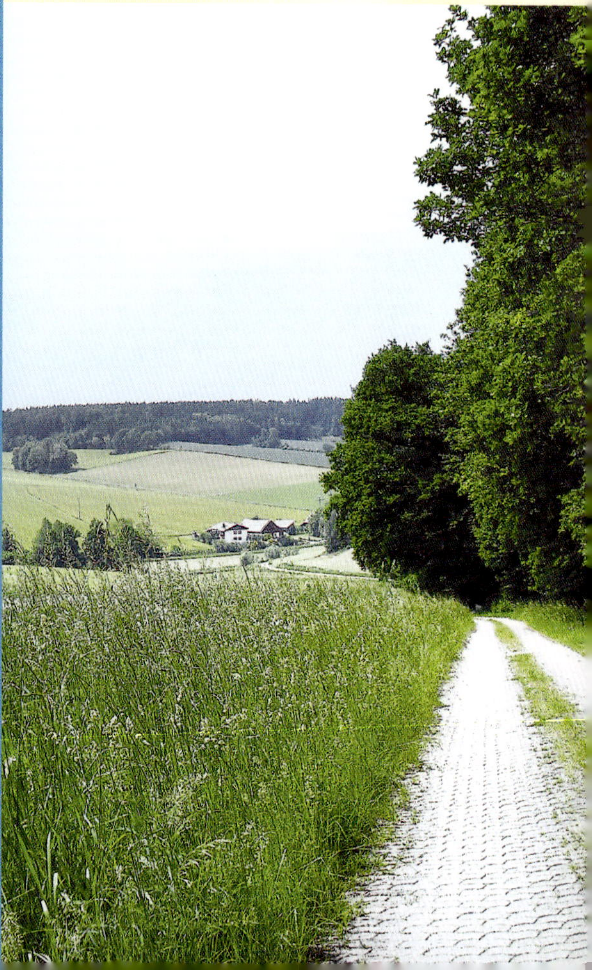

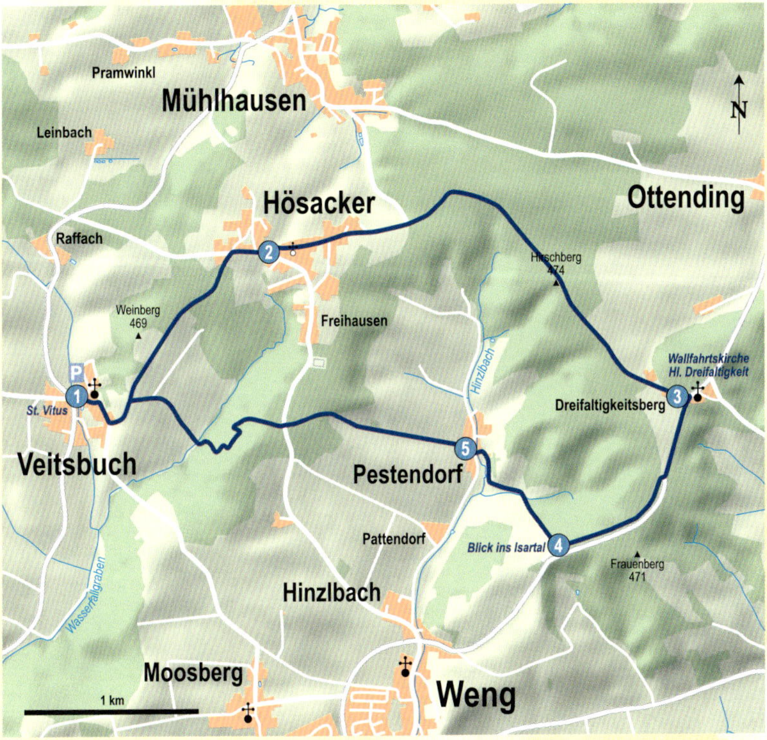

1 St. Vitus – Start/Ziel

2 Hösacker

3 Wallfahrtskirche Hl. Dreifaltigkeit

4 Blick ins Isartal

5 Pestendorf

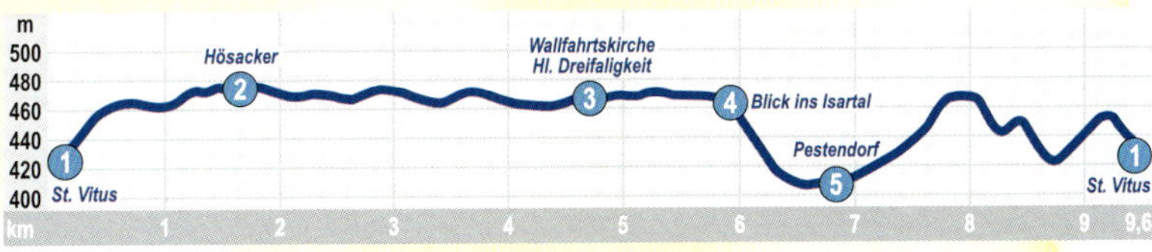

Unsere heutige Wanderung beginnt in Veitsbuch und führt uns zum Dreifaltigkeitsberg. Von dort geht es nach einer Stärkung über Pestendorf zurück zum Ausgangspunkt. Auf dem Dreifaltigkeitsberg befindet sich nicht nur eine schöne Kirche, die zum Verweilen einlädt, sondern auch ein weit über seine Grenzen hinaus bekannter Biergarten, der mit typisch bayerischen Schmankerln lockt.
Aber wie heißt es so schön: „Vor dem Erfolg haben die Götter den Schweiß gesetzt" oder „Ohne Fleiß kein Preis".
Von der Kirche St. Vitus ❶ in Veitsbuch (Wenger Straße) gehen wir die Wenger Straße hoch und bewegen uns auf Hösacker ❷ zu, auf das wir nach 1,5 km auf der Raffacher Straße treffen. Wenn wir uns nach rechts wenden, zweigt nach gut 200 m die Kapellenstraße ab, die uns nach etwa 3 km direkt am Dreifaltigkeitsberg ❸ ankommen lässt.

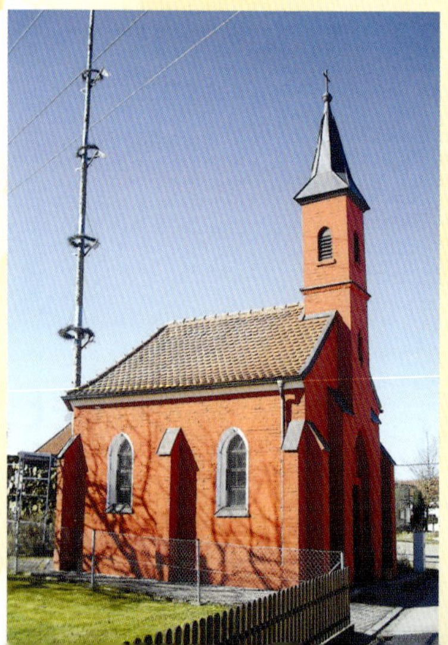

Kirche in Hösacker.

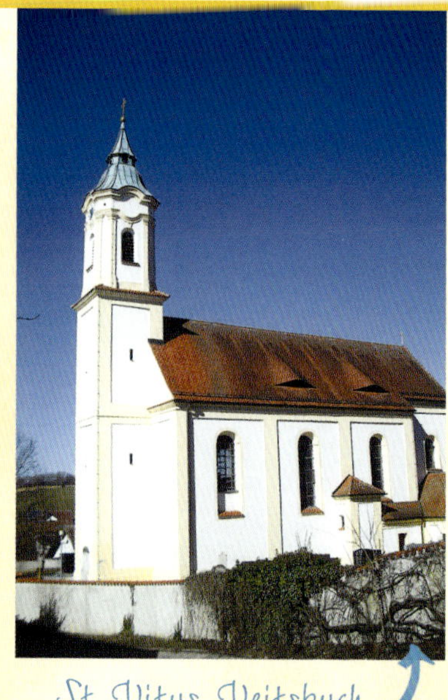

St. Vitus, Veitsbuch.

Nach geistiger und körperlicher Stärkung verlassen wir wieder den Dreifaltigkeitsberg in Richtung Süden nach Weng. Nach 1,2 km biegt rechts eine Straße nach Pestendorf ab. Bevor wir hier bergab gehen, folgen wir dem Feldweg parallel zur Hauptstraße für wenige Meter. Von hier aus haben wir einen wunderbaren Blick auf das Isartal. ❹ Links hinter dem Wäldchen versteckt sich Dingolfing, fast gegenüber erkennen wir das „Kloster Kaltenthal" aus der TV-Serie „Um Himmels Willen". Bei klarem Wetter reicht unser Blick bis Landshut.
Zurück auf dem relativ steilen Stück nach unten erreichen wir in wenigen Minuten das Dorf Pestendorf. ❺ Am Ortseingang über-

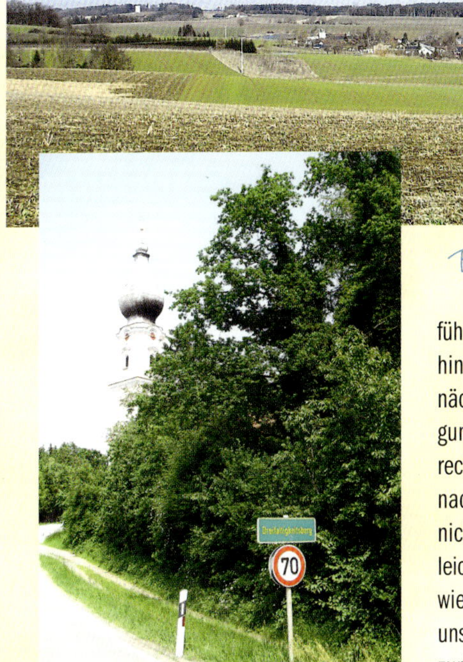

Blick nach Mühlhausen.

Dreifaltigkeitsberg.

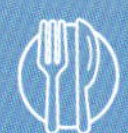

queren wir den Hinzlbach. Auf der geteerten Straße wenden wir uns nach rechts und nach etwa 30 m biegen wir gleich wieder links in den Feldweg ein, der uns gut 900 m leicht bergauf führt, bis wir auf ein Wäldchen treffen, in das wir nun eintauchen und in dem wir nach etwa 250 m auf die Staatsstraße von Hinzlbach nach Hösacker stoßen. Nachdem wir diese Straße überquert haben, führt der Weg dann weiter in das Kirchenholz hinein. Nach wenigen Metern geht es zunächst bergab und nach einer kurzen Steigung gabelt sich der Weg, dem wir nach rechts folgen. Jetzt führt uns der Weg wieder nach unten bis zum Waldrand. Nun ist es nicht mehr weit bis zum Ziel. Bei einem leichten Anstieg treffen wir nach etwa 500 m wieder auf die Straße nach Hösacker, die uns links wieder zu unserem Ausgangspunkt zurückbringt.

Essen/Einkehren:

Gasthof Scheuenpflug
Dreifaltigkeitsberg 3
84164 Moosthenning
Telefon: 08733/321

Öffnungszeiten:
Di., Mi., Fr., Sa., So., 11.00 bis 21.00 Uhr
Mo. und Do. geschlossen

Leicht

9,3 km

↓↑ 82 m

2,5 Std.

Niederlindhart - Haimelkofen - Niederlindhart

Es erwarten Sie bequeme Wanderwege mit herrlichen Ausblicken ins Tal der kleinen Laber bis zum Bayerischen Wald - vom höchsten Punkt zwischen Löfflerleite und Gehag (421 m) sieht man gleichzeitig 17 Kirchtürme.

Parken:
Direkt neben der Kirche Zwölf Apostel ist ein aufgeschotteter Parkplatz.

Vom Labertal ins Tal des Bayerbacher Baches

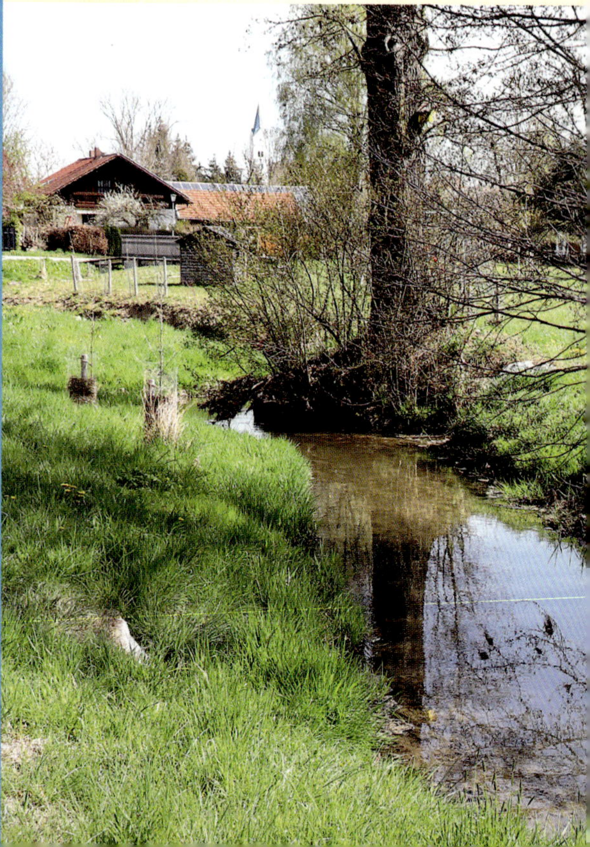

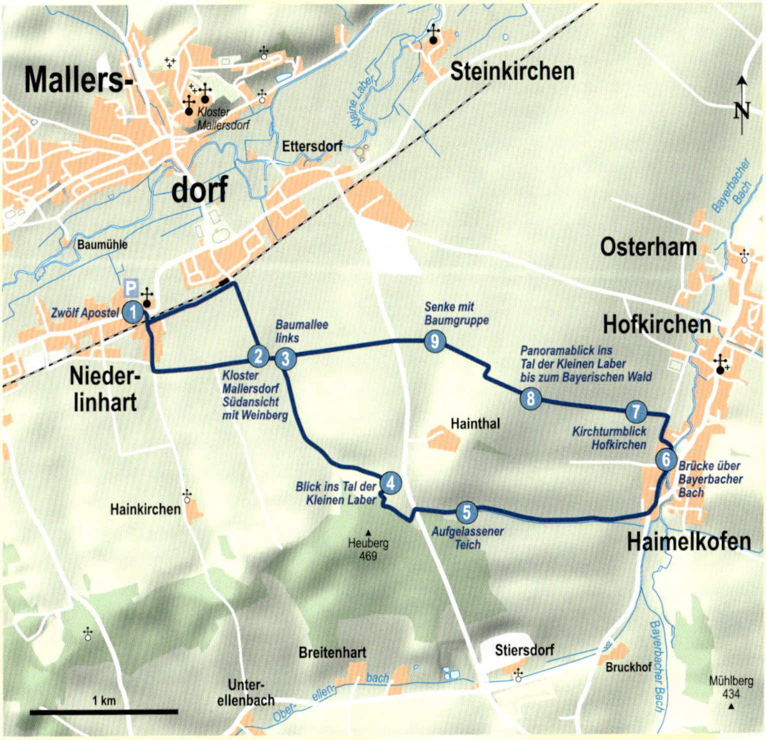

Mallers-
dorf
Kloster
Mallersdorf
Steinkirchen
Ettersdorf
Kleine Laber
N
Baumühle
P
Zwölf Apostel 1
Nieder-
linhart
Baumallee
links
2 3
Kloster
Mallersdorf
Südansicht
mit Weinberg
Senke mit
Baumgruppe
9
Osterham
Bayerbacher
Bach
Hofkirchen
Panoramablick ins
Tal der Kleinen Laber
bis zum Bayerischen Wald
8
7
Kirchturmblick
Hofkirchen
Hainthal
6
Brücke über
Bayerbacher
Bach
Blick ins Tal der
Kleinen Laber
4
5
Aufgelassener
Teich
Heuberg
469
Haimelkofen
Hainkirchen
Breitenhart
Stiersdorf
Bruckhof
Bayerbacher Bach
Mühlberg
434
Unter-
ellenbach
Ober-
ellenbach
1 km

1. Kirche Zwölf Apostel in Niederlindhart – Start/Ziel
2. Südansicht Kloster Mallersdorf
3. Baumallee links
4. Blick ins Tal der kleinen Laber
5. Aufgelassener Teich
6. Brücke über Bayerbacher Bach
7. Kirchturmblick Hofkirchen
8. Panoramablick ins Tal der Kleinen Laber bis zum Bayerischen Wald
9. Senke mit Baumgruppe

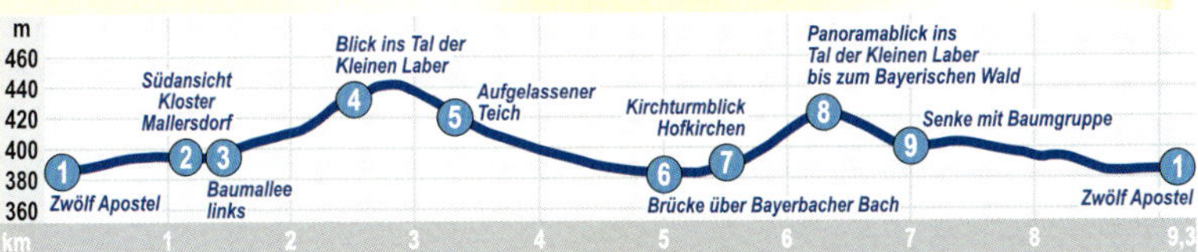

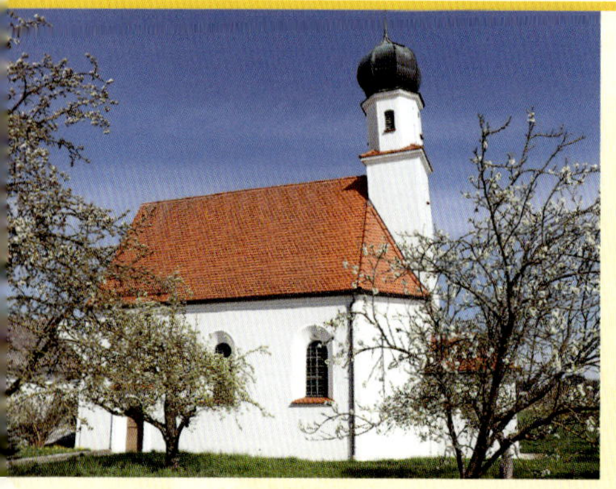

Wir starten bei der Kirche Zwölf Apostel in Niederlindhart ❶. Gegenüber steht ein großes Wegkreuz, und links davon folgen wir zunächst dem Straßenschild „Hainkirchen" in östlicher Richtung. Wir überqueren die Bahnline Neufahrn i. NB – Straubing, gehen durch den Ort und biegen am Ortsende links in einen Flurbereinigungsweg ein. Dieser steigt leicht an, und schon bald hat man einen schönen Blick auf das in Marschrichtung links liegende Kloster Mallersdorf ❷. Die nächste Kreuzung überqueren wir und biegen die nächste Möglichkeit nach rechts ab in einen linksseitig mit alten Bäumen gesäumten Feldweg, der sich in östlicher Richtung bergauf zieht ❸. Wir halten uns an der nächsten Gabelung links und gehen an der folgenden Kreuzung nach rechts auf den Wald zu. Von hier aus bietet sich ein herrlicher Blick über das ganze Tal der kleinen Laber ❹, angefangen vom Kirchturm der Pfarrei Westen ganz links, bis zu den Doppeltürmen von Haindling ganz rechts. Am Waldrand nehmen wir den Pfad bergauf, den Wald immer zur Rechten, und folgen dem Waldsaum so lange, bis ein breiter Weg von rechts aus dem

» Die Kirche Zwölf Apostel liegt idyllisch am Ortsende von Niederlindhart, direkt auf einer Wiese. «

Mächtig thront das Mallersdorfer Kloster über dem Labertal. Rechts sind die Hänge des Weinbergs zu erkennen.

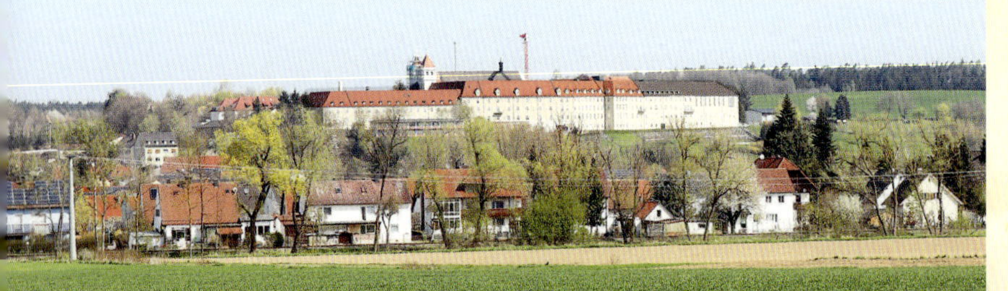

Blick zurück ins Tal der kleinen Laber mit der Ortschaft Pfaffenberg. Links ist der Kirchturm der Ortschaft Westen zu erkennen.

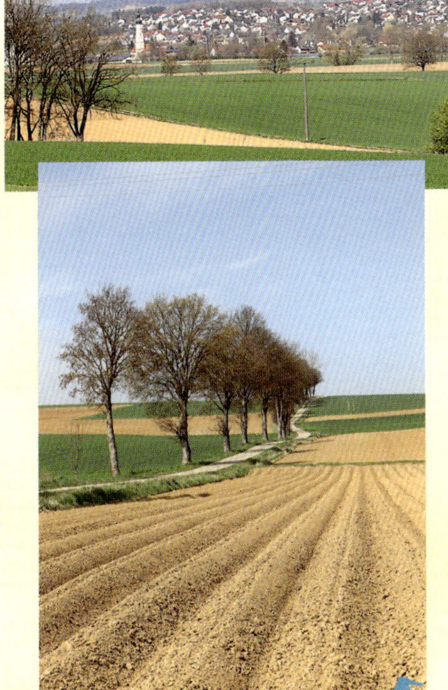

Romantisch schlängelt sich der Weg hoch durch die Fluren von Haimelkofen.

Wald erscheint. Hier schwenken wir nach links bis zur Asphaltstraße (SR 54) und überqueren diese. Gegenüber läuft ein Pfad am Wald wieder bergab, der Ort Haimelkofen taucht vor uns unten im Tal auf. Nach ca. 300 m liegt rechts ein aufgelassener Weiher, der immer noch von einem Rinnsal gespeist wird 5. Angekommen in Haimelkofen finden wir gegenüber der Straßenmündung die alte Mühle mit einem alten Mühlenrad. Wir biegen aber an der Hauptstraße nach links ein und die nächste gleich wieder links. So gehen wir zwischen den Häusern und dem Bayerbacher Bach durch Haimelkofen. Dieser Bachlauf wurde erst vor einigen Jahren wieder renaturiert und prägt den Kern von Haimelkofen. Selbst ein Kinderspielplatz findet sich hier in den Bach-

Es klappert die Mühle am rauschenden Bach – in Haimelkofen.

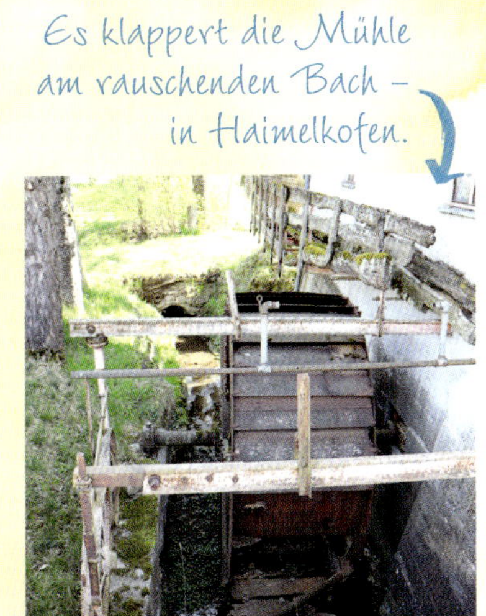

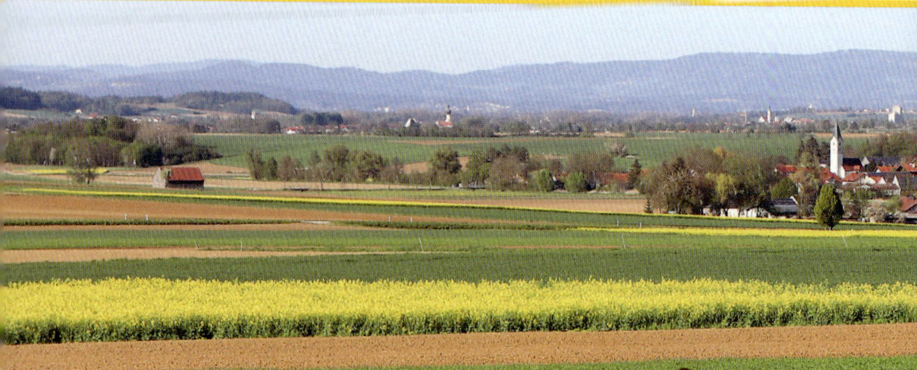

auen. Wenn rechts eine kleine Brücke über den Bach auftaucht, 6 biegen wir 20 Meter nach dieser Stelle nach links ab. Alte, hölzerne Bauernhäuser säumen hier den Weg. Die Straße macht nun eine scharfe Rechtskurve, und wir nehmen die nächste Möglichkeit nach links wahr. Der Weg zieht sich die Anhöhe hinauf, gesäumt von alten Bäumen. Von hier sieht man rückwärts die Kirche von Hofkirchen mit dem romanischen Turm 7. Wir folgen dieser Halballee nach Westen, immer leicht bergauf, und

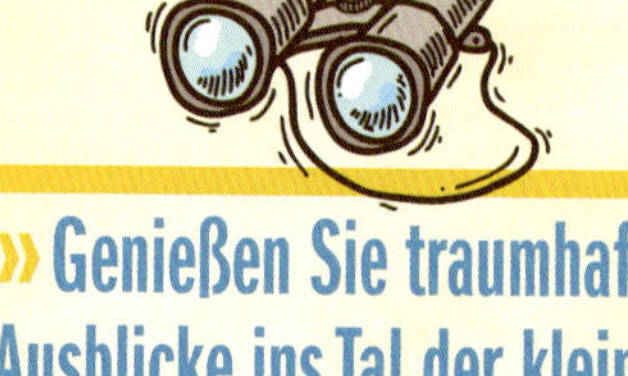

»Genießen Sie traumhafte Ausblicke ins Tal der kleinen Laber bis zum Bayerischen Wald. Von hier aus kann man 17 Kirchtürme zählen.«

Altes niederbayerisches Bauernhaus in Haimelkofen.

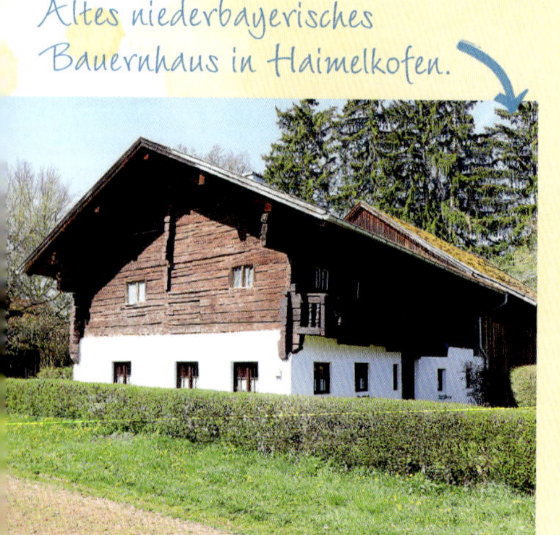

überqueren auf dem Bergrücken eine Kreuzung geradeaus.

Von hier haben wir einen sagenhaften Blick bis ins Donautal und zum Bayerischen Wald 8. Von rechts nach links sehen wir die Kirchtürme von Greislberg (ganz rechts, hinter Haimelkofen), Hofkirchen, Hader (spitzer Turm, auf einem kleinen Hügel), weiter links die Doppeltürme von Haindling (Wallfahrtskirche und Pfarrkirche), im Hintergrund die Kirche von Perkam (Treppengiebel), nun die zwei Kirchtürme von Geiselhöring, dann wieder im Vor-

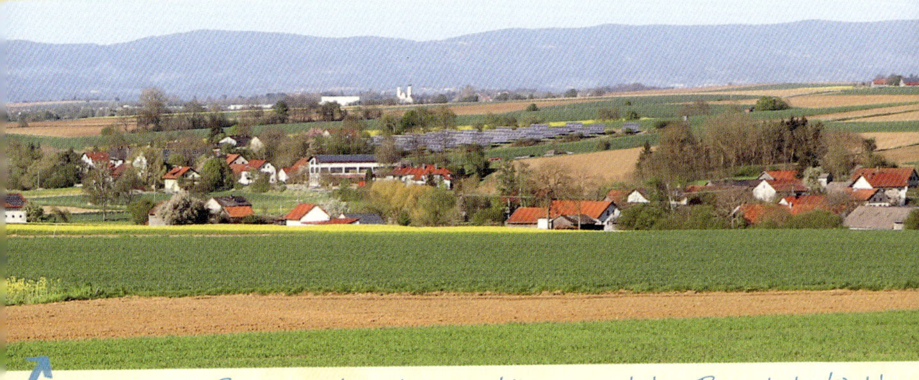

Blick auf die Türme von Haindling, im Hintergrund der Bayerische Wald. Hans-Jürgen Buchner („Haindling") wohnt direkt unterhalb der Kirche.

dergrund Weichs, die Kirche von Sallach (barocke Haube), Greissing (Treppengiebel), Laberweinting (spitzer Turm), weiter links die Kirche von Eitting (gelb, barock), dann folgen Grafentraubach (barock) und weiter die romanischen Türme der Kirche von Mallersdorf. Weiter links die Kirche von Pfaffenberg (auf dem Berg, Spitzturm) und dann die der Ortschaft Westen (Dom des Labertales, barocke Haube). Siebzehn Kirchtürme von dieser Stelle – und wenn man genau hinsieht bzw. die Sicht es erlaubt (evtl. Fernglas mitnehmen, taucht vor den Türmen von Geiselhöring auch noch die Kirchturmspitze von Atting auf (Backsteingotik).

Wir folgen dem Weg bergab bis zum Ende, und wenden uns dann nach rechts, nehmen die erste Möglichkeit wieder nach links und steuern auf einem herrlich dichten Grasweg bergab auf eine ältere Baumgruppe 9 zu. Von hier weiter geradeaus, leicht bergan, bis zur Staatsstraße SR 54. Diese queren wir und marschieren auf der anderen Seite auf einem Kiesweg weiter, bis wir auf unsere Abzweigung zur halbseitigen Baumallee treffen. Von da nehmen wir die nächste Möglichkeit nach rechts und schwenken vor der Bahnlinie dann wieder nach links ein. So führt uns diese Route wieder zum Ausgangspunkt unserer Wanderung, der Kirche der zwölf Apostel in Niederlindhart.

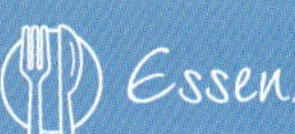

Essen/Einkehren:

Klosterbräustüberl Mallersdorf
Nardinistraße 1
84066 Mallersdorf-Pfaffenberg
Tel. 08772/915470

Öffnungszeiten:
Mo. Ruhetag, Di. bis So. durchgehend warme Küche. Di. bis Sa. 10.00 bis 22.00 Uhr, So. 9.00 bis 21.00 Uhr, warme Küche bis 20.00 Uhr.
Genießen Sie hier das klostereigene Bier von Schwester Doris. Verkauf nebenan in der Klosterbrauerei.
Ca. ein Kilometer Fußweg von der Kirche 12 Apostel entfernt.

Leicht

7,4 km

↓↑ 76 m

2 Std.

Ettenkofen – Rohrberg – Inkofen – Hebramsdorf – Ettenkofen

Auf diesem Rundweg erwarten Sie abwechslungsreiche Wege, tolle Aussichten, die Ruhe des Forstes und das romantische Plätschern der kleinen Laber.

Parken:
Sportanlage Ettenkofen (Navi: Ettenkofen 39 84088 Neufahrn i. NB).

Durchs Hochstraßholz zum Pfaffenloch – zwischen Ettenkofen und Inkofen

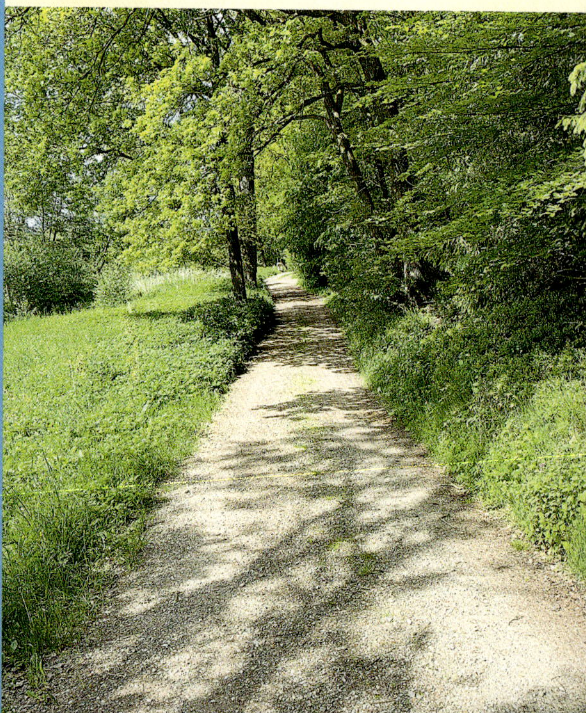

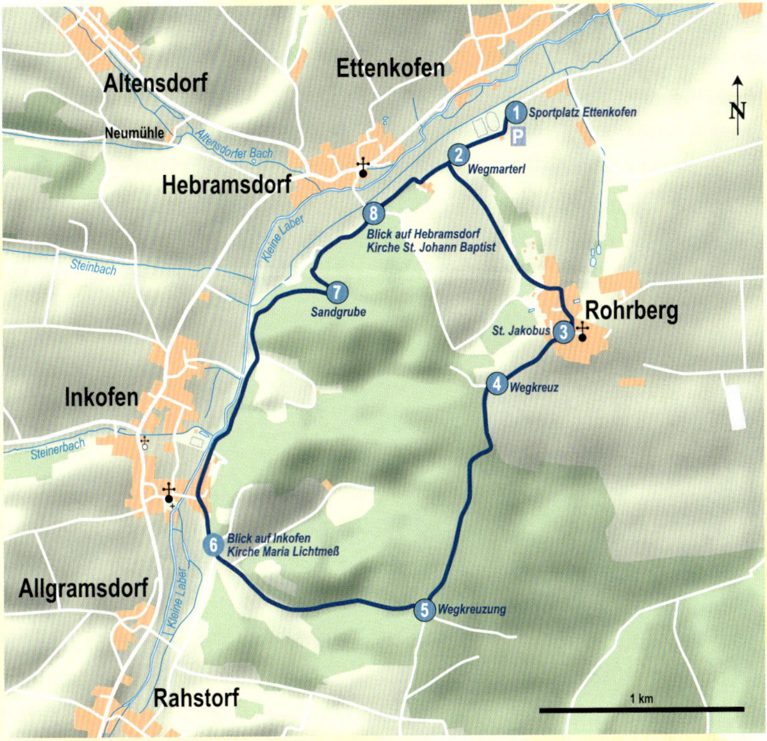

1 Sportplatz Ettenkofen – Start/Ziel

2 Wegmarterl

3 St. Jakobus

4 Wegkreuz

5 Wegkreuzung

6 Blick auf Inkofen, Kirche Maria Lichtmeß

7 Sandgrube

8 Blick auf Hebramsdorf
Kirche St. Johann Baptist

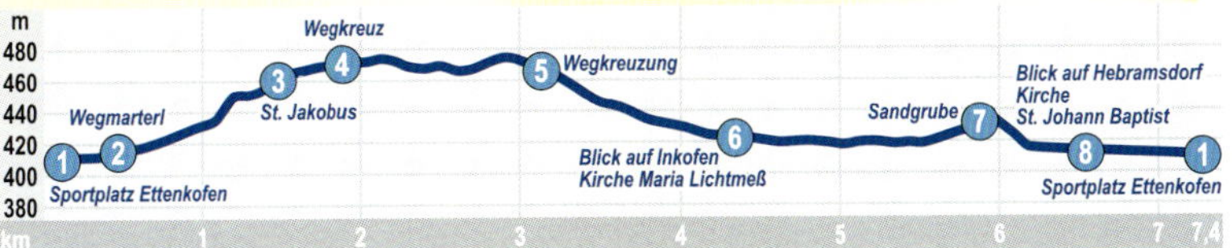

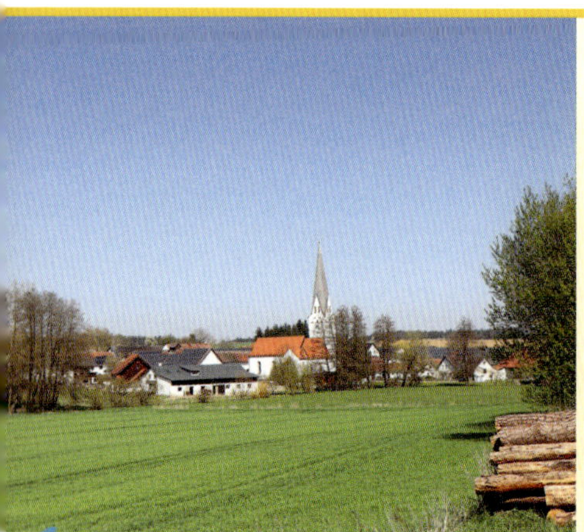

Schon von Weitem fällt der Blick auf die Kirche von Inkofen.

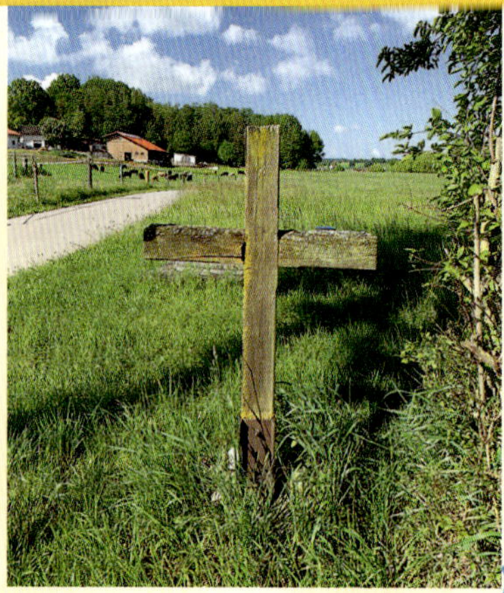

Morbides Wegkreuz an der Abzweigung nach Rohrberg.

Wir starten am Sportplatz in Ettenkofen ❶ und nehmen den Radweg am Sportplatz entlang Richtung Westen. Nach ca. 300 m geht es bei einem Wegkreuz ❷ vor einer Kuhweide auf einem mit Gras überwachsenen Pfad nach links, immer leicht bergauf. Der Feldweg führt durch einen kleinen Hohlweg und trifft dann auf die ersten Häuser der Ortschaft Rohrberg. Wir bleiben immer links, bis wir auf die Hauptstraße treffen, dann biegen wir rechts ab. In der Linkskurve (Wegweiser nach Ergoldsbach) gehen wir geradeaus Richtung Kirche ❸, und biegen vor dem Gasthaus Schneider auf Höhe der Kirche rechts ab. Die Teerstraße endet in einem Feldweg, dem wir geradeaus folgen. Links begegnet uns ein schönes Wegkreuz, wir halten uns rechts und gehen auf den Waldrand zu. Nach dem Wegkreuz auf der rechten Seite ❹ biegen wir vor dem Wald links ab und folgen dem Waldrand nach Süden. Der Weg macht nun eine deutliche Kurve nach rechts und taucht in den Wald ein. Wir bleiben etwa 200 m auf diesem Hauptweg, bevor wir nach rechts abbiegen und uns leicht bergab führen lassen. Nach einiger Zeit taucht links ein weiteres Wegkreuz auf, an der folgenden Kreuzung wenden wir uns im rechten Winkel nach rechts (Westen) und folgen dem leicht abfallenden Pfad weiter durch den Wald. Fast

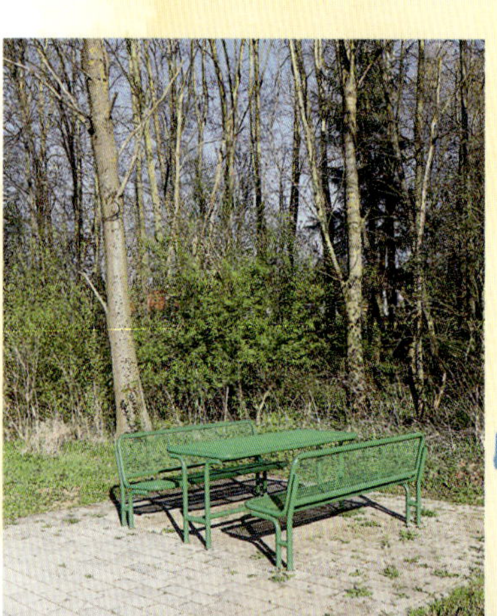

Ein schmucker Rastplatz lädt zum Verweilen ein.

schon am Ende des Waldes sehen wir links einen „Warzenbaum", eine Fichte mit mehreren runden Halbkugeln. Der Waldweg wird zum Feldweg, der aus dem Wald tritt und uns weiter langsam bergab bis zu einer Teerstraße führt. Hier halten wir uns immer rechts. Vor uns taucht der Kirchturm von Inkofen 5 auf mit seinem spitzen Schindeldach. Die Kirche stammt aus der zweiten Hälfte des 15. Jahrhunderts und enthält eine sehenswerte Altargestaltung mit Figuren von Jorhan dem Älteren. Wir bleiben weiter rechts, durchqueren den Ort in nördlicher Richtung und geraten hinter dem Parkplatz der Spedition Krieger auf einen Feldweg, der dem rechten Ufer der kleinen Laber folgt. Bei der Einmündung in eine Teerstraße von links folgen wir der Straße etwa 100 m nach rechts und biegen in einer scharfen Rechtskurve nach links in einen Feldweg ein, der sich dem Lauf der kleinen Laber wieder nähert. Der Weg steigt steil an, und in der Rechtskurve bergauf gehen wir geradeaus. Dieser Weg führt nun nach einigen Metern auch bergauf in den Wald, und wir folgen diesem Waldweg nun, links mit Blick ins Tal der kleinen Laber, bis vor uns eine Sandgrube auftaucht 6 und von rechts oben eine breite Forststraße nach links bergab führt. Dieser folgen wir in spitzem Winkel nach links, bis wir im Tal eine asphaltierte Straße erreichen. Dieser folgen wir nach rechts, und vor uns taucht links die Ortschaft Hebramsdorf auf mit ihrer Kirche, die einen typisch frühgotischen Turm mit

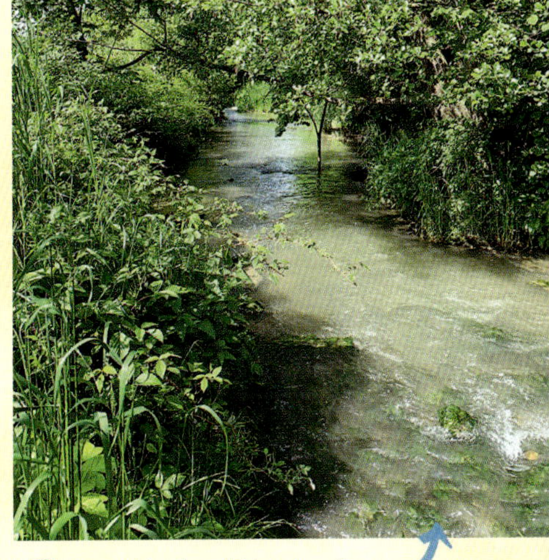

Romantisch plätschert die Laber durch den Wiesengrund.

Treppengiebel besitzt 7. Wir befinden uns nun auf dem Radweg Abens-Laber, dem wir weiter nach Osten folgen. Rechts lädt ein Rastplatz zum Verweilen ein 8. Über eine kleine Brücke und einem kleinen Anwesen rechter Hand erreichen wir wieder die Kuhweide, an der wir (von dieser Seite nach rechts) abgebogen sind. Hier doppelt sich unser Rundweg die letzten 300 Meter, und wir sind wieder am Sportplatz in Ettenkofen.

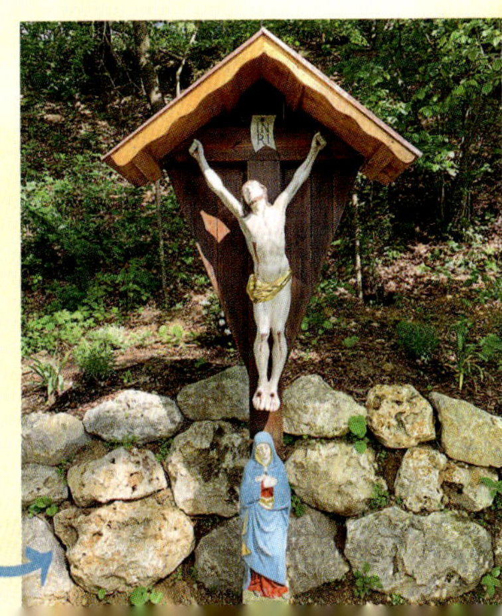

Direkt neben dem Weg an der Kleinen Laber: Der Gekreuzigte mit Maria.

Mittel

9,9 km

↓↑ 119 m

3 Std.

Rund ums Sauloch – von Wurmdorf nach Oberroning und Walpersdorf

Feldkreuz Wurmdorf – Sankt Anna – Gebersdorf – Oberroning – Femischberg – Sachsendorf – Wurmdorf

Auf diesem Rundweg erkunden Sie die liebliche niederbayerische Hügellandschaft mit dem Salesianerinnenkloster Oberroning, den mystischen Femischberg und die ländliche Idylle von Wurmdorf, Walpersdorf und Sachsendorf.

Parken:
Direkt am Wegrand beim Feldkreuz Wurmdorf.

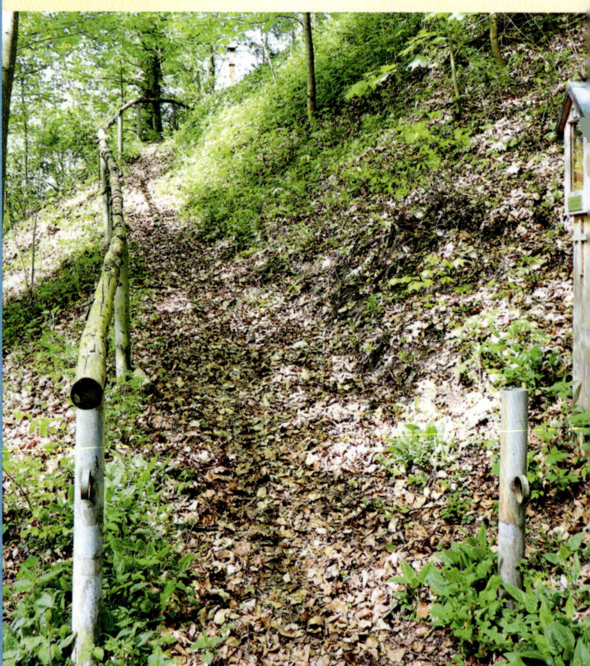

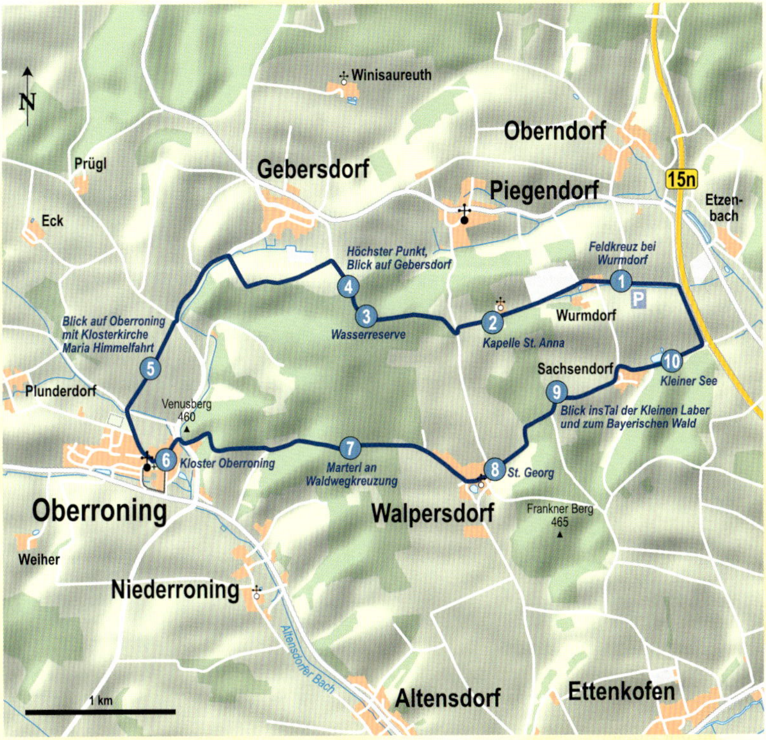

1 Feldkreuz bei Wurmdorf – Start/Ziel
2 Kapelle St. Anna
3 Wasserreserve
4 Höchster Punkt, Blick auf Gebersdorf
5 Blick auf Oberroning mit Klosterkirche Maria Himmelfahrt
6 Kloster Oberroning
7 Marterl an Waldwegkreuzung
8 St. Georg
9 Blick ins Tal der Kleinen Laber und zum Bayerischen Wald
10 Kleiner See

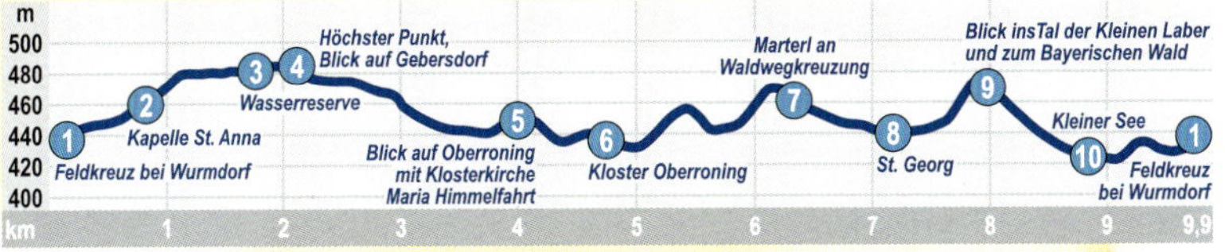

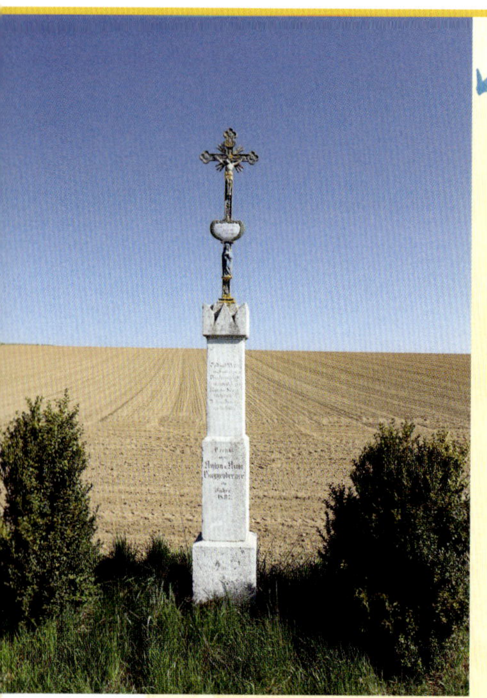

Start und Ziel ist das Wegkreuz bei Wurmdorf.

Start ist das Feldkreuz vor Wurmdorf ❶, von wo aus wir uns nach Südwesten wenden und Wurmdorf links liegen lassen. Nach etwa 600 Metern erreichen wir Sankt Anna mit seiner schmucken Kapelle ❷. Oben an der Vorfahrtsstraße erst links abbiegen und dann gleich rechts gegenüber den Feldweg nehmen. Dieser führt am Waldrand entlang bis in den Wald. Linker Hand taucht ein mächtiger Turm der Wasserreserve ❸ auf. Der Weg macht einen Bogen nach rechts und am Waldrand erreichen wir mit 484 Metern den höchsten Punkt der Gegend ❹. Ein Marterl und Bänke laden hier zum Verweilen ein. Direkt vor uns liegt Gebersdorf, dem wir uns im Weitergehen nähern, biegen aber dann in einen Feldweg ein, der links abzweigt. Dem Hauptweg bergab folgen bis zur LA 43. Kurz vorher begegnet uns ein steinernes Wegkreuz mit einer überdachten Ruhebank. An der Vorfahrtsstraße links abbiegen. Nach ca. 500 m dem Schild rechts Richtung Sittelsdorf folgen, dann aber gleich wieder nach links wenden und den Weg bergan nehmen. Von der Höhe überblicken wir Oberroning und die Klosterkirche vor uns im Tal. ❺ Halb links passieren wir das Ortsschild und kommen zwischen den Gebäuden eines Gutshofes an der Hauptstraße zum Klosterareal ❻. Vorher, linker Hand an der Stirnseite des Gutshofes, steht eine Stele mit einem Bronzekreuz. Dieses Kreuz ist eine exakte Nachbildung des Kreuzes, das im Regensburger Dom am Abgang zur Krypta

Kapelle mit Sonnenuhr in Sankt Anna.

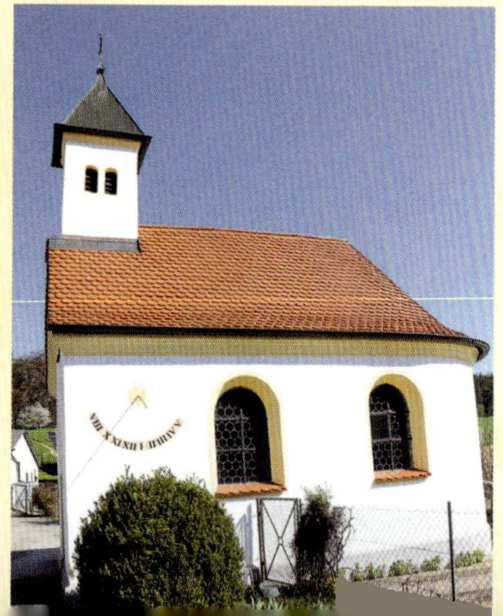

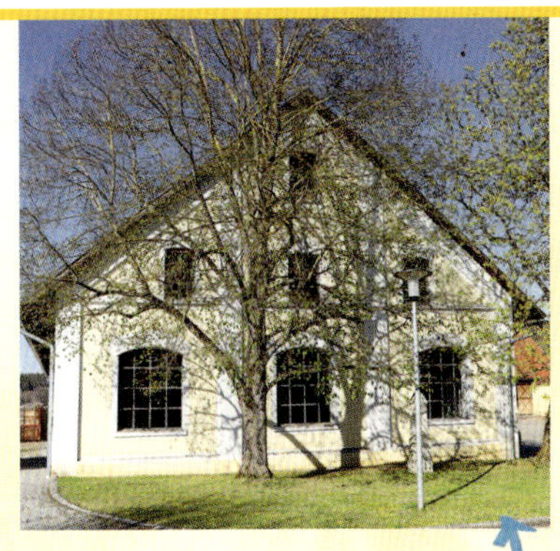

Gutsgebäude mit Stele beim Kloster Oberroning.

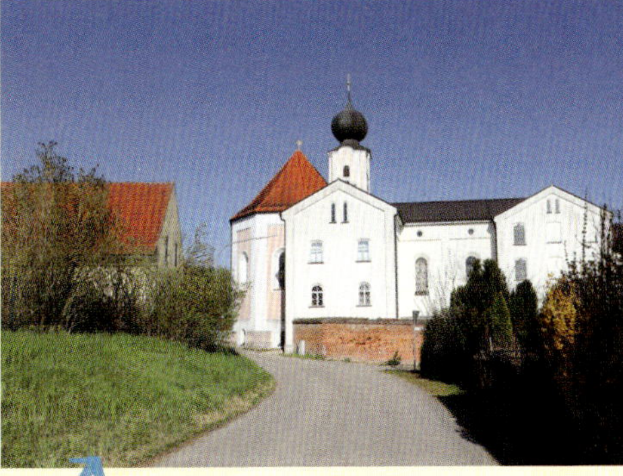

Das Salesianerinnenkloster Oberroning (Westseite).

steht. Es hat auch derselbe Künstler gestaltet. Weiter auf der Hauptstraße nach links gelangen wir zum Gasthaus Greinix auf der linken Seite. An der Hauptstraße „Am Anger" gehen wir rechts, um uns gleich wieder nach links „Am Femischberg" von der Hauptstraße zu trennen. Links ziehen sich die hölzernen Stationen eines Kreuzwegs in den Wald (wer Lust und Reserven hat, kann entlang des Kreuzweges den Gipfel erklimmen). Es geht steil bergan, dann einer scharfen Rechtskurve folgen, bis der Weg (bei einer

Blick vom höchsten Punkt der Tour (484 m) auf Gebersdorf.

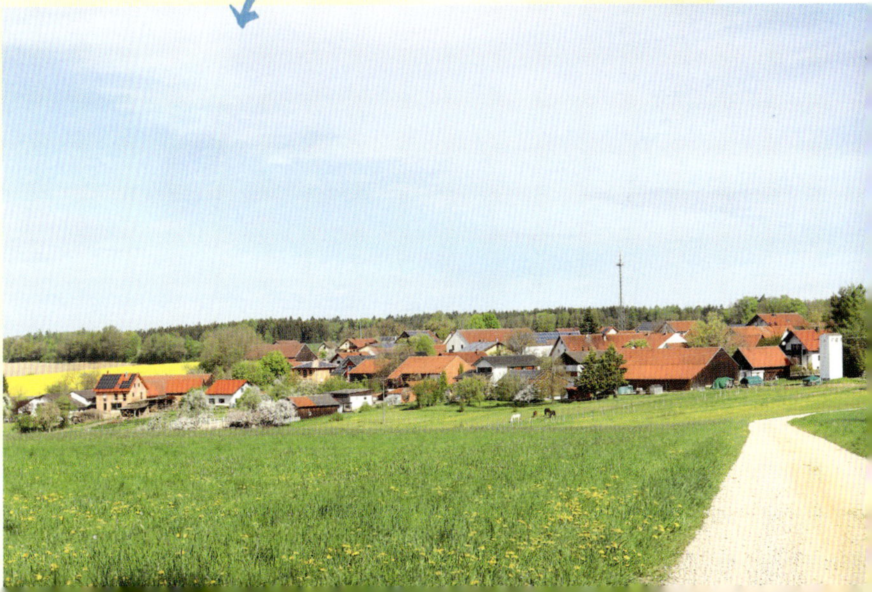

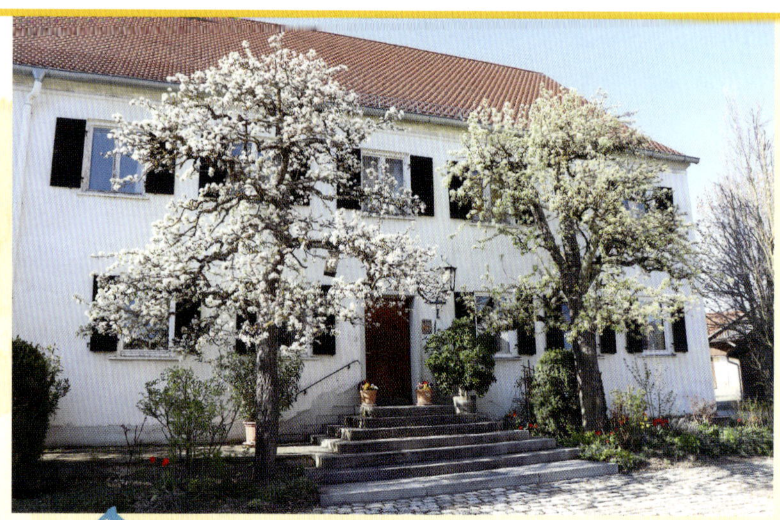

Blühende Birnbäume vor dem Gutsgebäude neben dem Kloster Oberroning.

kleinen Sandgrube) aus dem Wald tritt. Rechts tut sich der Blick nach Niederroning auf. Wir gehen den Waldrand entlang nach links bis zu einem Kreuzungspunkt vor dem Wald, halten uns links und gehen an der nächsten Gabelung den Weg rechts bergauf.

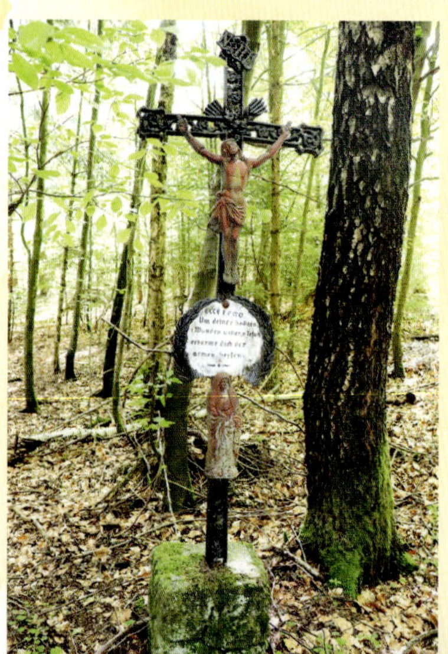

Wir überqueren an einer Lichtung eine Kreuzung und gehen geradeaus weiter. An der nächsten Kreuzung lassen wir ein Eisenmarterl 7 rechts liegen und gehen geradeaus weiter. Der Weg führt uns bergab aus dem Wald und geht in einen komfortablen Feldweg über. Links tauchen Stallungen auf und wir gehen auf die Ortschaft Walpersdorf zu. Wir treffen auf den Dorfweiher, halten uns links und gehen links an der Kirche vorbei 8, nachdem wir diesem Kleinod einen kurzen Besuch abgestattet haben. Walpersdorf wird 1438 als Pfarrei erwähnt. Die Kirche Sankt Georg ist eine kleine spätgotische Anlage aus der zweiten Hälfte des 15. Jhs. Der eingezogene Chor hat zwei Joche und dreiseitigen Schluss. Dachreiter befinden sich über der Westmauer. Sie besteht aus verputztem Backsteinbau. Walpersdorf war ehedem ein Edelsitz. Wir überqueren die Vorfahrtsstra-

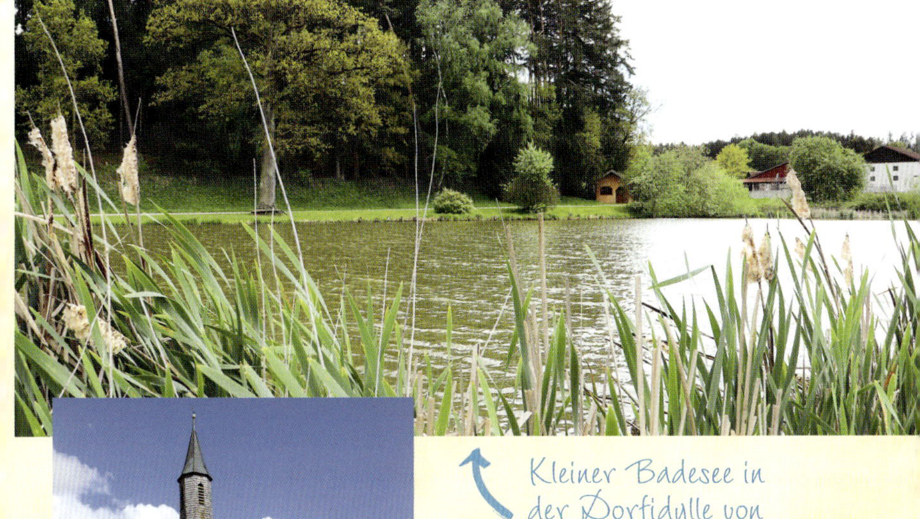

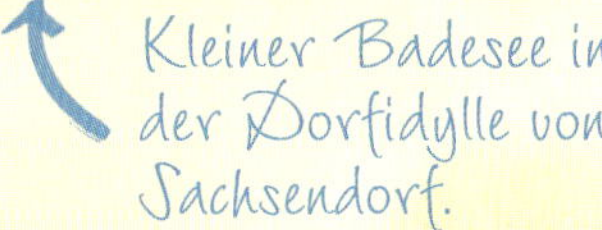
Kleiner Badesee in der Dorfidylle von Sachsendorf.

Das spätgotische Kirchlein Sankt Georg in Walpersdorf.

ße und nehmen direkt gegenüber den Feldweg Richtung Wald. Wir folgen dem Linksknick und tauchen gleich nach der Rechtskurve rechts in den Wald, steil bergauf. Auf der Kuppe angekommen 9 führt uns nach einer Vierteldrehung nach links der Weg am Waldrand entlang hinab nach Sachsendorf. Vor dem Gehöft führt links ein Weg um die Gebäude, eine Baumgruppe vor uns bewacht ein steinernes Wegkreuz. Vorher biegen wir aber wieder rechts ab, vor den Stallungen wieder links. Auf der linken Seite taucht ein kleiner idyllischer See auf 10, und vor der B15n geht der Flurbereinigungsweg wieder nach links zu unserem Ausgangspunkt.

Essen/Einkehren:

Gasthaus Greinix
Zum Kirchplatz 31
84056 Rottenburg a. d. Laaber
Oberroning
Tel. 08785/561

Öffnungszeiten:
So. von 10.00 bis 15.00 Uhr
Regionale deutsche Küche

Durch den Hainsbacher Forst nach Schwimmbach

Mittel

14,7 km

↓↑ 121 m

4 Std.

Hainsbach – Dungerfalter – Schwimmbach – Ziegelstadel – Frauenthal – Kleinwissing – Gingkofen – Hainsbach

Auf diesem Weg entdecken Sie die einzige Streugemeinde Bayerns und erleben herrliche Blicke bis zum Bayerischen Wald.

Parken:
Parkplatz auf der Ostseite der Hainsbacher Kirche (Navi: Hainsbach Ost 30, 94333 Geiselhöring).

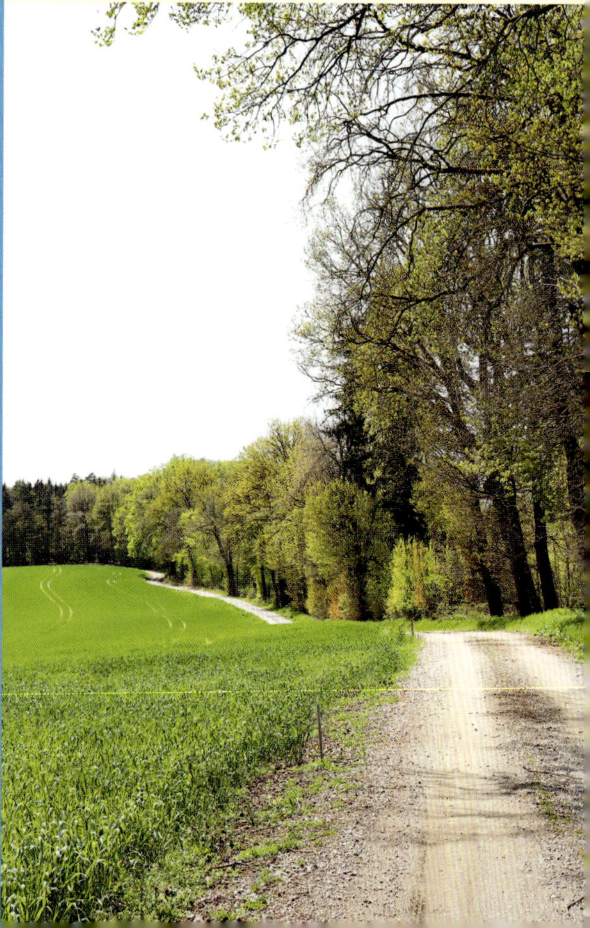

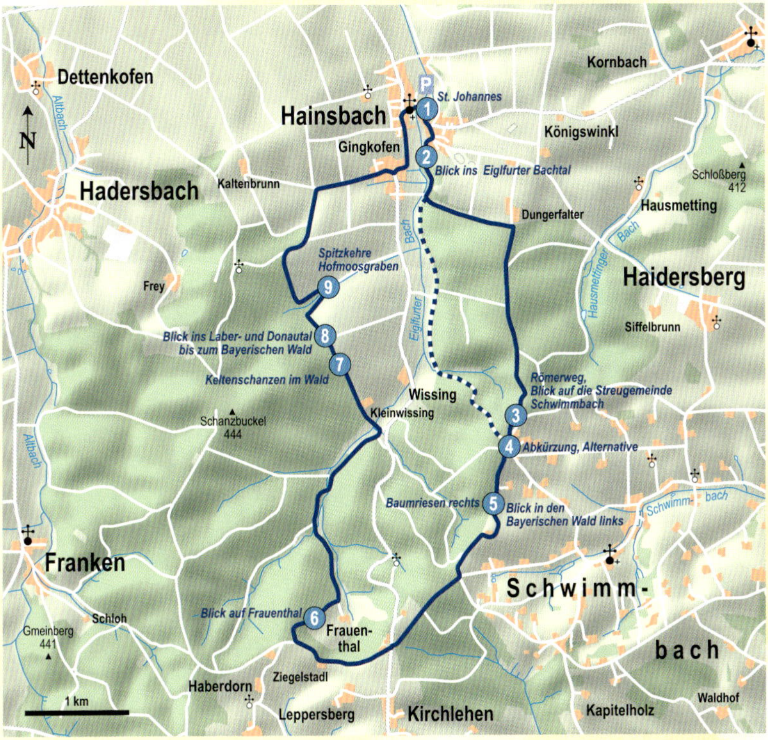

1 St. Johannes – Start/Ziel

2 Blick ins Eiglfurter Bachtal

3 Römerweg

4 Abkürzung, Alternative

5 Baumriesen

6 Blick auf Frauenthal

7 Keltenschanzen im Wald

8 Blick ins Laber- und Donautal bis zum Bayerischen Wald

9 Spitzkehre Hofmoosgraben

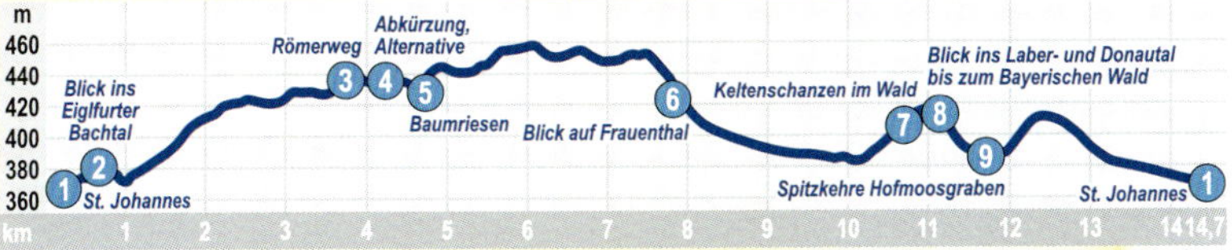

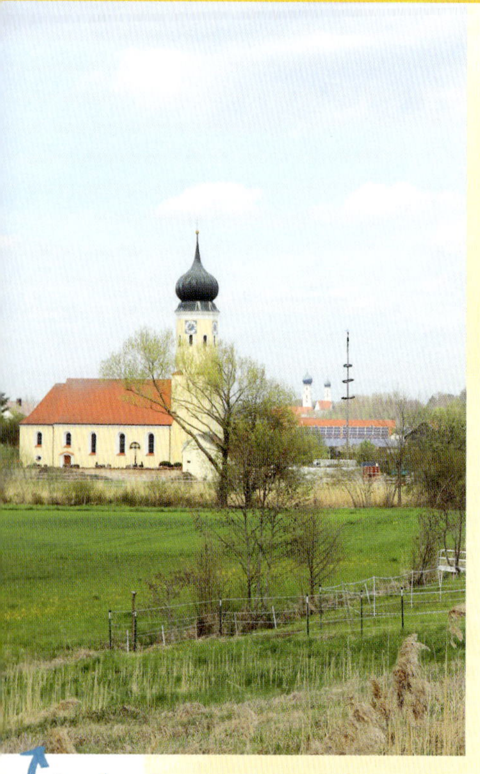

Im Vordergrund die Pfarrkirche von Hainsbach, dahinter die Doppeltürme von Haindling.

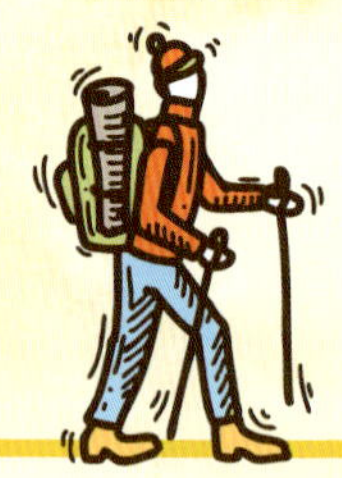

»Zauberhafte Wanderwege durch den Hainsbacher Forst.«

Start ist die Kirche von Hainsbach. 1 Hainsbach war früher eine wichtige Station für Durchreisende, denn es lag direkt an der Salztransportstraße Salzburg-Regensburg. Die katholische Pfarrkirche ist St. Johannes dem Täufer geweiht. Die Chorturmanlage stammt aus der ersten Hälfte des 13. Jahrhunderts, wurde 1711 barockisiert, 1902 verlängert, und der Turm 1786 erhöht.

Wir starten an der Kirche in östlicher Richtung und zweigen an der Hauptstraße (St 2111) nach rechts ab. Wir folgen dem Wegweiser nach Eschelbach praktisch geradeaus und biegen nach ca. 150 m nach rechts in die Straße „Am Eichenberg" ein. Wir folgen dem Feldweg, der auf halber Höhe zwischen Böschung und Tal entlang führt. Von hier geht der Blick ins Tal des Eiglfurter Bachs 2 und zurück zur Pfarrkirche. Nach einem Eichenwäldchen stoßen wir auf eine geteerte Straße, die wir nach links bergauf gehen. Auf der Anhöhe angekommen liegt links der Weiler Dungerfalter, und wir wen-

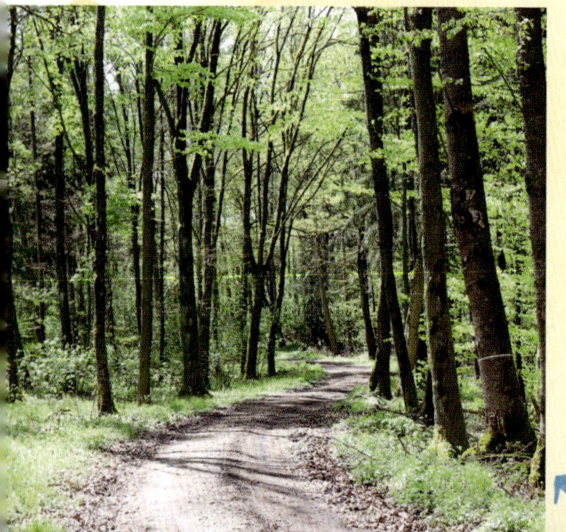

Sonnendurchflutet: Der Hainsbacher Forst.

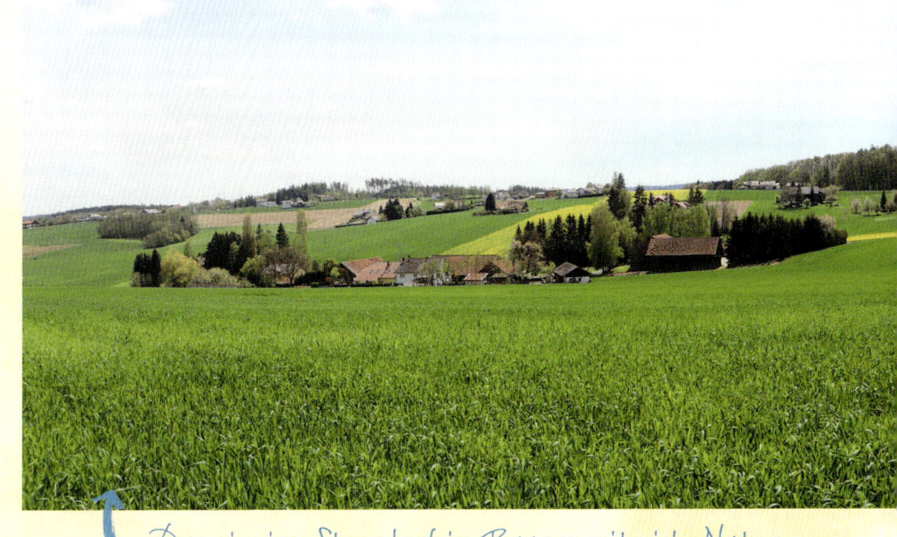

Das einzige Streudorf in Bayern mit viel Natur: Schwimmbach.

den uns an der Kreuzung nach rechts und verschwinden im Hainsbacher Forst. Wir bleiben für etwa 2 km im Wald, und am Austrittspunkt am Schatzberg überblicken wir die Streugemeinde von Schwimmbach ❸, die einzige Streugemeinde in Bayern. Hier gibt es kein Zentrum, sondern lediglich in weitem Radius verstreute Höfe und Weiler in einer lieblichen Hügellandschaft. Wir bleiben rechts am Waldrand und überqueren dann die „Geiselhöringer Straße", um dem „Römerweg" am Waldrand weiter zu folgen. Wer die Abkürzung ❹ nehmen will, biegt an der Geiselhöringer Straße nach rechts ab und kommt so wieder nach Hainsbach zurück. Dieser Wald besteht aus bemerkenswert alten Buchen und Eichen, bei denen einige Exemplare die 200-Jahr-Grenze bereits überschritten haben. Von hier geht der Blick nach links bis weit in den Bayerischen Wald ❺. Wir stoßen auf die „Martinsbucher Straße" und folgen ihr nach rechts, indem wir den Landkreis Dingolfing-Landau betreten. Nach etwa 800 Metern überqueren wir die St 2111 und schwenken gleich danach

Schafe grasen vor der Einöde Dungerfalter.

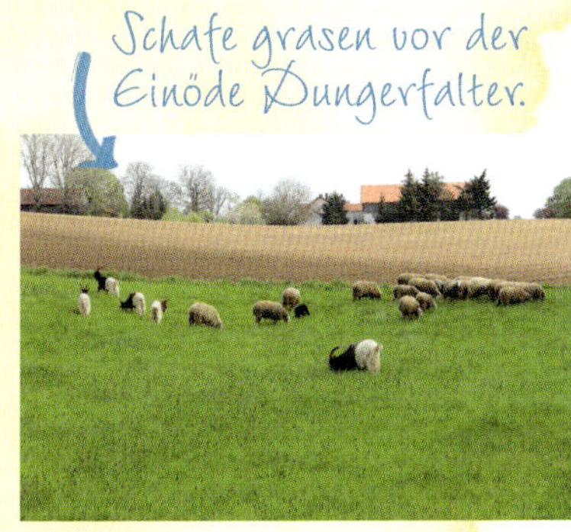

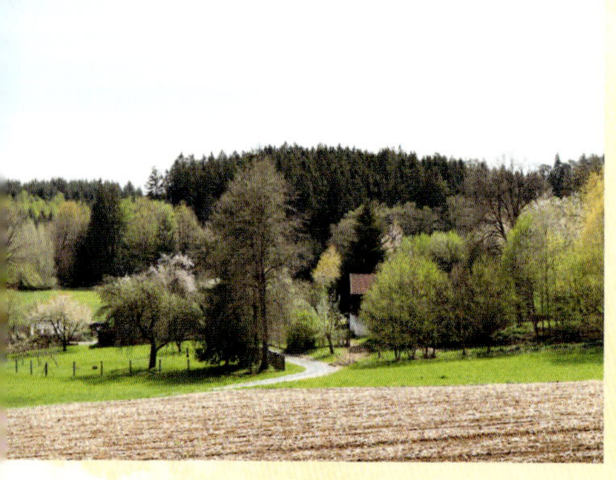

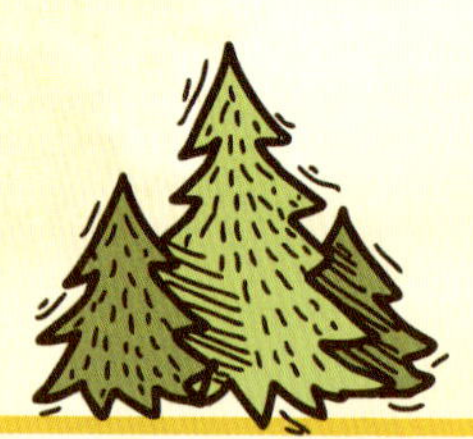

»Versteckt und verwunschen: Frauenthal.«

rechts in den Feldweg Richtung „Frauenthal" ein. Wir halten uns immer rechts und wandern am Waldrand entlang, bis uns rechts ein versteckter Wegweiser bergab nach Frauenthal führt. Nach einiger Zeit tut sich der Blick auf eine große Lichtung auf mit Wiesen und Feldern, allesamt umschlossen vom Hainsbacher Forst, in der Mitte die Einöde Frauenthal 6. Die Abzweigung zur Ansiedlung rechts liegen lassen, dem Wald zur Linken folgen, immer auf der komfortablen Forststraße entlang. Kurz vor der Hauptstra-

Sieht fast wie eine Almwiese aus – die Lichtung im Frauenthal.

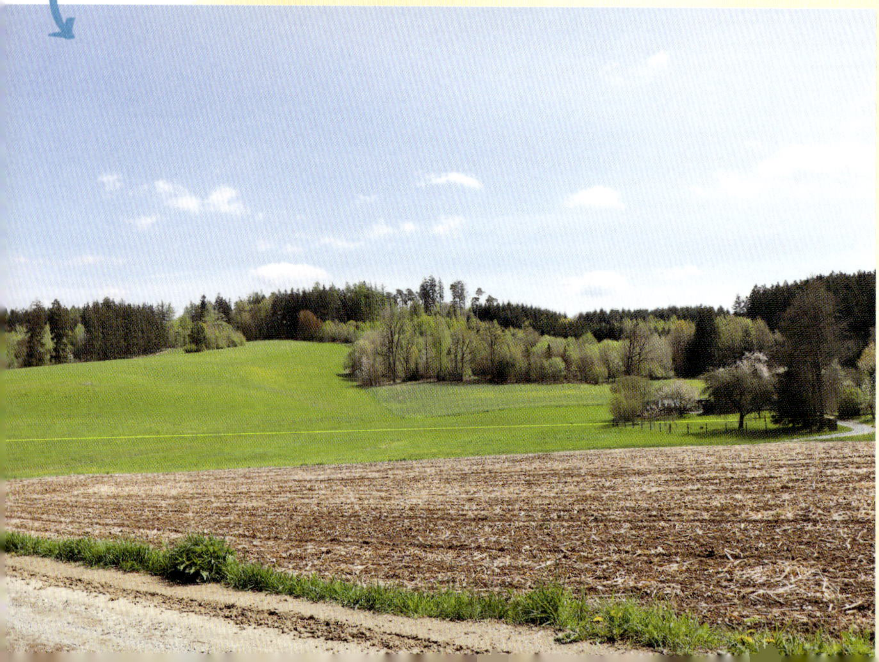

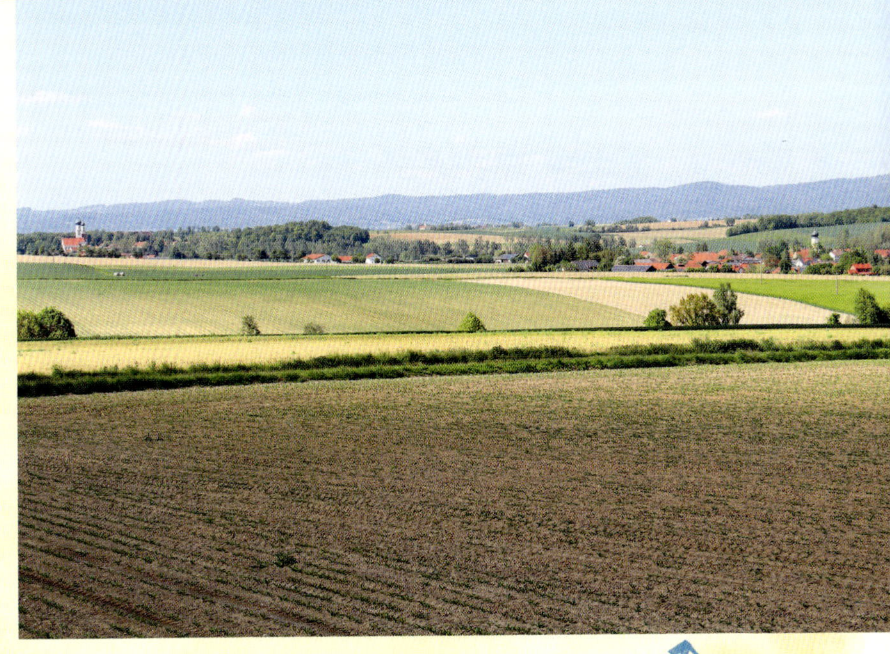

Blick von Kleinwissing nach Haindling und zum Bayerischen Wald.

ße erreichen wir eine Weggabelung, an der wir uns links halten und dann die Teerstraße zur Linken bergauf nehmen. Rechts vor uns taucht Kleinwissing auf. Den Wald zur Linken immer bergauf, kann man im Wald Keltenschanzen ausmachen. Diese charakteristischen Erdwälle dienten den Kelten zur Verteidigung ihrer Siedlungen 7. Auf der Höhe angekommen bietet sich ein herrlicher Blick über Hainsbach, Haindling und das Labertal bis zum Donautal und dem Bayerischen Wald 8. Wir überqueren die nächste Kreuzung, halten uns rechts und umkurven in fast spitzem Winkel eine Baumgruppe am Hofmoosgraben 9. Dann geht es fast parallel retour auf den Wald zu, dann immer am Waldrand bergauf, um die Biegung, um dann ins Tal abzudriften. Wir treffen auf einen geteerten Weg und schwenken rechts auf Gingkofen zu. Auf der rechten Seite befindet sich eine Hühnerfarm mit freilaufenden Hühnern!!! Wir erreichen Gingkofen, durchqueren den Ort und gehen an der Hauptstraße nach links. So erreichen wir auf dem Bürgersteig und einem Rad-/Fußweg wieder Haindling, wo wir bei der Kirche eine kleine Gasse zum Gotteshaus entdecken.

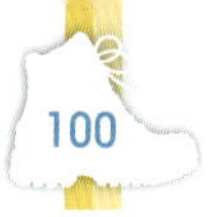

Mittel

14,6 km

↓↑ 114 m

4 Std.

Mallersdorf – Herrgottswiesbächlein – Arnkofen – Brech – Habelsbach – Grafentraubach – Mallersdorf

Auf diesem romantischen Rundweg spüren Sie die Stille des Waldes, die Harmonie der niederbayerischen Hügellandschaft und Sie genießen tolle Ausblicke bis zu den Donauhängen.

Parken:
Direkt am Wegrand neben dem Bildstock oder hinter dem Mallersdorfer Kloster, am Ende der Nardinistraße.

Von Mallersdorf durchs Herrgottswiesholz ins Grafentraubacher Tal

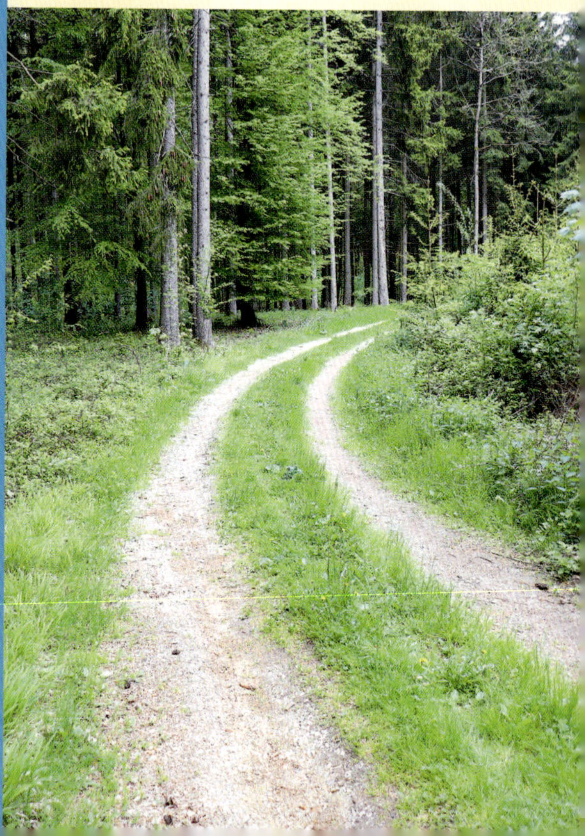

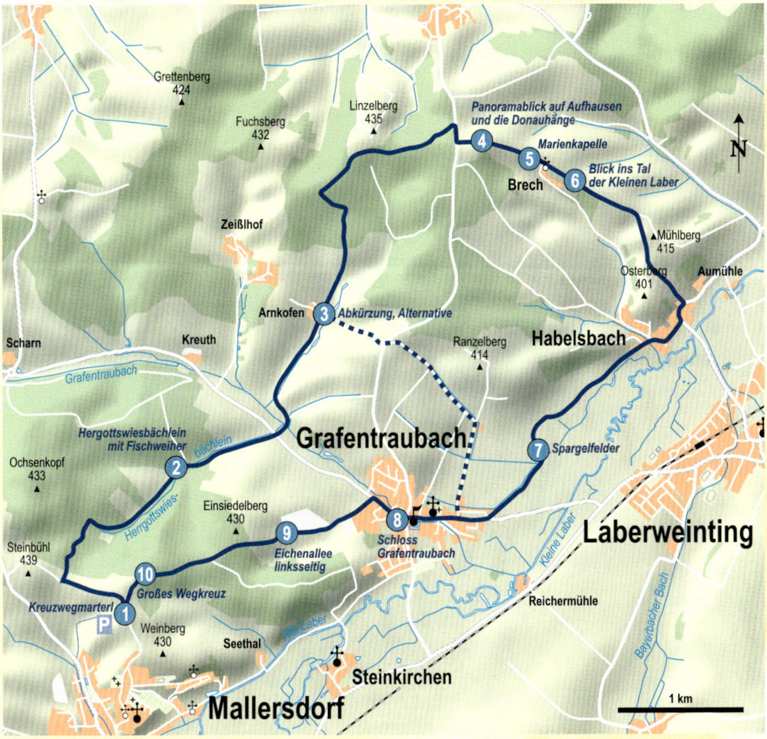

1 Kreuzwegmarterl – Start/Ziel
2 Hergottswiesbächlein mit Fischweiher
3 Abkürzung, Alternative
4 Panoramablick
5 Marienkapelle
6 Blick ins Tal der Kleinen Laber
7 Spargelfelder
8 Schloss Grafentraubach
9 Eichenallee linksseitig
10 Großes Wegkreuz

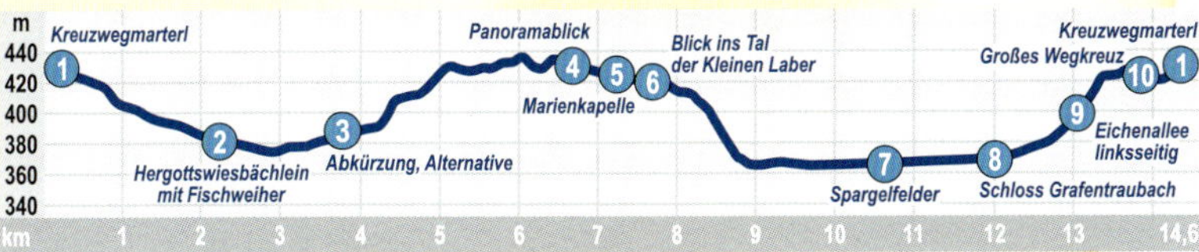

Wir starten auf dem Höhenweg über Mallersdorf hinter dem Kloster bei einem gemauerten Bildstock ❶ nach Westen. An der nächsten Abzweigung halten wir uns rechts Richtung Wald. Die zweite Abzweigung in den Wald nehmen, es geht bergab, dann am Wegende nach rechts abbiegen. Der Weg tritt aus dem Wald, links ist eine große Lichtung und rechts plätschert das Herrgottswiesbächlein, dem wir ständig folgen ❷. Von links kommt ein Weg, den wir nach rechts nehmen, wo wir auf freies Feld treffen. Rechts sieht man die Häuser von Grafentraubach. Wir überqueren die vor uns liegende Staatsstraße Richtung Arnkofen und folgen der Teerstraße. In Arnkofen kann man die Abkürzung nach Grafentraubach nach rechts nehmen ❸. Wir durchqueren Arnkofen in gerader Richtung und halten bergauf auf den Wald zu. In den treten wir ein und gehen so lange geradeaus, bis von rechts eine Forststraße kommt. Dieser folgen wir nach links, bis wir bei einem querenden Weg rechts einbiegen können. Diesem Weg folgen wir immer in gerader Richtung (etwa einen Kilometer), bis dieser Weg auf eine Haupt-

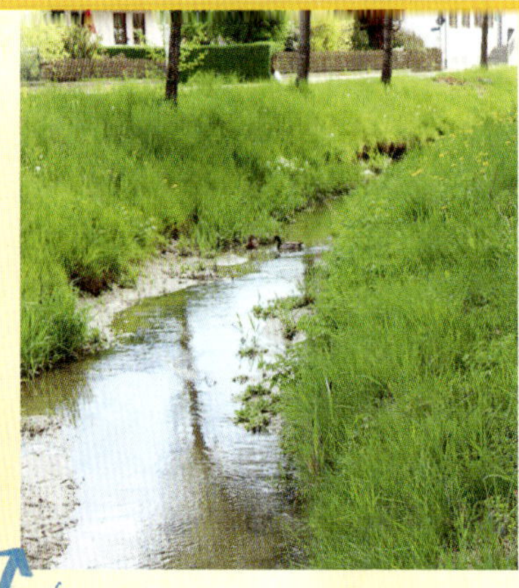

Der Grafentraubach durchquert den gleichnamigen Ort.

Der gemauerte Bildstock am Nardiniweg ist Start und Ziel der Tour.

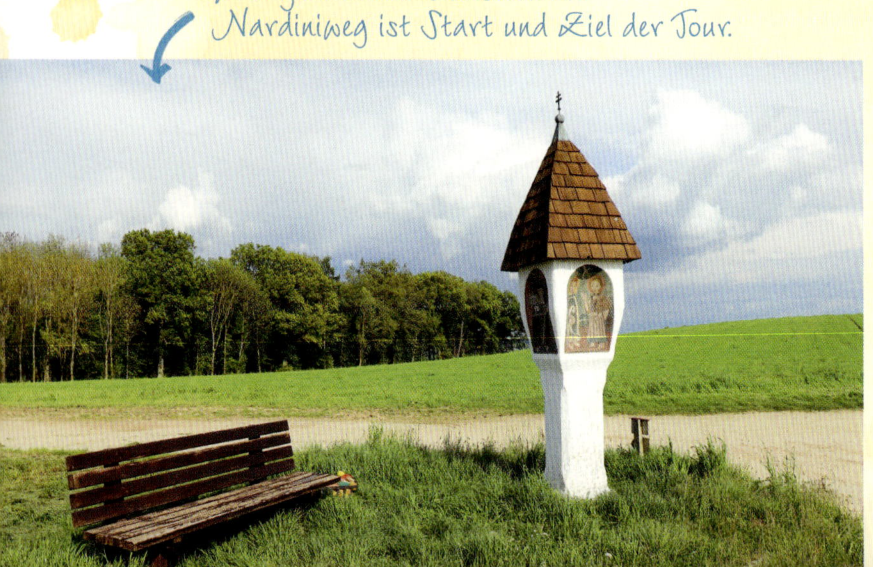

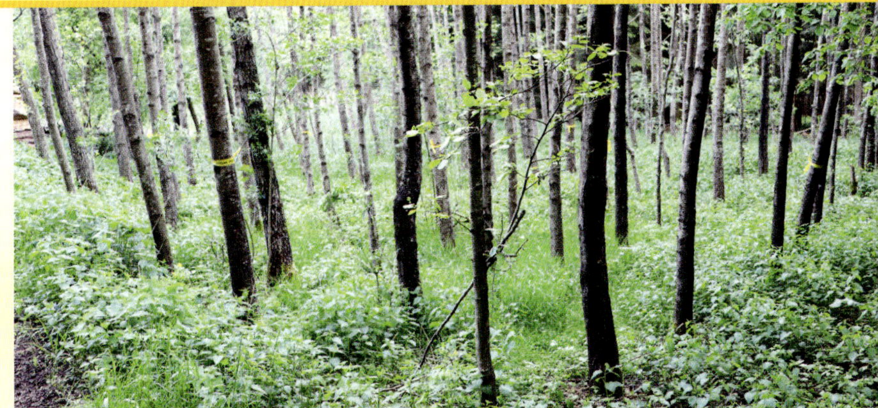

Auwälder begleiten das Herrgottswiesbächlein.

straße trifft. Dieser folgen wir etwa 30 Meter nach rechts und biegen sofort in den nächsten Feldweg linker Hand. Von hier aus bietet sich ein herrlicher Blick auf Aufhausen (4) mit der Wallfahrtskirche Maria Schnee, dahinter die Hügel nördlich der Donau (Fernglas unbedingt mitnehmen!). Man kann mit Fernglas sogar die Weinberge von Bach an der Donau ausmachen. Wir bleiben auf diesem Höhenweg mit Panoramablick und sehen rechts die Gemeinde Laberweinting, dahinter auf dem Hügel Haader. In gerader Richtung fällt der Blick auf Sallach mit Schloss und barockem Kirchturm. Nach ca.

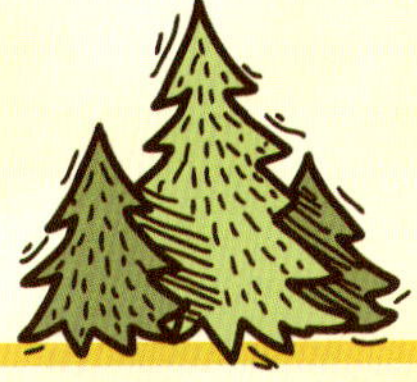

»Es grünt so grün – die vorherrschende Farbe auf diesem Weg.«

Ein Blick wie in der Toskana: Aufhausen auf dem Hügel, dahinter die Donauhänge.

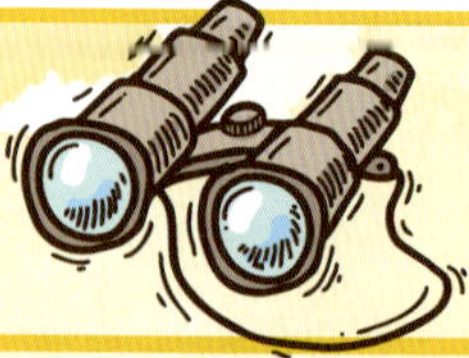

» Genießen Sie die tolle Aussicht zur Wallfahrtskirche „Maria Schnee“ in Aufhausen. «

600 m liegt rechts eine kleine Marienkapelle 5, die zur Einöde Brech gehört. Im Weitergehen taucht links Haindling mit seinen zwei Kirchtürmen auf, dann auch Geiselhöring. Rechter Hand sieht man die Kirchtürme von Hofkirchen und Weichs 6 im Tal des Bayerbacher Baches. Etwa 800 Meter nach der Kapelle taucht auf der rechten Seite eine Baumallee auf, die sich talwärts zieht. Kurz danach biegen wir rechts in Richtung Südosten ab auf einen breiten Grasstreifen, der den Weg markiert. Der Weg schlängelt sich bergab auf Habelsbach zu. An der Hauptstraße rechts gehen und nach der Linkskurve dem Wegweiser „Brech“ bzw. dem Radweg Richtung Mallersdorf und Neufahrn folgen. Wir gehen von Ost nach West durch den Ort und passieren dabei auch das ehemalige Schloss Habelsbach

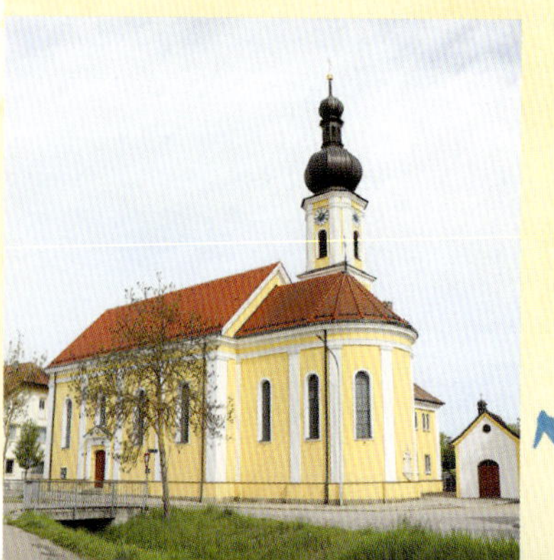

Die Pfarrkirche von Grafentraubach.

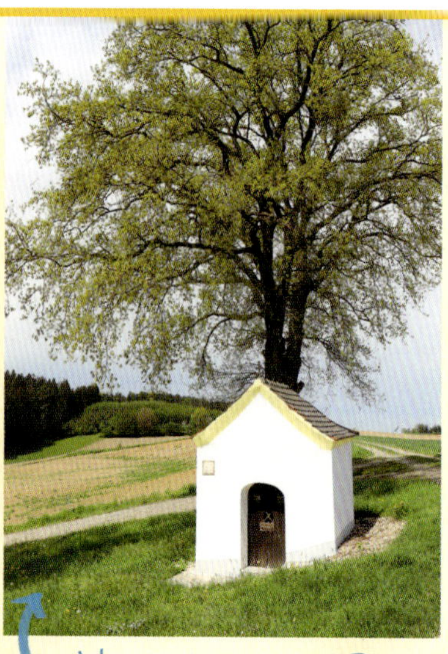

Marienkapelle in Brech.

(links), das aus dem 13. Jahrhundert stammt. Heute ist das ehemalige Schloss zu einem Wohnhaus umgestaltet. Es ist eine kleine Zweiflügelanlage, deren Kern aus dem 16./17. Jahrhundert stammt. Das Dach ist modernisiert. An der Südostseite des Nordflügels ist noch der über Eck gestellte, quadratische Turm mit Achtort und Zeltdach vorhanden. Die Anlage ist heute in Privatbesitz. Wir folgen dem Radweg weiter in die Laberauen. Der Weg wird gesäumt von Wiesen und Spargelfeldern 7. Am östlichen Ortsende von Grafentraubach mündet er in die Verbindungsstraße von Buchhausen nach Laberweinting, und wir gehen Richtung Ortsmitte, an der Kirche vorbei bis zum anderen Ortsende. Nach der Kirche sehen wir linker Hand das Schloss von Grafentraubach 8, das als Wasserschloss an der kleinen Laber konzipiert war und aus dem Jahre 1507 stammt. Nach dem letzten Gebäude

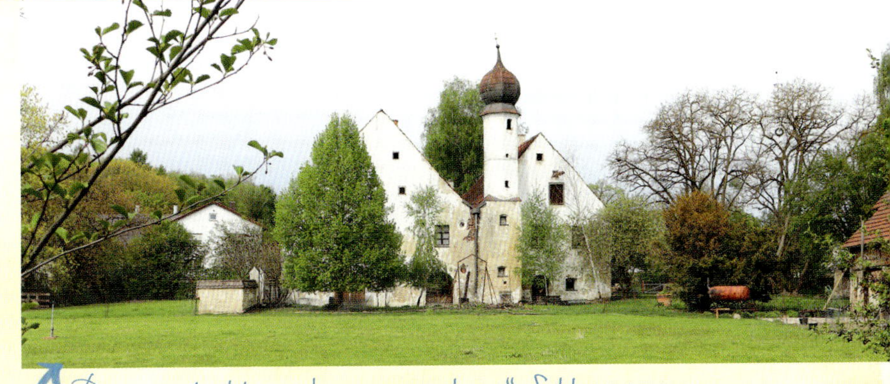

Das versteckte und „verwunschene" Schloss von Grafentraubach, ein Wasserschloss des 16. Jahrhunderts.

links den asphaltierten Weg nehmen, ein Solarfeld rechts liegen lassen und bergauf zum Wald marschieren. Am letzten Wegstück begleitet uns eine lange Reihe von Eichen 9, der Weg taucht in den Wald ein. Wir gehen immer in gerader Richtung, rechts läuft ein Weg heran, danach links, und schließlich erreichen wir linksseitig eine große Lichtung, bevor der Weg wieder in den Wald führt. Vor uns taucht ein großes Holzkreuz 10 vor einem Baum auf, hier macht der Weg eine Biegung nach links und wir verlassen den Wald. Wir erreichen an der nächsten Kreuzung wieder den Höhenweg, an dem wir gestartet sind. Ein Findling an der Kreuzung markiert den Nardini-Weg des Klosters.

Wenn man noch Zeit und Lust hat, kann man das Mallersdorfer Kloster besichtigen. Die Kirche aus dem 12. Jh. besitzt zwei romanische Türme, das Kirchenschiff ist innen barockisiert mit einem künstlerisch herausragenden Hochaltar des Münchner Bildhauers Ignaz Günther. Außerdem wirkten Mathias Obermayr, Martin Speer, Christian Jorhan d. Ä., Johann Adam Schöpf und Matthias Schiffer mit. Wer Durst hat, deckt sich mit dem von Schwester Doris gebrauten Bier in der Klosterbrauerei gegenüber dem Kirchenportal ein oder besucht das Klosterbräustüberl auf der Straße gegenüber. Vom Biergarten aus genießt man einen schönen Blick ins Labertal.

Essen/Einkehren:

Klosterbräustüberl Mallersdorf
Nardinistraße 1
84066 Mallersdorf-Pfaffenberg
Tel. 08772/915470

Öffnungszeiten:
Mo. Ruhetag, Di. bis So. durchgehend warme Küche. Di. bis Sa. 10.00 bis 22.00 Uhr, So. 9.00 bis 21.00 Uhr, warme Küche bis 20.00 Uhr.
Genießen Sie hier das klostereigene Bier von Schwester Doris. Verkauf nebenan in der Klosterbrauerei.

Leicht

7,52 km

↓↑ 73 m

2 Std.

Von Winklsaß zum „Guten Hirten“

Winklsaß - Panzermühle - Hofendorf - Marterl „Zum guten Hirten" - Ambrosiuskapelle - Winklsaß

Dieser einfache Rundweg führt Sie von der sehenswerten Kirche und der Römerstraße in Winklsaß- zum „guten Hirten“ mit einer traumhaften Sicht über das Tal der kleinen Laber bis nach Hohenthann.

Parken:
Parkplatz direkt vor der Ostseite der Kirche von Winklsaß (Navi: Winklsaß 52, 84088 Neufahrn i. NB).

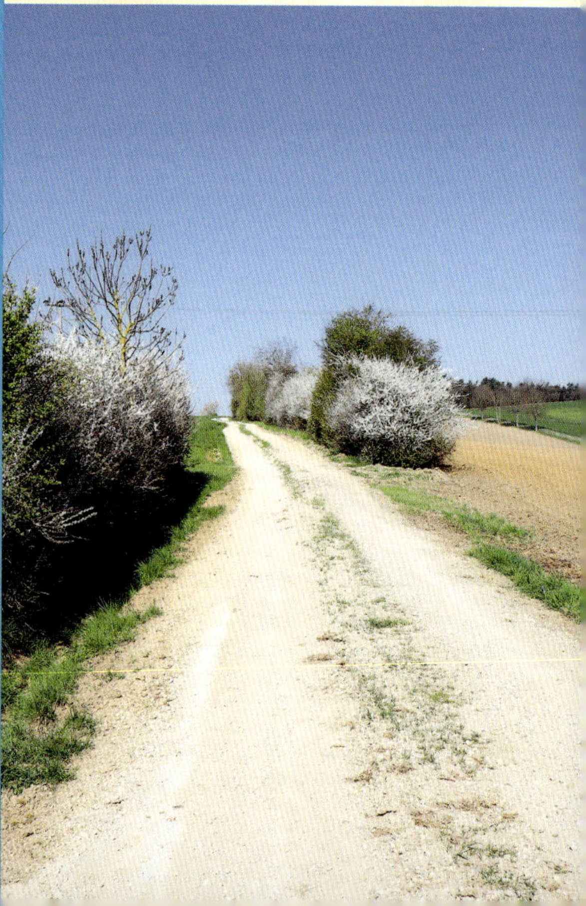

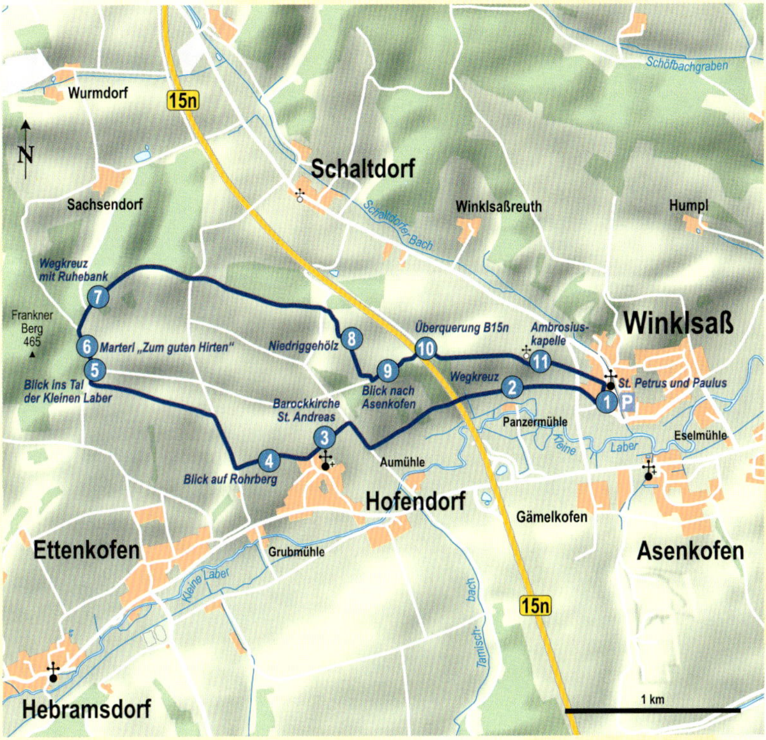

1 St. Petrus und Paulus – Start/Ziel

2 Wegkreuz

3 Barockkirche St. Andreas

4 Blick auf Rohrberg

5 Blick ins Tal der Kleinen Laber

6 Marterl „Zum guten Hirten“

7 Wegkreuz mit Ruhebank

8 Niedriggehölz

9 Blick nach Asenkofen

10 Überquerung B15n

11 Ambrosiuskapelle

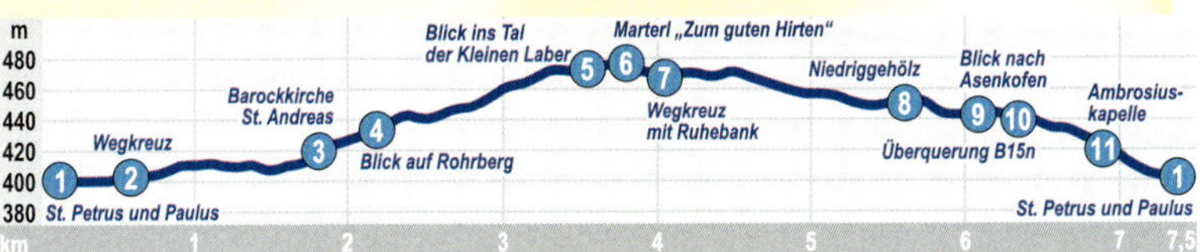

Ausgangspunkt ist die Kirche in Winklsaß, Gemeinde Neufahrn i. NB. Die Filialkirche St. Petrus und Paulus Winklsaß gehört zur Pfarrei Asenkofen. Es ist eine gepflegte Dorfkirche aus dem Jahr 1701 mit quadratischem, auf dem Westgiebel aufgesetztem Zwiebelturm, der vor der barocken Kuppel in ein Achteck übergeht. Die Kirche steht aber auf wesentlich älteren Fundamenten, wie Ausgrabungen und Renovierungsarbeiten beweisen. Jedenfalls lohnt sich ein Abstecher in die Kirche. Auf der anderen Seite des Baches wohnt Klaus Lodermeier, dessen Vater federführend für die Renovierung und Erhaltung dieses Kleinods war. Bei ihm bekommt man auch den Schlüssel, und Klaus weiß viele Details über die Kirche und auch den Ort Winklsaß. Er liegt nämlich an einer alten Römerstraße, die von Neufahrn über Winklsaß und Walpersdorf nach Rohr führt. Wir stellen das Auto vor dem Ostchor der Kirche in Winklsaß ❶ ab und gehen durch die Gittertüre vor uns auf den Chor zu und schwenken nach links, so dass die Kirchenmauer rechts von uns ist. Hier sehen wir eine alte romanische Skulptur, die darauf schließen lässt, dass Winklsaß schon im 12. oder 13. Jh. eine Kirche besaß. Die Orgel im Inneren stammt aus der Mozartzeit und war bis 1907 in der Kirche in Asenkofen. Wir verlassen den Kirchhof durch das Tor am anderen Ende, biegen links in die Teerstraße ein, nehmen nach 80 m die nächste rechts und

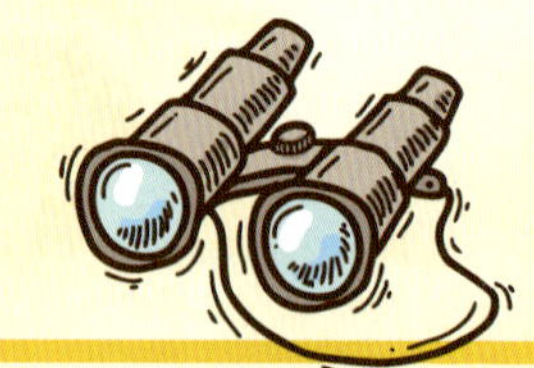

» Die Kirche Peter und Paul ist ein Kleinod des niederbayerischen Barock. «

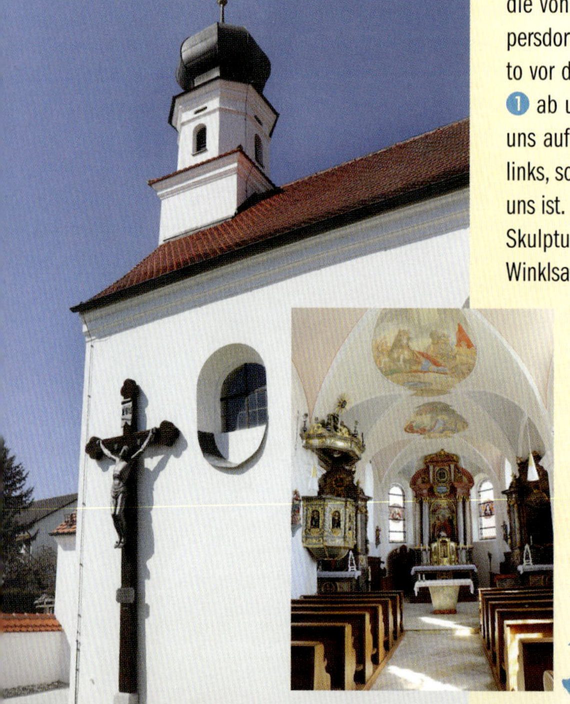

Hochbarocke Ausstattung in Winklsaß.

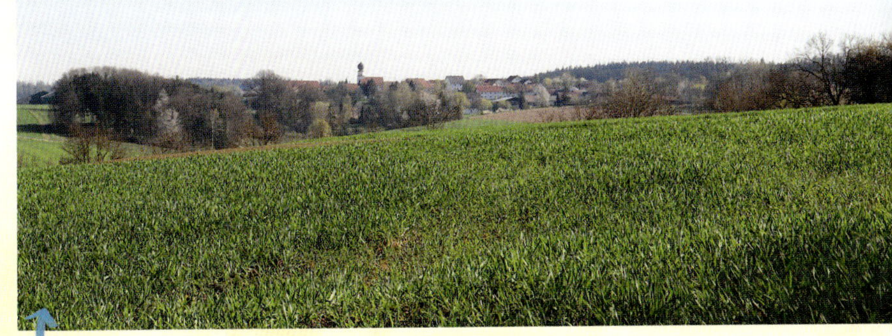

Hinter Hofendorf erspäht man den Ort Rohrberg im Süden.

gleich wieder rechts, immer der Radwegbeschilderung folgend. Die LA 34 überqueren wir und gehen auf dem gegenüber liegenden Weg weiter Richtung Westen.

Vor der Unterquerung der B15 neu (B15n), sehen wir links die Panzermühle 2, eine der vielen Mühlen an der kleinen Laber. Der Weg erhebt sich langsam über das Tal, und mit Unterquerung der B15n haben wir den ersten Kilometer bereits geschafft. Am Wegende rechts abbiegen, nach ca. 150 m die nächste links nehmen, es geht bergauf. Schön erhebt sich die Barockkirche von Hofendorf 3 über dem Ort. Es geht wieder bergab, in einer Linkskurve nehmen wir den Weg rechts, der zu einem kleinen Hohlweg wird (10-t-Schild). Der Hohlweg steigt an, und wir haben links einen schönen Blick auf Rohrberg 4. Am We-

Die hochbarocke Kirche Sankt Andreas thront über Hofendorf.

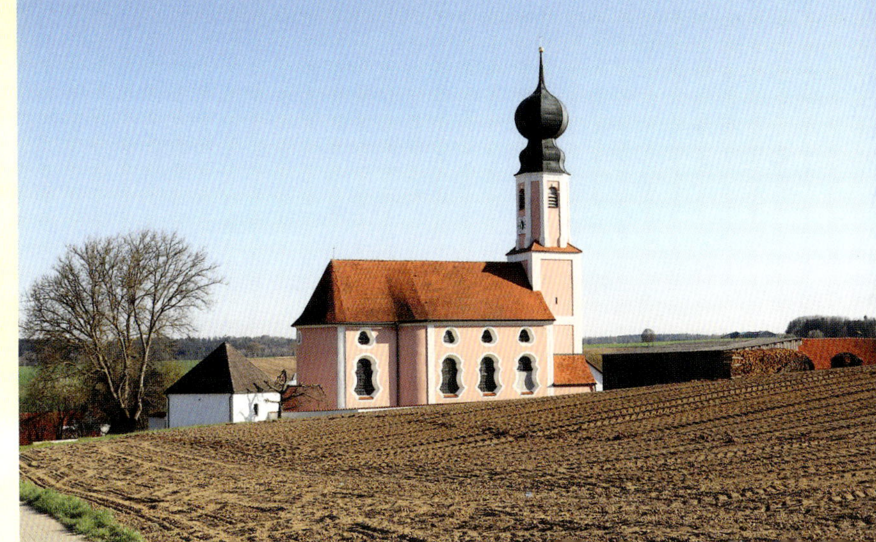

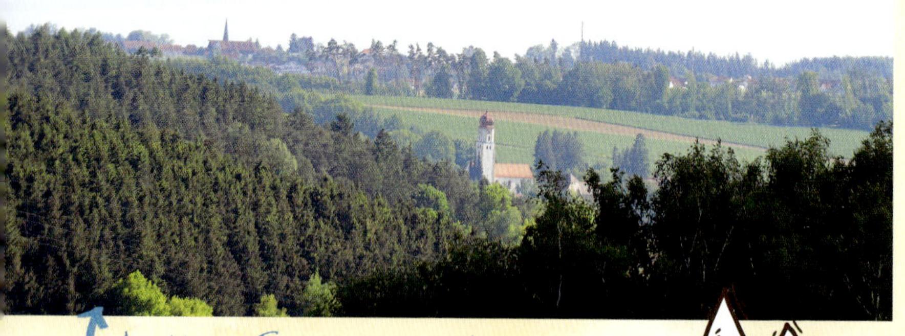

An klaren Tagen ist sogar der Kirchturm von Hohenthann zu sehen.

gende rechts einschlagen und dann die nächste Möglichkeit links nehmen. Der Weg zieht sich hoch, und nach dem höchsten Punkt öffnet sich zu unserer Linken ein wunderbarer Blick ins Tal der kleinen Laber ❺. Wir erkennen in südwestlicher Richtung die Kirchtürme von Inkofen (spitz, mit Schindeln gedeckt), Andermannsdorf (barocke Haube, kupferner Glanz) und am Berg am Horizont sogar die moderne Kirche von Hohenthann (spitz). Unser Weg wendet sich hier nach rechts zum Wald, und am Wald zur Linken sehen wir das Marterl „Zum guten Hirten" ❻, das mit Ruhebank zum Innehalten einlädt. Wir folgen dem Höhenweg und halten uns an der nächsten Wegeinmündung rechts. Wir

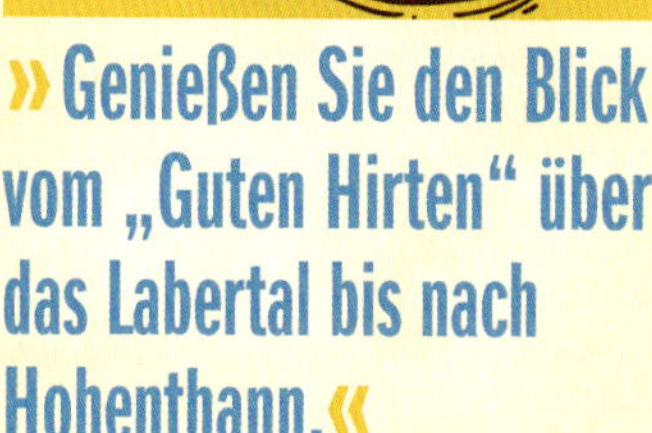

» Genießen Sie den Blick vom „Guten Hirten" über das Labertal bis nach Hohenthann. «

passieren ein Wegkreuz und eine Ruhebank ❼, von der man einen schönen Blick ins grüne Tal hat, im weiteren Verlauf drängt sich die Kirche von Hofendorf wieder in den Blick. Die nächste Wegkreuzung überqueren wir und genießen den Blick über Hofendorf bis nach Ergoldsbach. Nun macht der Weg im weiteren Verlauf eine scharfe Rechtskurve, der wir noch folgen, aber in der Kurve sofort links abbiegen und dem Feldweg folgen, der rechts von Gebüsch gesäumt wird. Die nächste Möglichkeit (unbefestigter Weg!!) nach links nutzen zu einem Streifen aus Niedriggehölz ❽. Diesem folgen wir nach

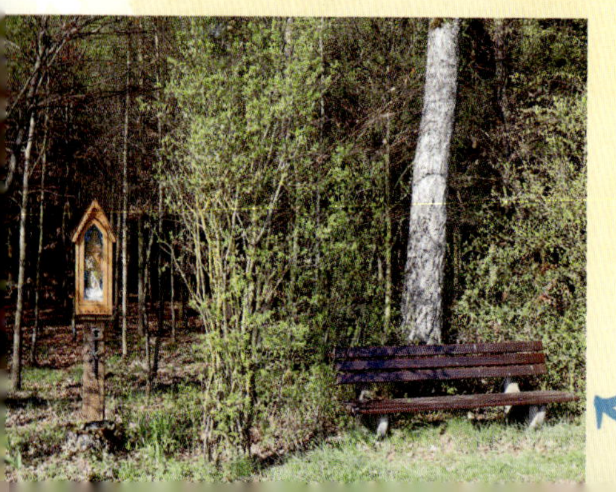

Marterl und Ruhebank beim „Guten Hirten".

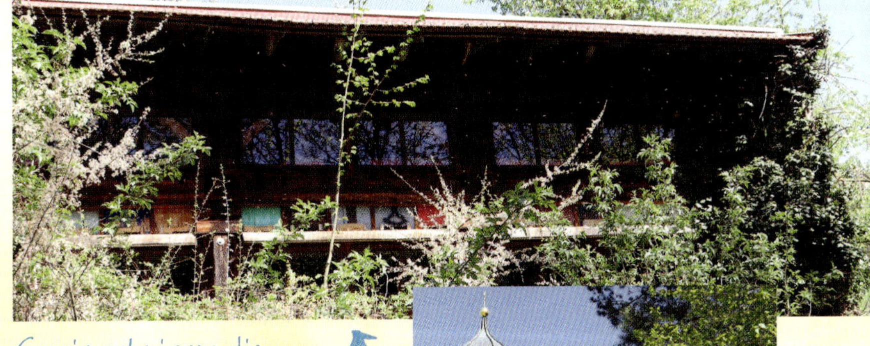

Emsig schwirren die Bienen von Jürgen Pompe um das Bienenhaus.

rechts, gehen immer am Gehölz entlang (Gehölz immer zur Linken), und kommen nach einer Links- und Rechtswendung schließlich auf einen befestigten Weg, den wir nach links nehmen Richtung Osten. Unser Blick trifft Asenkofen 9, wir stoßen auf die B15n und überqueren diese mit Hilfe einer kleinen Brücke 10 und wenden uns danach nach rechts. Langsam taucht der Ort Winklsaß wieder vor uns auf. Zuvor kommen wir aber noch an der Ambrosiuskapelle 11 von Imker Jürgen Pompe vorbei, die er in den 90er Jahren des letzten Jahrhunderts erbaut hat. Hinter der Kapelle kann man schon die Bienenstöcke sehen, rechts von der Kapelle ein Wegkreuz mit einer Rastbank und herrlichem Blick über das Labertal. Es geht weiter bergab bis zur LA 34, die wir überqueren. Nach dem Ortsschild stoßen wir auf eine Teerstraße, die wir nach links nehmen, um gleich danach eine Haarnadelkurve nach rechts zu machen. Nach etwa 50 Metern stehen wir wieder vor der Kirche und unserem Ausgangspunkt.

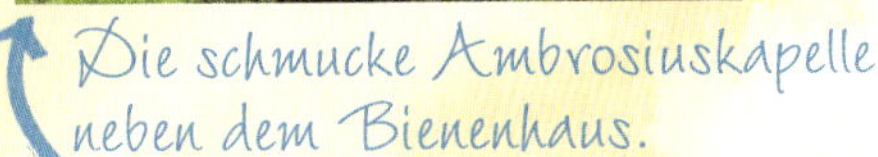

Die schmucke Ambrosiuskapelle neben dem Bienenhaus.

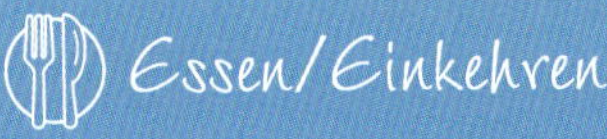

Essen/Einkehren:

Pizzeria Restaurant Rivera
Hauptstraße 54
84088 Neufahrn i. NB
Tel. 08773/8029433

Öffnungszeiten:
Mo. Ruhetag
Di. bis So. 11.30 bis 14.30 Uhr und
17.00 bis 22.00 Uhr
Ca. 1,5 km von der Kirche Winklsaß entfernt

Mittel

16,3 km

↓↑ 105 m

4,5 Std.

Naturparadies Storchenroute – zwischen Herrngiersdorf, Langquaid und Kitzenhofen

Herrngiersdorf – Niederleierndorf – Langquaid – Sandsbach – Leitenhausen – Kitzenhofen – Herrngiersdorf

Vielfältiger Rundweg durch Wälder und Vogelschutzgebiete mit tollen Fernsichten.

Parken:
Parkplatz am Schloss Herrngiersdorf und an der Kirche (Navi: Schlossallee 3, 84097 Herrngiersdorf).

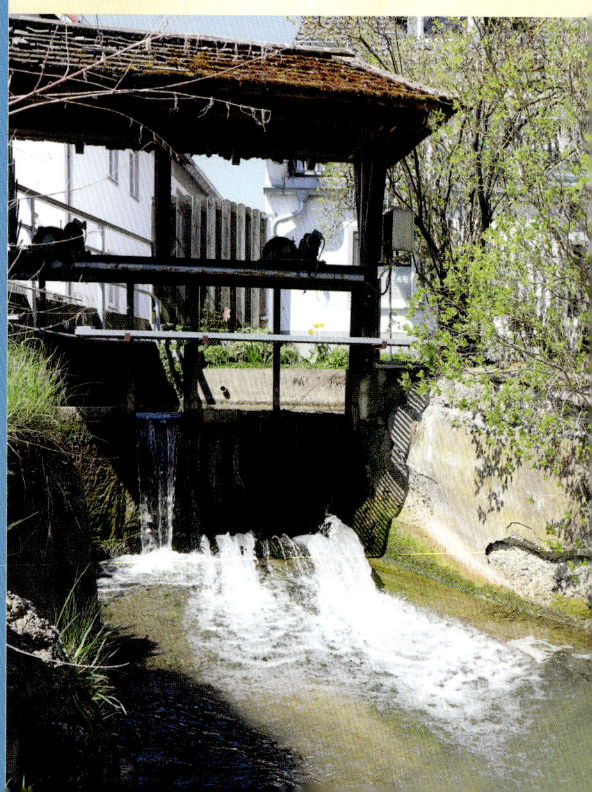

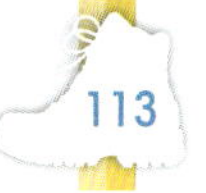

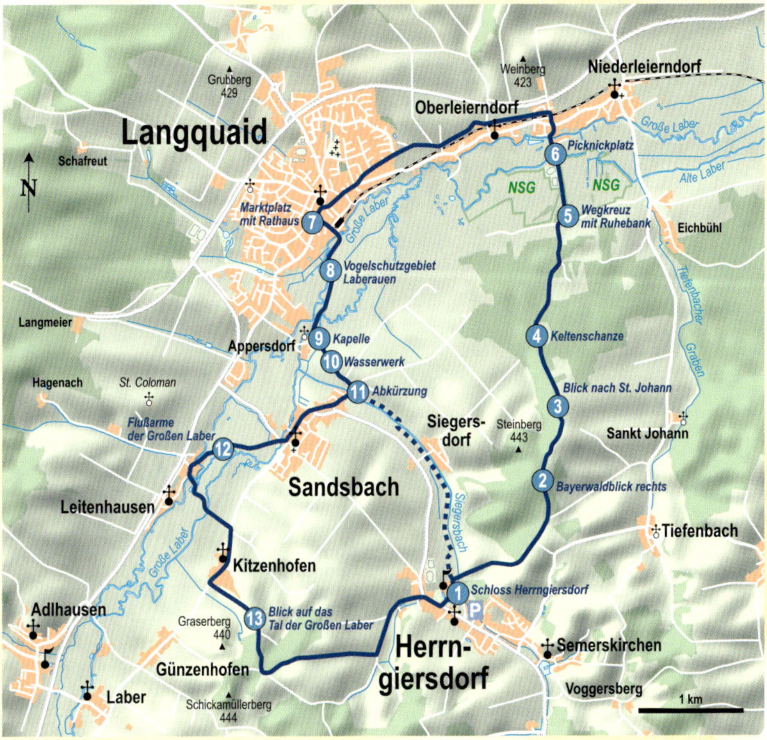

1. Schloss Herrngiersdorf – Start/Ziel
2. Bayerwaldblick rechts
3. Blick nach St. Johann
4. Keltenschanze
5. Wegkreuz mit Ruhebank
6. Picknickplatz
7. Marktplatz mit Rathaus
8. Vogelschutzgebiet
9. Kapelle
10. Wasserwerk
11. Abkürzung
12. Flussarme der Großen Laber
13. Blick auf das Tal der Großen Laber

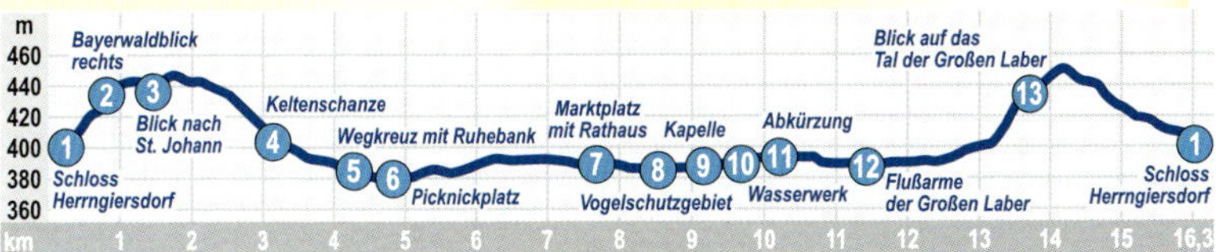

Neben der Kirche in Herrngiersdorf finden sich einige Parkplätze, wo man das Auto ohne Zeitbegrenzung abstellen kann. Es lohnt sich auch, einen Blick in diese kleine Dorfkirche zu werfen, die das Grab des mit 14 Jahren verstorbenen Bernhard Lehner beherbergt. Dessen Prozess zur Seligsprechung läuft derzeit. Immer wieder hört man in diesem Zusammenhang von Gebetserhörungen.

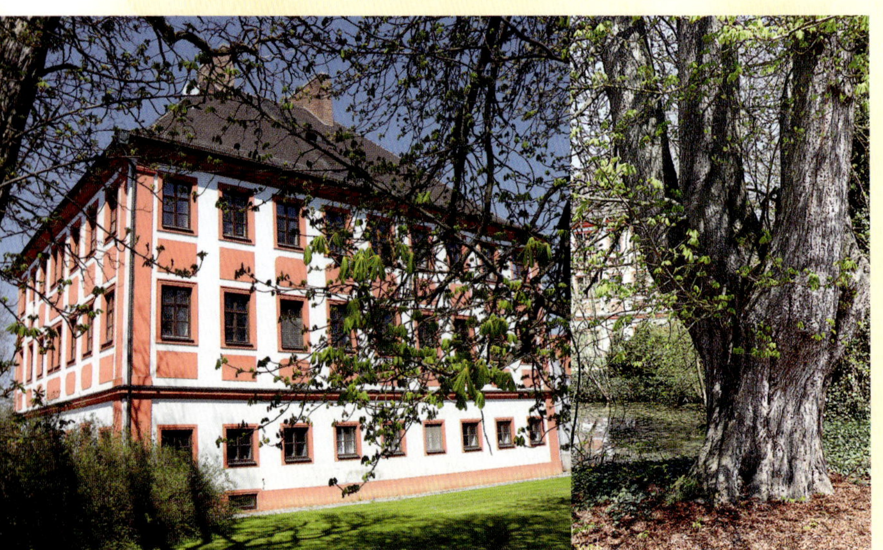

Schloss Herrngiersdorf – hinter uralten Kastanienbäumen und mit Schlossteich.

Wir starten dann am Schloss (einige Meter weiter ortsauswärts, hinter einer Kastanienallee) in Herrngiersdorf ❶. Die Geschichte des Schlosses geht bis ins 11. Jh. zurück. Im Jahr 1709 ließ Albrecht von Guggenmos anstelle des alten Wasserschlosses den heutigen Bau errichten. Von 1822 bis 1823 war sogar der bayerische Maximilian von Montgelas im Besitz von Schloss Herrngiersdorf. 1875 ging das Schloss in Privatbesitz über. Wir lassen das Schloss links liegen und umrunden den Schlossteich nach rechts, um bei nächster Gelegenheit links abzubiegen. Am Ende der Gehöfte zur Linken rechts abbiegen, dem Radweg Schierling/Eichbühl folgen (Richtung St. Johann). Es geht bergauf, oben die Linkskurve nehmen und weiter am Waldrand, bis etwa 200 m vor dem Waldende ein breiter Forstweg links einbiegt. Dieser führt durch ein kleines Wäldchen, dann läuft der Waldrand wieder linksseitig mit. Bei einem kleinen Rastplatz eröffnet sich ein weiter Blick bis in den bayerischen Wald ②. Vor uns am Horizont kann man die oberen Häuser einer Neubausiedlung von Schierling erkennen. An der nächsten Wegkreuzung am Waldrand bleiben, während sich rechts der Blick auf St. Johann ③ im Tal eröffnet. Mächtige Buchen und Eichen begleiten uns nun, während der Weg wieder leicht bergab durch den Wald führt. Rechts taucht eine Lichtung auf, links ein Wegkreuz,

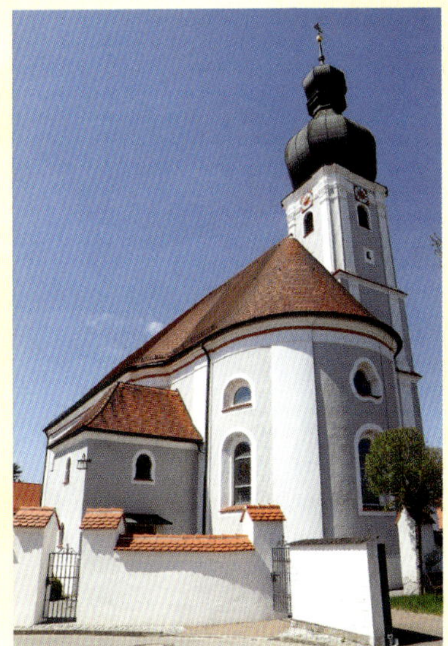

Die Pfarrkirche von Niederleierndorf.

und im Wald erheben sich die Reste einer Keltenschanze ④. Wir umrunden die Lichtung, bis der Weg wieder in den Wald führt (dem Wanderweg Nr. 5 Hopfenland Hallertau folgen). Rechts taucht nach einiger Zeit wieder eine große Lichtung auf, auf dem weiteren Weg durch den Wald trifft dieser nun auf eine größere Forststraße, die wir nach links nehmen. Die Straße tritt aus dem Wald, am Ende rechts in die Asphaltstraße einbiegen und an der Sitzbank mit Wegkreuz auf der rechten Seite ⑤ die Linkskurve nehmen, dem Radweg nach Langquaid folgen. Den Sportplatz und das Freibad von Niederleierndorf lassen wir links liegen und treffen vor der Brücke über die große Laber auf einen schmucken Rastplatz mit Informationstafeln ⑥ über das Laberprojekt (Wasserschutz- und Vogelbrutgebiet). Nach dieser Brücke überqueren wir einen weiteren Arm

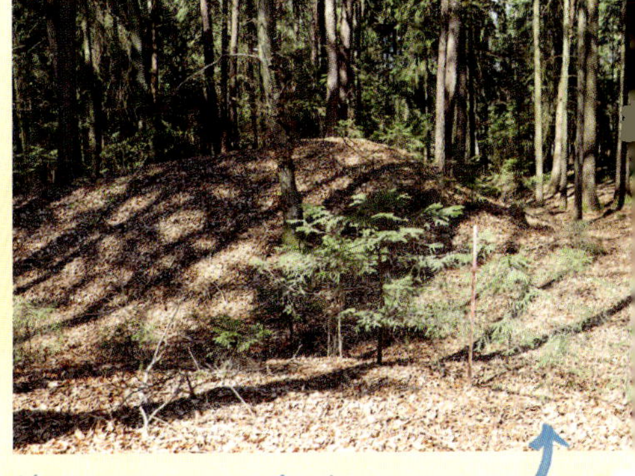

Keltenschanzen finden sich im Wald vor Niederleierndorf.

Blick über die Auen der großen Laber, im Hintergrund Niederleierndorf.

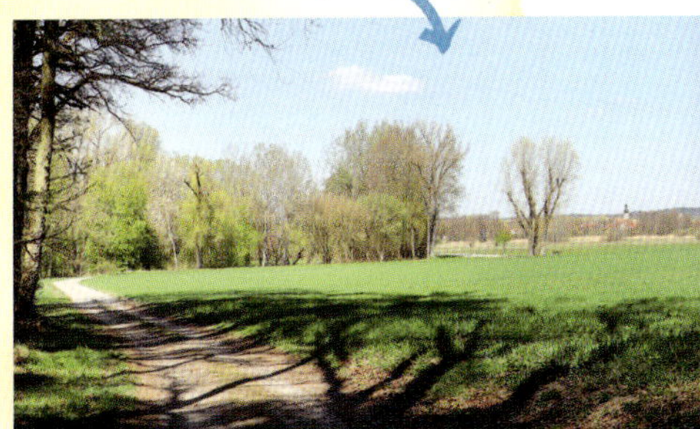

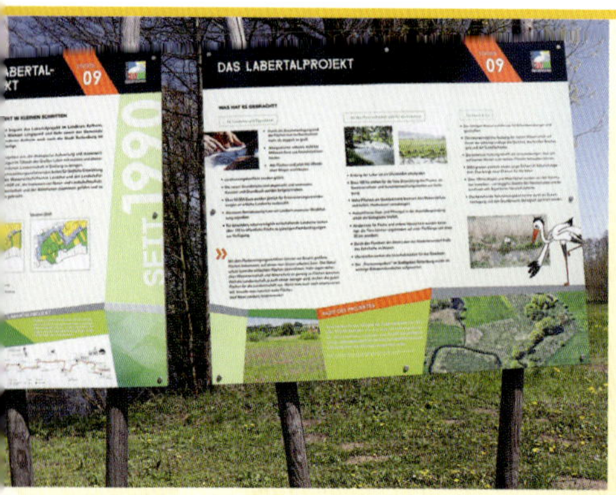

Das Laberprojekt – Lebensraum für bedrohte Arten.

der großen Laber. Dann halten wir uns rechts und stoßen auf die Hauptstraße, die von Niederleierndorf nach Langquaid führt. Diese überqueren wir schräg links und betreten gegenüber die Weinbergstraße, überqueren die Bahnlinie Eggmühl-Langquaid und halten uns danach direkt links, immer an der Bahn entlang. Das Feuerwehrhaus von Oberleierndorf umgehen wir rechts herum und wenden uns bei der nächsten Weggabelung erst links, dann gleich wieder rechts. Nach wenigen Metern gehen wir nach dem Anlieger-frei-Schild wieder nach links (Sackgasse für Autos) und halten uns

Ein schmuckes Backsteinhaus in Langquaid.

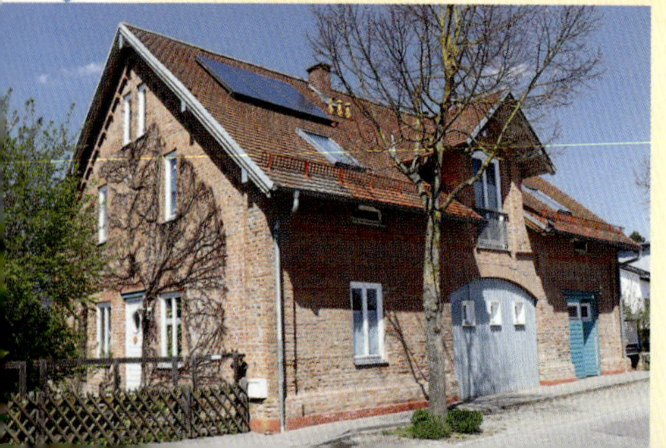

im weiteren Verlauf auch links. Wir passieren ein großes Wegkreuz auf der rechten Seite und treffen so in Langquaid auf die Beethovenstraße, der wir bis zur Hauptstraße folgen. Hier biegen wir rechts ab und gelangen so bis zum Marktplatz. Der schmucke Marktplatz 7 mit den gotischen Giebeln ist Resultat eines Prozesses, den die Marktgemeinde vor Jahren bereits angestoßen hatte.

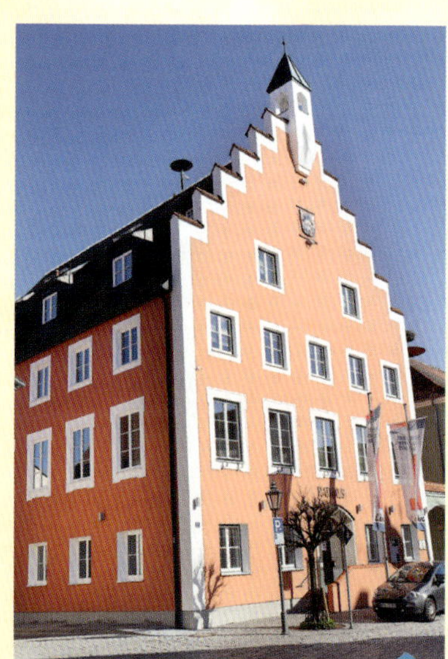

Das Rathaus in Langquaid mit gotischem Treppengiebel.

Sanierungskonzepte machten das Marktinnere attraktiv, und so pulsiert das Leben in Langquaid rund um das Rathaus im Zentrum. Der Huber-Bräu gegenüber lädt zu einer Rast ein mit einer Speisekarte, auf der jeder etwas für seinen Gaumen findet. Vor

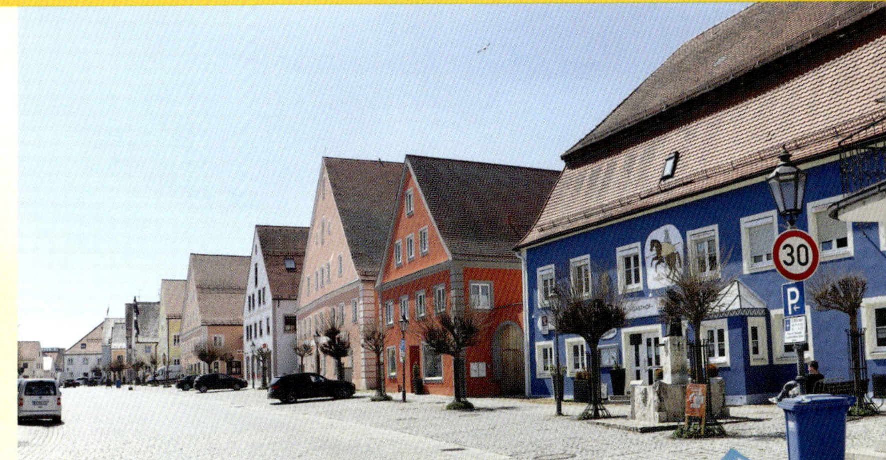

Der vorbildlich sanierte Marktplatz von Langquaid – hier pulsiert das öffentliche Leben.

dem Rathaus biegen wir links in Richtung Bahnhof ein und gelangen so zu einer Schranke, die nur Radfahrern und Fußgängern ein Weiterkommen ermöglicht. Wir betreten das Vogelschutzgebiet 8 nach rechts Richtung Süden. Informationstafeln auf grob gesägten stehenden Holzbrettern erzählen von der Vergangenheit, als es an der Laber noch eine Badeanstalt gab. Der Weg führt durch die Laberauen, über kleine Stege und Brücken, bis er bei einer Kapelle bei Appers-

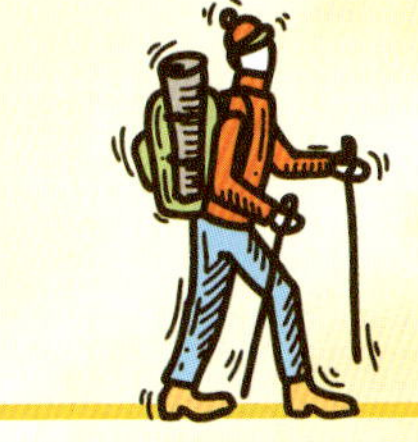

» Stille und Geschäftigkeit mit tollen Ausblicken prägen diesen Weg. «

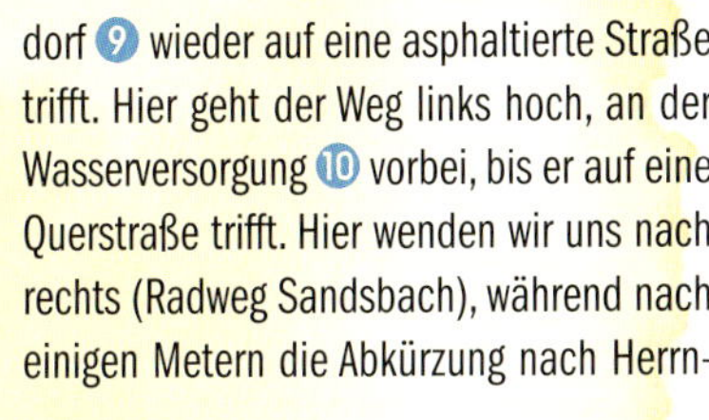

dorf 9 wieder auf eine asphaltierte Straße trifft. Hier geht der Weg links hoch, an der Wasserversorgung 10 vorbei, bis er auf eine Querstraße trifft. Hier wenden wir uns nach rechts (Radweg Sandsbach), während nach einigen Metern die Abkürzung nach Herrn-

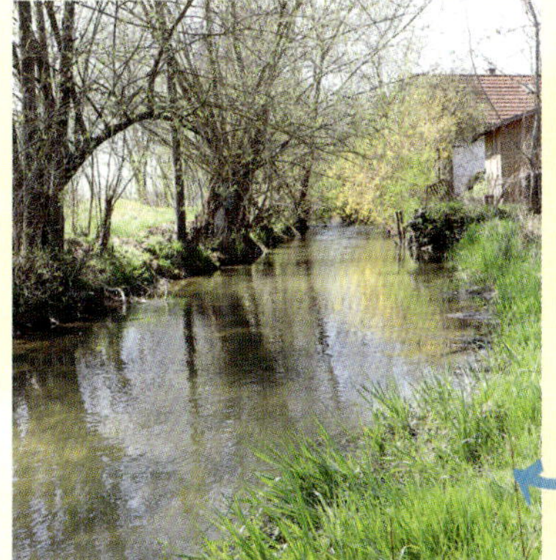

Die große Laber bei Niederleierndorf.

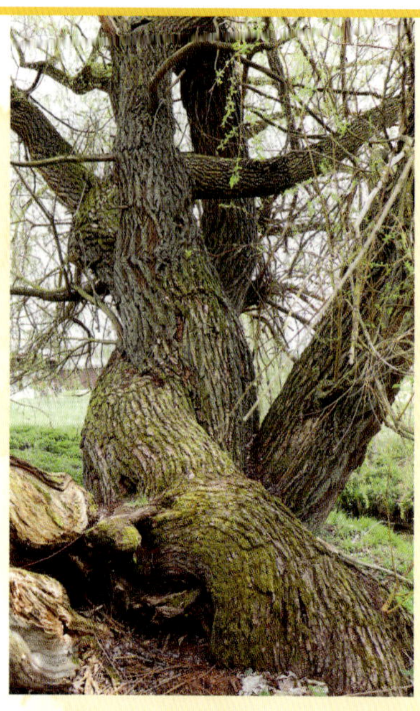

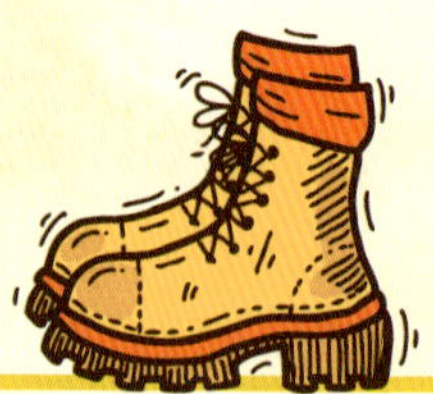

»Genießen Sie die unberührte Natur und den Charme der niederbayerischen Dörfer und Märkte.«

giersdorf nach links abzweigt (Radweg) ⓫. Die Abkürzung folgt praktisch dem Lauf des Siegersbaches, der vor Jahrzehnten wieder renaturiert wurde und so Biotope für Tiere zu Wasser und zu Lande ermöglicht. Er führt direkt zum Gutshof von Schloss Herrngiersdorf. Wir aber folgen dem Radweg weiter, der vor der Hauptstraße rechts in die Untere Dorfstraße einbiegt und erst später auf die Hauptstraße trifft. Dieser folgen wir nach rechts, lassen die mit Holzschindeln gedeckte Kirche links liegen ⓬, folgen auch der abknickenden Vorfahrt rechts herum, um unmittelbar nach der Laberbrücke den Feldweg linksseitig (Blick Richtung Leitenhausen) durch die Auen ⓭ zu nehmen. In dieser unberührten Landschaft fühlen sich auch die Biber wohl, wie man den gefällten Bäumen entnehmen kann. In Leitenhausen treffen wir wieder auf eine Asphaltstraße, gehen über eine Brücke und halten uns immer links, überqueren eine weitere Brücke, folgen

Der Graureiher wacht über das Vogelschutzgebiet Große Laber.

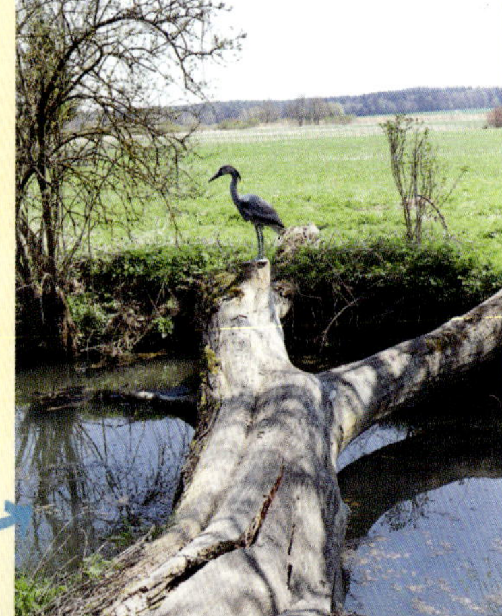

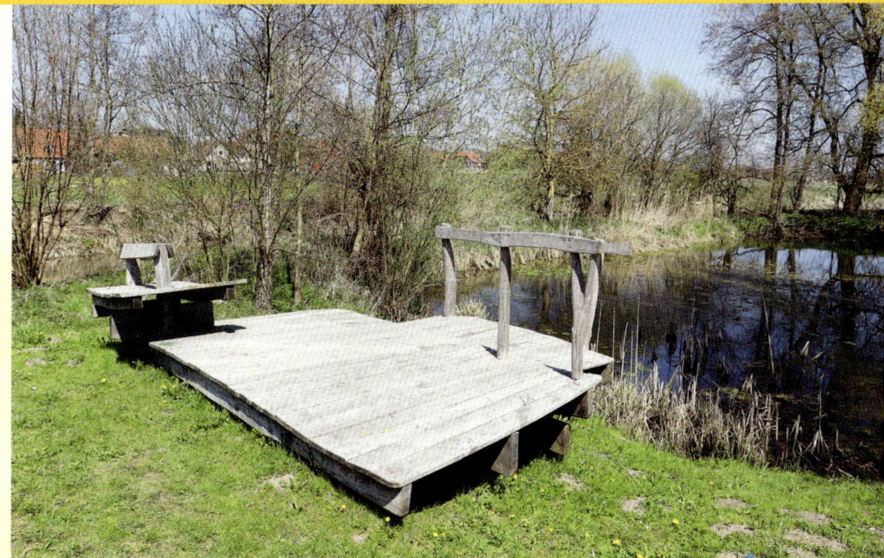

Rastplatz bei den Infotafeln am Altwasser der Laber.

dem Feldweg durch eine landwirtschaftliche Einrichtung. An der nächsten Gabelung halten wir uns scharf links, überqueren eine weitere Brücke und gehen vor bis zur Hauptstraße. Wir biegen rechts nach Kitzenhofen ab, durchwandern den Ort und biegen nach dem letzten Haus links ab (Trafostation rechts). Der Weg führt bergauf, und vor dem Waldrand zeigt sich rückwärts ein einmaliger Blick (14) nach Langquaid, Kitzenhofen, Leitenhausen, Laaber, Adlhausen und zur Kirche St. Colomann direkt gegenüber. Am Waldrand weichen wir von der Teerstraße in einer Linkskurve geradeaus ab in den Wald. Nach kurzer Zeit tut sich links eine Lichtung auf, von der aus man das Kirchendach und den Turm vom Kloster Paring sieht. Am anderen Ende am Waldrand geht es wieder links auf eine asphaltierte Straße, die uns am Waldrand bergab führt. An der nächsten Querstraße halten wir uns links, und die Reischbachstraße bringt uns wieder zur Hauptstraße nach Herrngiersdorf. Dieser folgen wir nach rechts, bis links das Schloss und somit unser Ausgangspunkt wieder auftaucht.

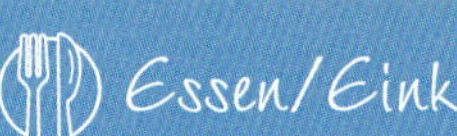

Essen/Einkehren:

Gasthof Huberbräu
Marktplatz 8
84085 Langquaid

Öffnungszeiten:
Täglich ab 9.00 Uhr
Di. Ruhetag
Küchenzeiten 11.00 bis 14.00 Uhr und 17.30 bis 21.30 Uhr

Leicht

17 km

↓↑ 61 m

4,5 Std.

Entlang der Ochsenstraße durchs Tal der großen Laber

Zaitzkofen – Rogging – Pfakofen – Schlappmühle – Haidt – Allkofen – Upfkofen – Dillkofen – Pinkofen – Zaitzkofen

Bequemer Wanderweg mit verträumter Landschaft, tollen Ausblicken und Kuriositäten.

Parken:
Parkplatz in der Parkbucht gegenüber Schloss Zaitzkofen (Navi Zaitzkofen 15, 84069 Schierling).

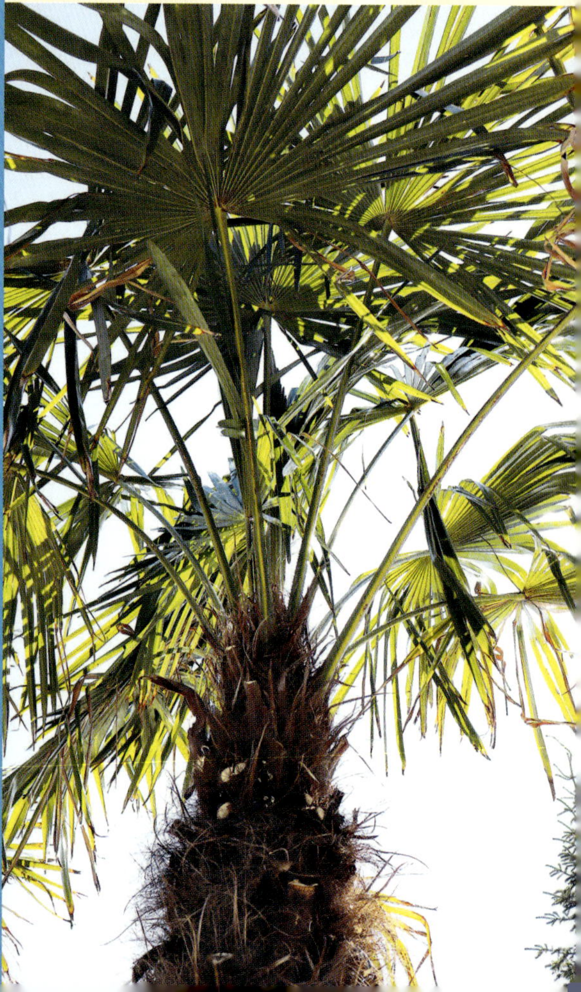

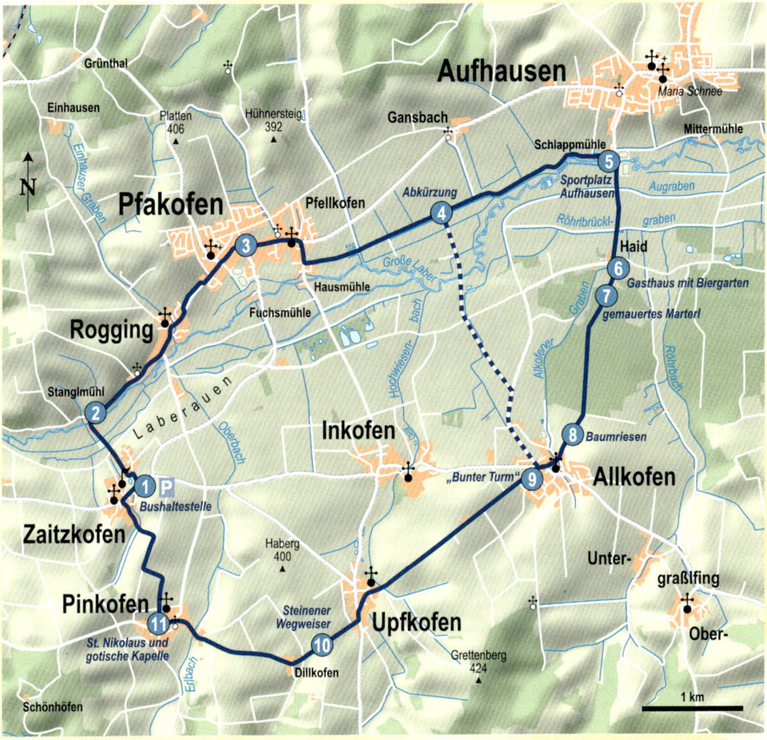

1. Bushaltestelle Zaitzkofen – Start/Ziel
2. Stanglmühle
3. Pfakofen
4. Abkürzung
5. Sportplatz Aufhausen
6. Gasthaus mit Biergarten
7. gemauertes Marterl
8. Baumriesen
9. „Bunter Turm“
10. Steinerner Wegweiser
11. St. Nikolaus und gotische Kapelle

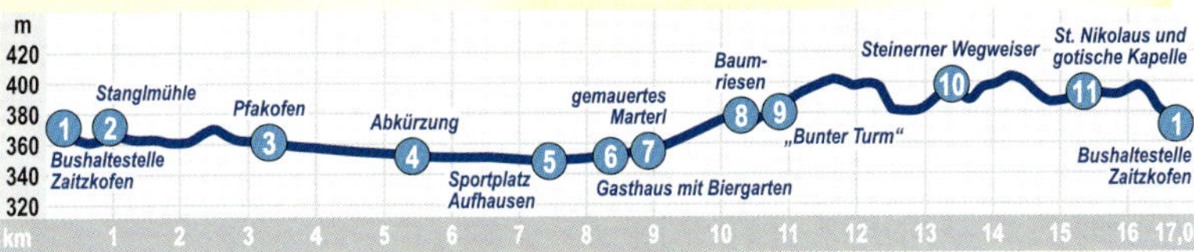

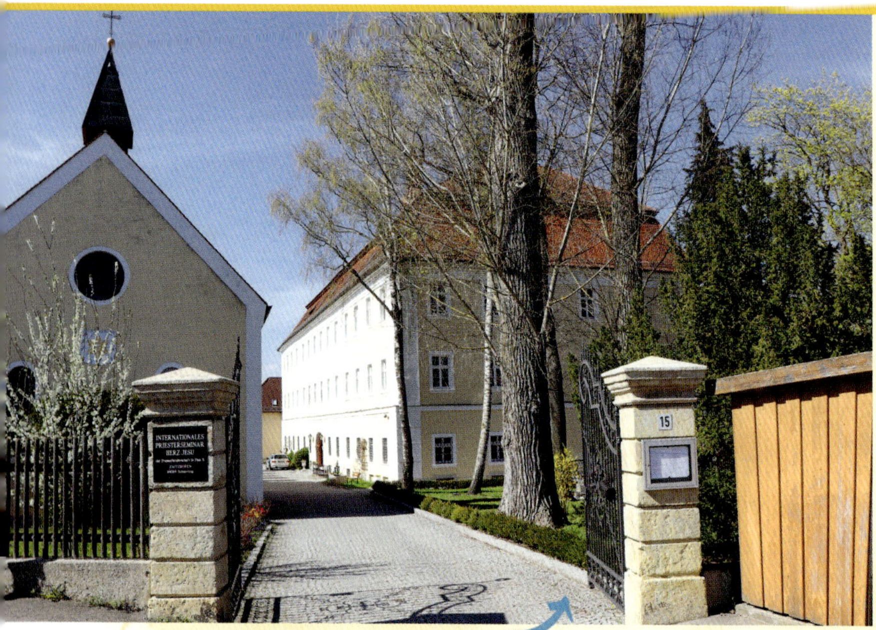

Das Schloss Zaitzkofen beherbergt seit Jahren das Priorat der Piusbruderschaft und das Priesterseminar Herz Jesu.

Wir starten an der Bushaltestelle des Regensburger Verkehrsverbundes in Zaitzkofen an der R 40, schräg gegenüber dem Schloss ❶. Das Schloss beherbergt heute das Priorat und das Priesterseminar Herz Jesu. Das Priesterseminar Herz Jesu in Zaitzkofen wurde 1978 von S.E. Erzbischof Marcel Lefebvre eröffnet. Es ist ein internationales Seminar, wo vor allem Seminaristen aus dem deutschsprachigen Raum (Deutschland, Schweiz und Österreich) ausgebildet werden. Ursprüglich war das Kloster ein Schloss. Um 1730 erfolgte der Neubau des Schlosses Zaitzkofen und hatte verschiedene Herren, u.a. Maximilian Joseph von Montgelas. Auch der Fürst von Thurn und Taxis gehörte zu dessen Besitzern.

Wir überqueren die R 40 und biegen gegenüber links in eine geteerte Straße ein, der wir rund um das Klostergrundstück nach

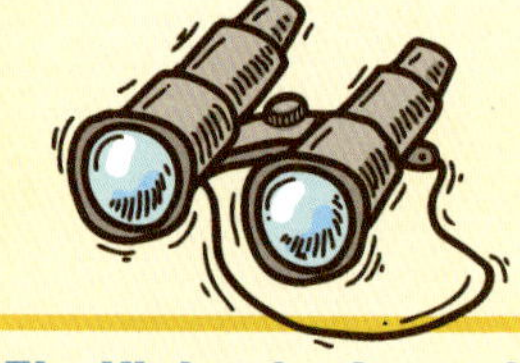

» Ein Kleinod mit starker Ausstrahlung: Schloss Zaitzkofen. «

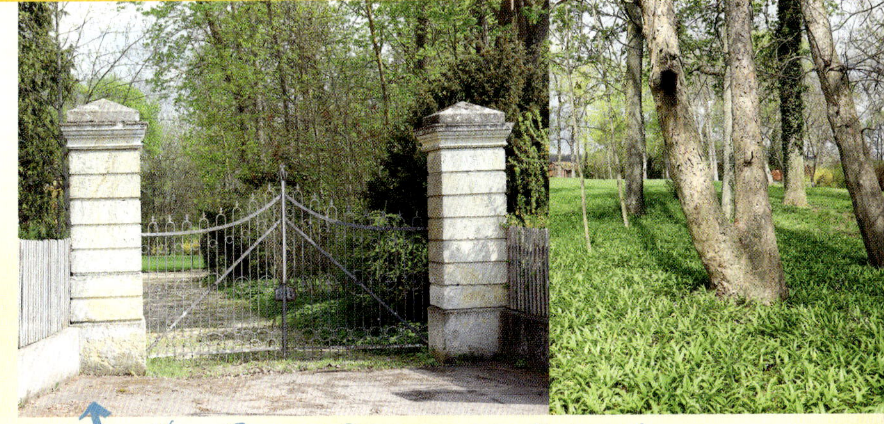

Das Tor zum Schlosspark in Zaitzkofen, der eine riesige Bärlauchwiese beherbergt.

links folgen. Im Park des heutigen Klosters wächst im Frühjahr auf Hunderten von Quadratmetern Bärlauch, den man kostenlos (oder für eine kleine Spende!) ernten kann. Wir verlassen den Ort Zaitzkofen in westliche Richtung. Nach 400 Metern erreichen wir die Stanglmühle 2 an der Laber, die immer noch als Sägewerk intakt ist. Im Mühlenhof wenden wir uns nach rechts und folgen dem Lauf der Laber auf der rechten Seite nach Rogging. Der Weg wird gesäumt von Schlehenhecken und bietet einen schönen Blick

Romantisch und verträumt: Der Schlossteich in Zaitzkofen.

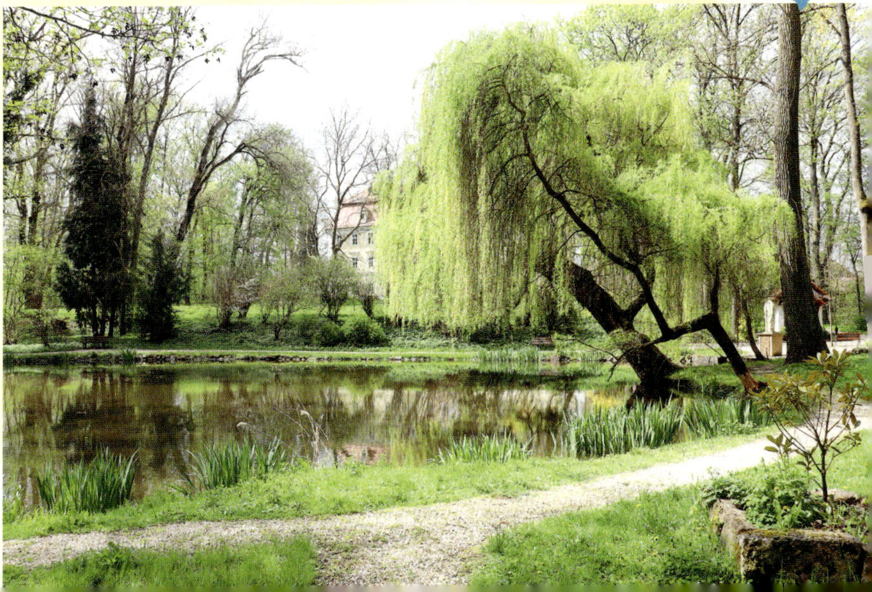

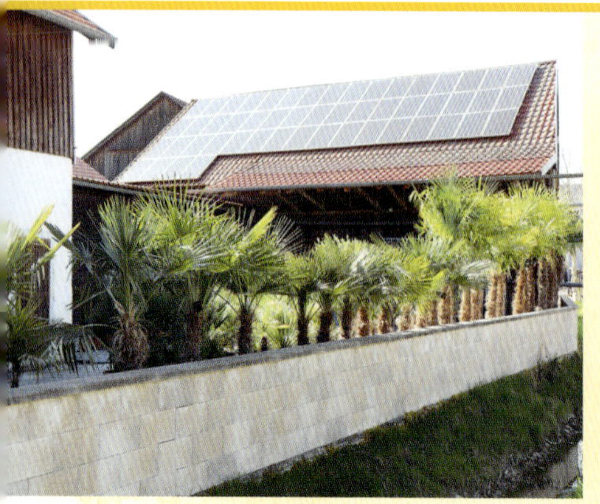

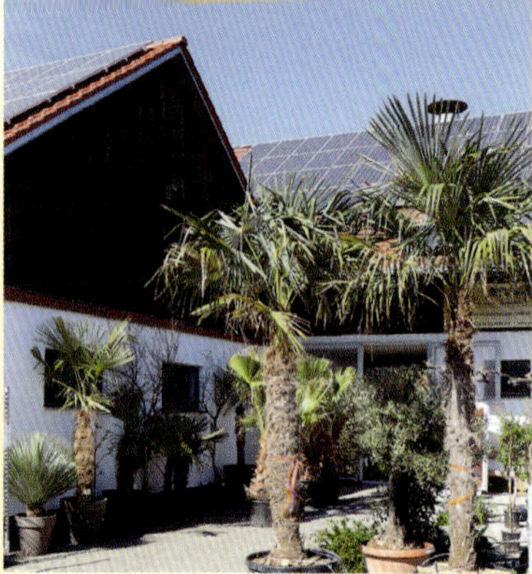

Mediterranes Flair in Niederbayern: Der Palmenstadl in Rogging.

über die Laberauen. In Rogging nehmen wir rechts die Abzweigung Pfakofen/Regensburg und kommen am sog. Palmenstadl vorbei. Die Atmosphäre mit lauter Palmen und Olivenbäumen wirkt sehr mediterran – und das mitten in Niederbayern. Am Ortsende gehen wir auf einem Rad- und Fußweg links der Straße weiter. Von hier blickt man rechts über die Laberauen, vor uns taucht der Ort Pfakofen ❸ auf. Hier stoßen wir auf die Staatsstraße 2145, der wir nach rechts in den Ort folgen. Einen spitzen Kirchturm auf der rechten Seite lassen wir liegen, ebenso eine kleine Kapelle auf der Staße gegenüber, und nehmen 100 Meter weiter die Straße nach Mallersdorf, um nach ca. 200 Metern nach links in den Auring einzubiegen (Schild: Wertstoffhof, Kläranlage). Die 1. Kreuzung überqueren (links ist das Klärwerk), immer

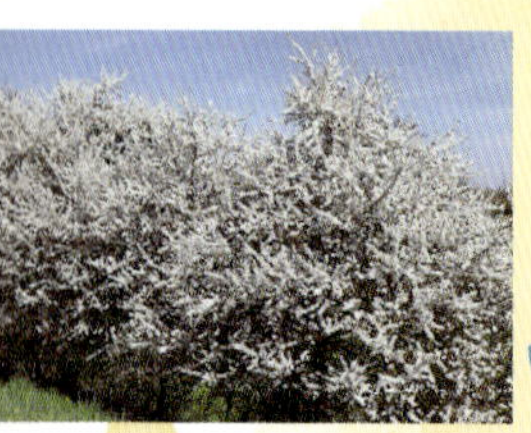

Blühende Schlehen an der großen Laber.

Aufhausen thront über dem Labertal.

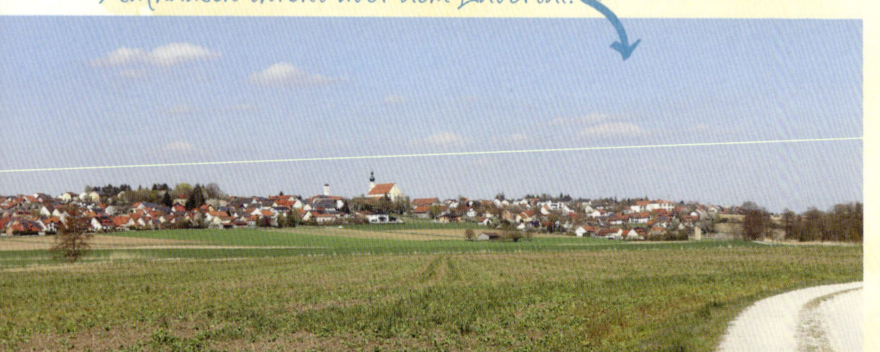

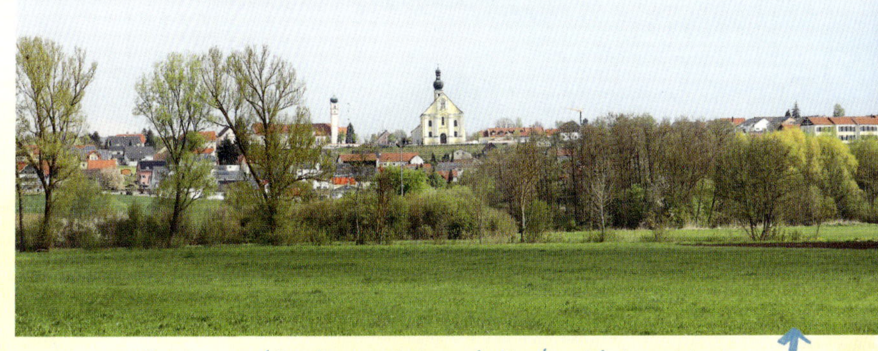

Blick von Haidt zurück auf die Wallfahrtskirche „Maria Schnee" und die Pfarrkirche von Aufhausen.

geradeaus dem Radweg folgend. Links erhebt sich die Wallfahrtskirche Maria Schnee auf dem Hügel im Ort Aufhausen. An der dritten Kreuzung führt eine Abkürzung durch die Auwiesen nach Allkofen 4 und quert dabei die sog. Ochsenstraße nach Straubing. Der Radweg geht in eine Schotterstraße über, die ein Flusslauf rechts begrenzt. Unterhalb von Aufhausen wandelt sich der Weg wieder in eine Teerstraße, der wir bis zum Ende am Sportplatz Aufhausen 5 folgen. Hier folgen wir dem braunen Schild „Rundwanderweg" nach rechts, der über zwei Brücken nach Haidt führt. Hier können wir auf einem aus-

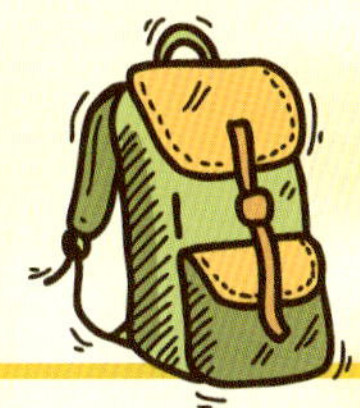

» Dieser Weg überrascht mit romantischen Fleckchen und tollen Aussichten. «

getretenen Trampelpfad rechts neben der Straße gehen, was entspannender ist. In Haidt finden wir auf der linken Seite eine Möglichkeit zur Einkehr mit einem Biergarten (Gasthaus Helm) 6.

Wir überqueren in Haidt die abknickende Vorfahrt geradeaus in einen Feldweg, der nach ca. 200 Metern an einer Schranke in einen Wald mündet. Rechter Hand taucht ein schönes gemauertes Marterl auf 7. Wir

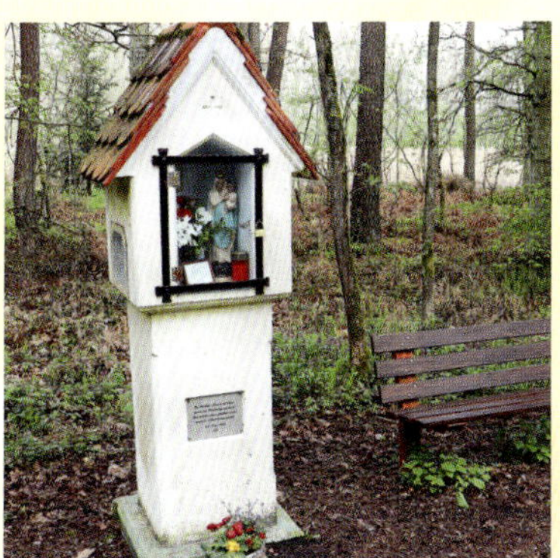

Marterl beim Eintritt in den Eichgarten.

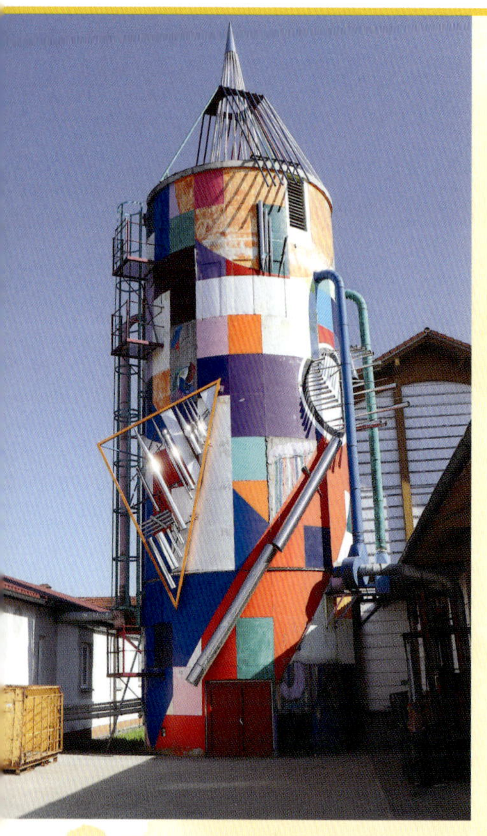

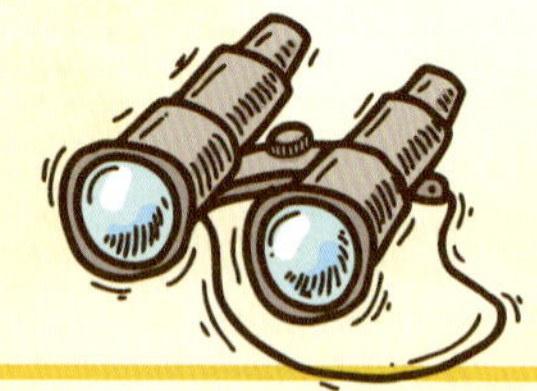

»Mondrakete oder Kunstobjekt: Das gestaltete Silo beim Orgelbauer Jann in Allkofen.«

folgen dem Weg über die Wegkreuzung geradeaus und verlassen den Wald auf einem Weg, der von links kommt und direkt auf die Ortschaft Allkofen hinführt. 9 Baumriesen säumen den rechten Wegesrand 8, und vor uns taucht bereits ein buntes Objekt auf, das die Häuser der Ortschaft überragt: Ein künstlerisch gestaltetes ehemaliges Silo bei Orgelbauer Jann 9. Wir überqueren die nächste Kreuzung, lassen die Kirche links liegen und gehen zur Hauptstraße. An der Hauptstraße angekommen gehen wir nach rechts und nehmen beim „bunten Turm" die Straße links, bei Orgelbauer Jann vorbei. Ein Straßenschild signalisiert uns, dass wir demnächst Upfkofen erreichen, das vor uns unten im Tal liegt.

In Upfkofen wenden wir uns bei einer Straßeneinmündung nach links und gelangen so zur Hauptstraße. Hier biegen wir links ab und folgen nach ca. 100 m dem Schild Dill-

Baumriesen begleiten uns in den Ort Allkofen.

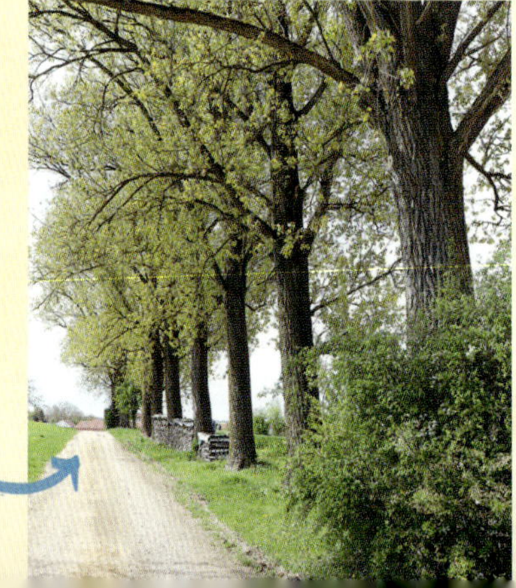

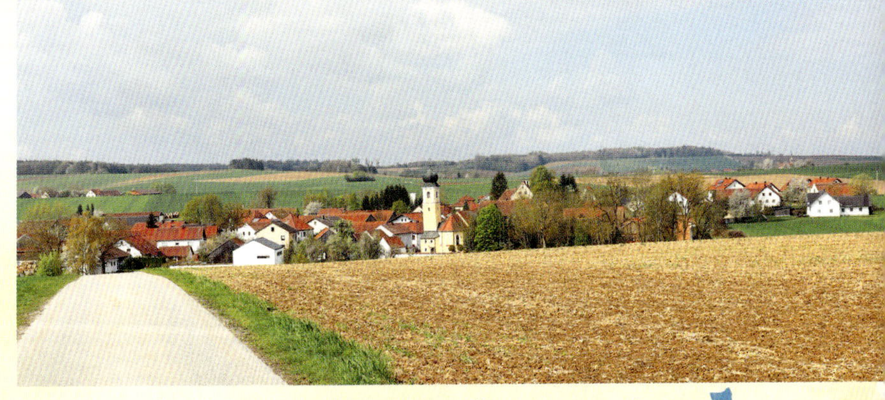

Aus dem Tal taucht die Ortschaft Upfkofen auf. 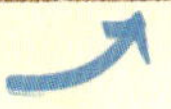

kofen nach rechts. Auf halbem Weg nach Dillkofen ist links bei einer Baumgruppe ein alter Kilometerstein ⑩ zu sehen: „7 Stunden nach Landshut, 10 Stunden nach Regensburg und 15/8 nach Ergoldsbach" ist dort in Stein gemeißelt zu sehen. An der Kreuzung halten wir uns geradeaus und durchqueren Dillkofen.

Vor uns taucht bereits der einer Basilika ähnelnde Backsteinbau der Pfarrkirche von Pinkofen auf. Am Ortseingang von Pinkofen immer der Straße folgen, erst eine Rechts-, dann eine Linkskurve nehmen. Nach dem Dorfgemeinschaftshaus auf der linken Seite versteckt sich zurückgesetzt eine kleine frühgotische Kapelle ⑪ von ansehnlichem Ausmaß! Weiter vor dem Haus „Pinkofen 24" dann nach rechts zur Kirche abbiegen (Achtung: Kann man leicht übersehen!). Wir lassen die Kirche rechts liegen und überqueren am Ende der Kirchenmauer eine Teerstraße, um kurz vor der Scheune vor uns nach rechts in einen Feldweg einzubiegen. Von hier aus hat man einen tollen Blick auf die Donauhänge, Aufhausen und den bayerischen Wald. Der Feldweg macht eine Kurve nach links und führt zu einem geteerten Ortsverbindungsweg. Dem folgen wir nach rechts, bis er nach links ins Tal biegt, und nähern uns so Zaitzkofen. Wir wandern bis zur Hauptstraße R 40 und finden schräg gegenüber wieder das Schloss und nach einem Rechtsschwenk auch wieder unseren Ausgangspunkt.

Essen/Einkehren:

Gasthof Röhrl
„Zum schwarzen Adler"
Ortsstraße 26
93101 Pfakofen
Tel. 09451/2958

Öffnungszeiten:
Do. und Fr. 17.00 bis 23.00 Uhr
Sa. 11.00 bis 14.00 Uhr
So. 11.00 bis 20.00 Uhr
Durchgehend warme Küche

Mittel

15,7 km

⇅ 92,3 m

4,5 Std.

Niederleierndorf – Oberleierndorf – Neuhaus – Hellring – Paring – Schierling – Niederleierndorf

Dieser Rundweg bietet Natur pur und tolle Ausblicke.

Parken:
Vor der Kirche in Niederleierndorf an der Hauptstraße.

Kirchen, Kloster, Laberauen – im Grenzland zwischen Niederbayern und der Oberpfalz

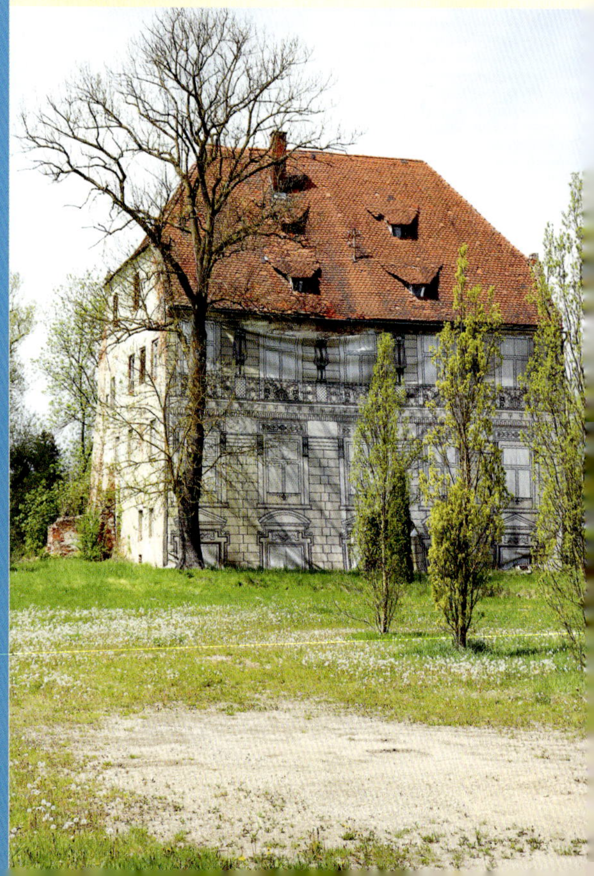

1. Mariä Himmelfahrt - Start/Ziel
2. Rastplatz mit Quelle
3. Bergkeller
4. Blick zurück ins Labertal
5. VIA NOVA
6. Abkürzung
7. Kloster Paring
8. Biotop
9. Ruhebank mit Insektenhotel
10. Blick auf Eggmühl
11. Schlossruine Schierling
12. Wiesenbrütergebiet
13. Querung der Lokalbahn

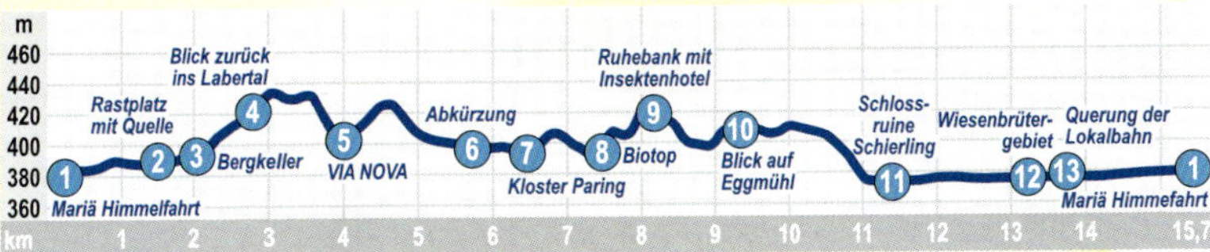

Start ist die Kirche in Niederleierndorf ➊. Diese Katholische Wallfahrtskirche Mariä Himmelfahrt ist ein Barockbau von 1740 unter Verwendung des mittelalterlichen Turms, mit barocker Ausstattung und Seelenkapelle, 17./18. Jahrhundert. Diese Kirche hat für uns eine besondere Bedeutung. Auf deren Friedhof liegt Pfarrer Andreas Heinrich, der unsere frühe Jugendzeit sehr geprägt hat, als er Pfarrer in Neufahrn i. NB war und wir bei ihm ministrieren durften. Bevor wir 2020 nach Rom aufgebrochen sind, haben wir sein Grab auf unseren Touren besucht und festgestellt, dass er im vergangenen Jahr (2020) 100 Jahre alt geworden wäre. Requiescat in pace!

Wir folgen der Hauptstraße Richtung Süden (Ortsmitte), bis rechts die Weinbergstraße abzweigt. Dieser folgen wir über die Bahngleise und die Autobrücke und biegen unmittelbar danach nach links ab, immer der Straße unter uns folgend. Bei der nächsten Brücke (die links liegt) biegen wir nach rechts ein. Bald schon sehen wir einen Rastplatz mit einer gefassten Quelle ➋. In einer Rechtskurve folgen wir dem Via-nova-Weg und dem Radweg, lassen aber die nächste Abzweigung links liegen und halten uns weiter am Waldrand. Hier sehen wir rechts einen Bergkeller ➌. Die nächste Abzweigung nehmen wir links bergauf (Radweg, Via nova). Rechts vor uns taucht Neuhaus auf. Der Blick zurück fängt das Labertal mit der Kirche von Laberberg

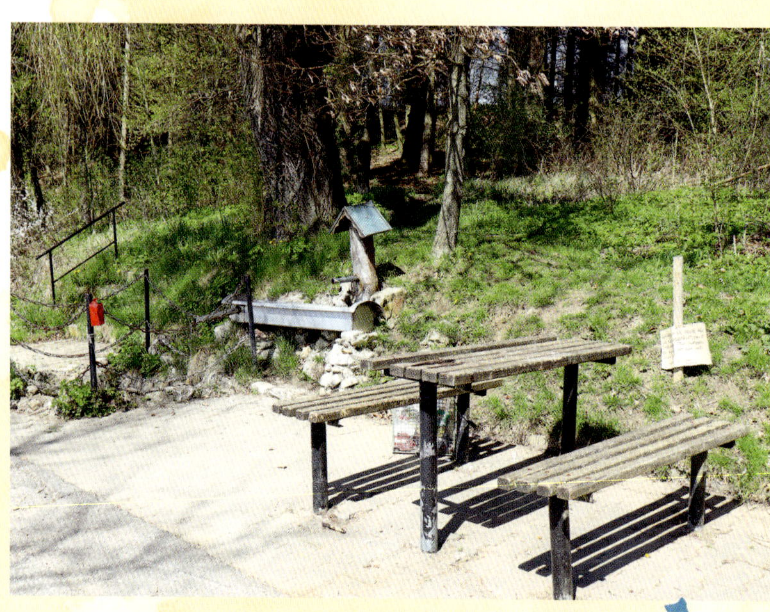

Ein idyllischer Rastplatz mit gefasster Quelle zum Wassertanken.

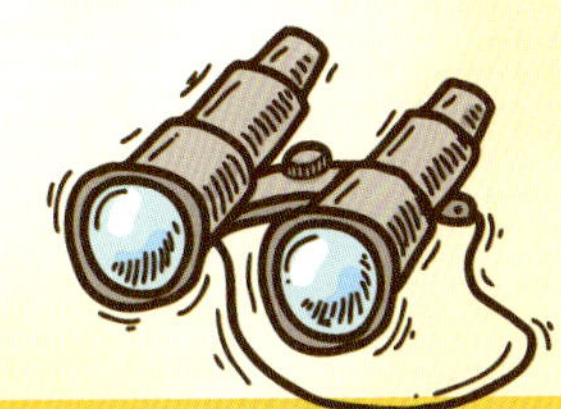

»Überraschende Ein- und Ausblicke prägen diesen traumhaften Weg.«

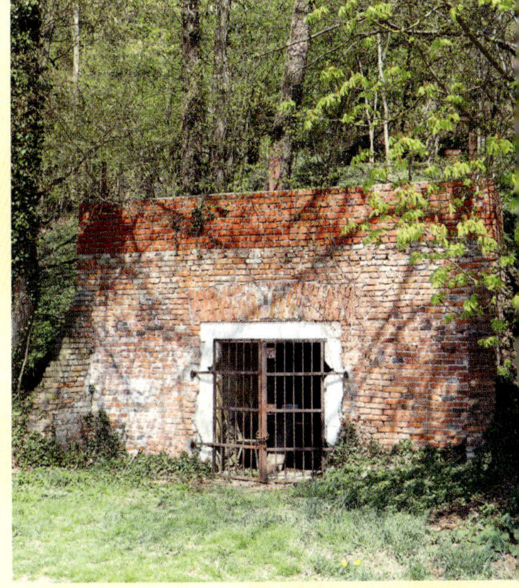

ein 4. Wir sind wieder auf dem Via-nova-Weg, dem wir weiter folgen. An der Hauptstraße biegen wir rechts ab und lassen die Schilder nach Böhmhardsberg und Viehhausen rechts liegen. Hier steht unter Bäumen ein runder Gedenkstein von 1869. Nach einer Linkskurve taucht der Kirchturm von Hellring vor uns auf. Es geht bergab durch Hellring, das am zweiten Oktoberwochenende traditionell ein Wallfahrerfest zu Ehren der heiligen Ottilia ausrichtet.

Obwohl der Namenstag der Heiligen Ottilia am 13. Dezember gefeiert wird, findet der Hellring (so der Name der Dult) „wegen des besseren Wetters" bereits am zweiten Sonntag im Oktober statt. Der Hellring beginnt am Donnerstag und dauert bis Montag. Außergewöhnlich an diesem Kirchenfest ist,

In der Ferne ist sogar der Kirchturm von Laberberg zu erkennen.

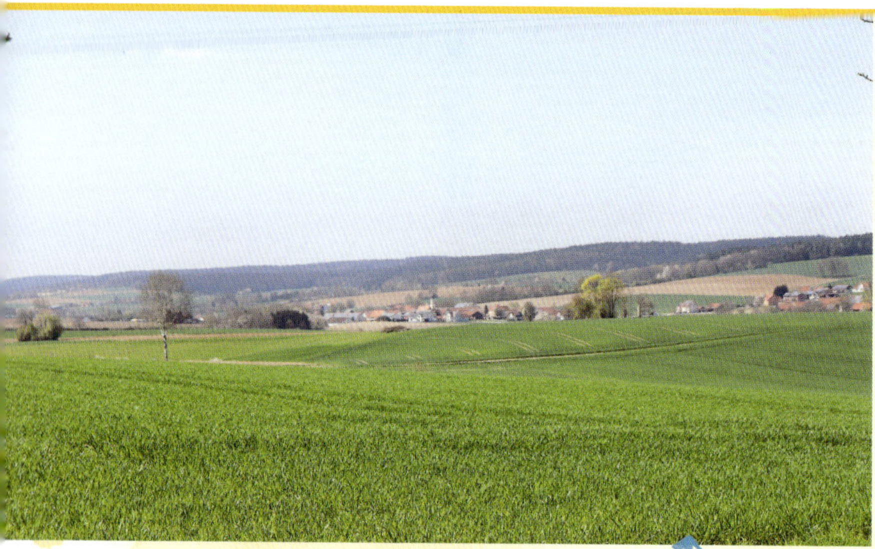

Blick von Neuhaus ins Tal des Feckinger Bachs auf Mitterschneidhart.

dass die Bewohner Hellrings das Recht auf ein so genanntes „Einschenken und Auskochen“ haben. Die Hellringer Hofbesitzer bewirten die Wallfahrer dazu in ihren Häusern; die Anzahl der teilnehmenden Höfe ging jedoch im Laufe der Zeit auf mittlerweile drei zurück.

Auch ein Blick in die Kirche lohnt sich. Die Wallfahrtskirche St. Ottilia ist ein eleganter, linsengegliederter Frührokokobau mit abgerundeten Ecken und zwei Strebepfeilern am halbrunden Chorschluss und gehört zum Kloster Paring. Blickfang der zwischen 1733 und 1735 erbauten Kirche ist die Ottilienfigur im Hochaltar vor dem Chorscheitelfenster. Die Wallfahrtskirche Hellring ist ganzjährig geöffnet. Sollte die Kirchentür wider Erwarten geschlossen sein, dann melden Sie sich bitte bei der Mesnerfamilie, die Ihnen gerne die Tür öffnet.

Nach der Kirche wenden wir uns nach rechts, um vor der Grundstückseinfahrt halblinks hochzuwandern auf

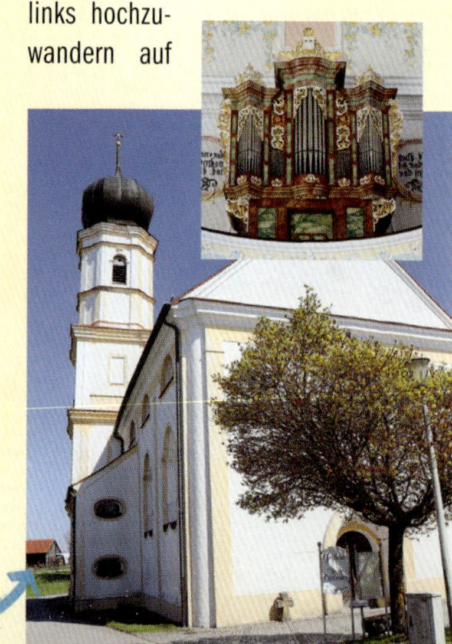

Die Wallfahrtskirche St. Ottilia mit imposanter Barockorgel.

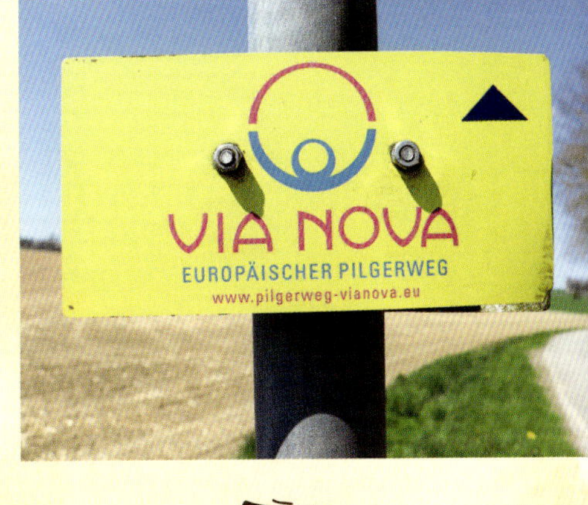

dem Via-nova-Weg, dem wir nun bis Paring folgen werden ⑤. Am Ende des eingezäunten Grundstücks geht der Weg nach rechts, und am höchsten Punkt sehen wir rechts Viehhausen liegen. Hier nehmen wir nun weiter den Via-nova-Weg nach links (grasbewachsen) in Anspruch und genießen einen herrlichen Blick auf das Kloster Paring. Der Weg führt bergab, am Ende gehen wir rechts und in der Senke dann links (Via nova). Der Weg wird zu einer Teerstraße und führt uns nach Paring. Bevor wir Paring erreichen, zweigt rechts die Abkürzung ab nach Niederleierndorf ⑥. In Paring stoßen wir auf eine Vorfahrtsstraße, der wir ca. 250 m nach rechts bis zur Hauptstraße folgen. Hier wenden wir uns nach links und haben Kloster und Kirche ⑦ zu unserer Rechten liegen.

Die Propstei St. Michael zu Paring wurde 1974 wieder mit Augustiner Chorherren belebt, die bereits 1139 dort gewirkt hatten. 1141 konnte die Kirche geweiht werden und die ersten Kanoniker ihr Leben beginnen. Ein herrliches Tympanon am Kircheneingang zeugt noch von der romanischen Epoche. Von 1141 bis 1598 war es Augustinerchorherren-Stift, 1616 bis 1803 ein Priorat der Benediktinerabtei Andechs, wurde jedoch 1803 im Zuge der Säkularisation aufgelöst. 1974 wurde das Kloster von Augustiner-Chorherren der Windesheimer Kongregation wiederbesiedelt und war bis 2016 der Sitz ihres Generalpropstes. Seit 1992 ist Paring eine autonome Propstei.

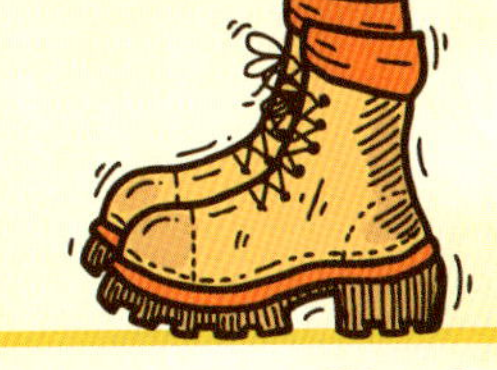

»Der Via-nova-Weg begleitet uns ein Stück durch die herrliche Natur.«

Die Klosterkirche in Paring birgt wahre Barockschätze.

Eine Statue des heiligen Benedikt auf dem Vorplatz der Propstei erinnert an die benediktinische Zeit.

Etwa 100 Meter nach dem Kloster führt eine Teerstraße nach rechts aus dem Ort, der wir bis zur B15n folgen. Nach der Unterführung geht es nach links weiter, dann vor einem kleinen Biotop 8 nach rechts, bergauf (Via nova). Der Weg fällt wieder, und an der Kreuzung folgen wir wieder der Via nova hoch bis zum Waldrand. Hier biegen wir an einer Ruhebank und einem Insektenhotel 9 am Waldrand rechts ab, der Weg fällt und am Ende biegen wir rechts in eine Sandstraße ein. Am Wegende geht es wieder nach links, und wir treffen auf eine breite Sandstraße, der wir nach rechts folgen. Von hier hat man einen herrlichen Blick nach Eggmühl und Inkofen (Silos) 10. Ein Stück weiter sehen wir rechts nach Niederleierndorf und unseren Ausgangspunkt. Wir halten uns rechts, gehen auf Schierling zu und überqueren den ersten Kreisel. In der Straße „Zum Guten

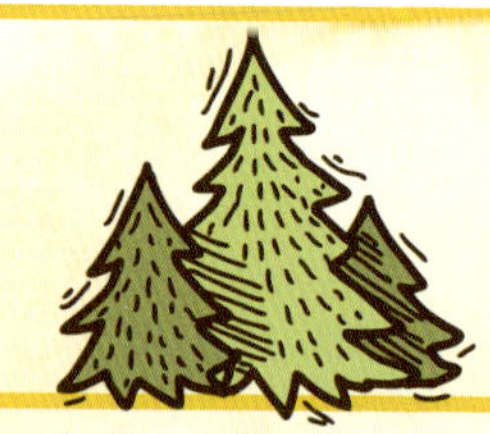

»Genießen Sie die Botanik auf dem Weg, der an der großen Laber vom gefleckten Schierling geprägt wird („Schierlingsbecher“). VORSICHT: GIFTIG!!«

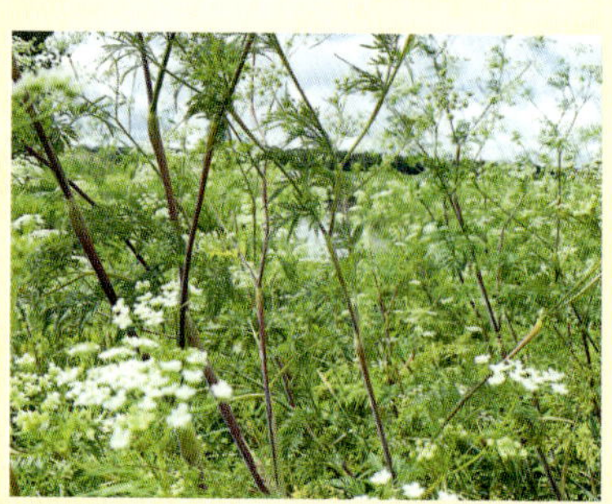

Morbider Charme: Der ehemalige Gutshof mit Schloss Schierling am Allersdorfer Bach.

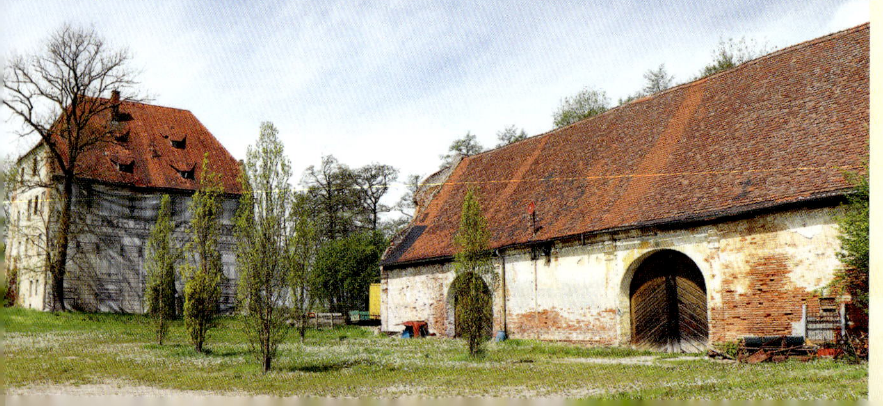

Hof" geht es bergab auf die Hauptstraße zu. Hier schwenken wir nach links, und etwa 150 Meter weiter nach rechts zur Straße „Am Scherenbach". Wir gehen weiter in die Bachgasse, überqueren einige Brücken und haben den Allersdorfer Bach zur Linken. Wir kommen vorbei am Schloss von Schierling bzw. an dem, was davon übrig geblieben ist ⑪. Wir bleiben auf der Bachgasse, bis rechts die Obermühlstraße abzweigt, der wir auch folgen. Es geht vor der Obermühle nach

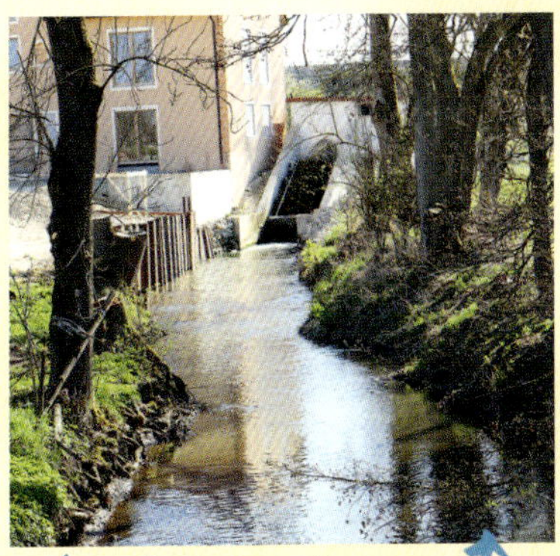

Die Obermühle betreibt eine Turbine.

rechts über einen Arm der großen Laber, dann weiter auf einem Asphaltweg, auf dem wir die B 15n unterqueren. Von hier haben wir nochmals einen schönen Blick auf das Kloster Paring. Wir befinden uns nun wieder in einem Vogelschutzgebiet, das die Tafel „Wiesenbrütergebiet" ausweist ⑫. Hier ist das Verlassen der Wege wegen der Bodenbrüter streng untersagt. Der Weg führt uns meist an der Laber entlang, an deren Ufer ab Mai der gefleckte Schierling zu bewundern

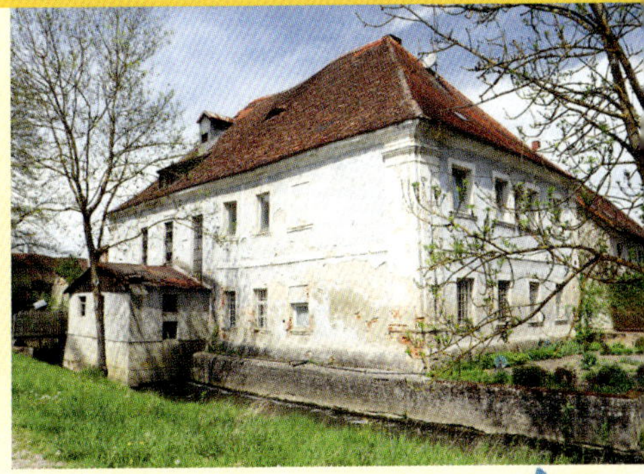

Die Schlossmühle an der großen Laber in Schierling.

ist. Er wächst hier in solchen Mengen, dass man mutmaßen müsste, der Ort Schierling hätte hiervon seinen Namen. Wir queren nach einiger Zeit die Trasse der Lokalbahn Eggmühl-Langquaid, ⑬ die im Sommer einen speziellen Fahrplan bereithält und bspw. eine Fahrt von Schierling nach Niederleierndorf ermöglicht. Unser Weg endet an der KEH 28, und wir biegen rechts ein, halten uns rechts in die Schulstraße und gelangen so wieder zu unserem Ausgangspunkt.

Essen/Einkehren:

Bräustüberl Schierling
Rathausplatz 11
84069 Schierling
Tel. 09451/94 88 440

Öffnungszeiten:
Mi. bis Sa. 11.00 bis 14.00 Uhr
17.00 bis 22.00 Uhr
So. 11.00 bis 21.00 Uhr

Laberauen und Wallfahrtskirche – ein Rundweg zwischen Sallach, Geiselhöring und Haader

Mittel

17,5 km

↓↑ 76 m

4,5 Std.

Sallach – Gallhofen – Weingarten – Greissing – Geiselhöring – Dettenkofen – Hadersbach – Haader – Sallach

Rundweg in romantischer Flusslandschaft, mit idyllischen Orten und tollen Ausblicken.

Parken:
Direkt gegenüber dem Gasthof Hagn in Sallach (Navi: Sallach 86, 94333 Geiselhöring).

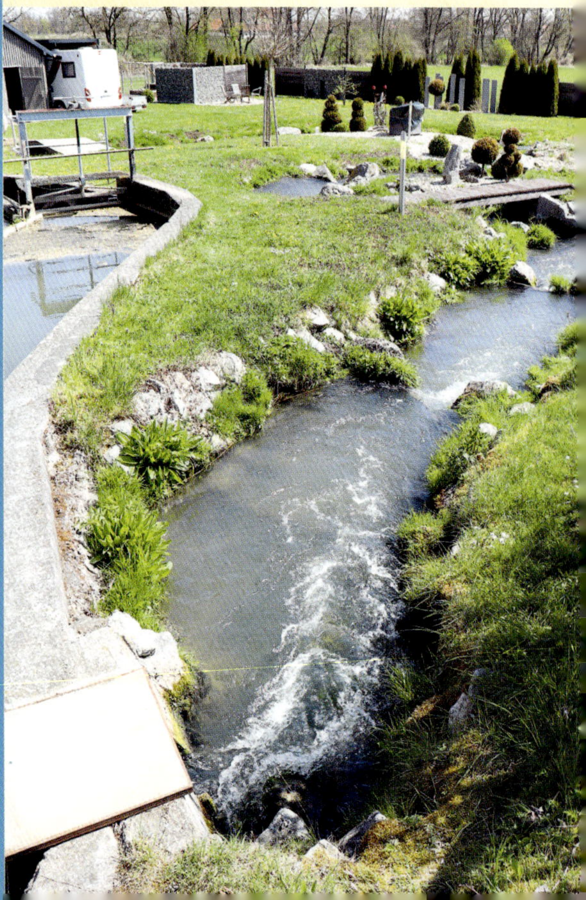

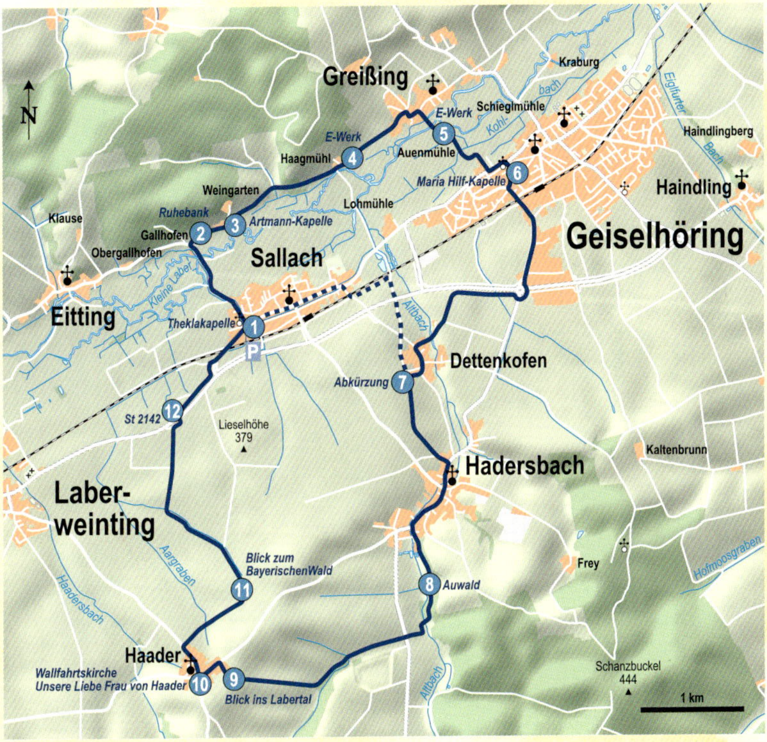

1. Theklakapelle – Start/Ziel
2. Ruhebank
3. Artmann-Kapelle
4. E-Werk
5. E-Werk
6. Maria-Hilf-Kapelle
7. Abkürzung
8. Auwald
9. Blick ins Labertal
10. Wallfahrtskirche Unsere Liebe Frau von Haader
11. Blick zum Bayerischen Wald
12. St 2142

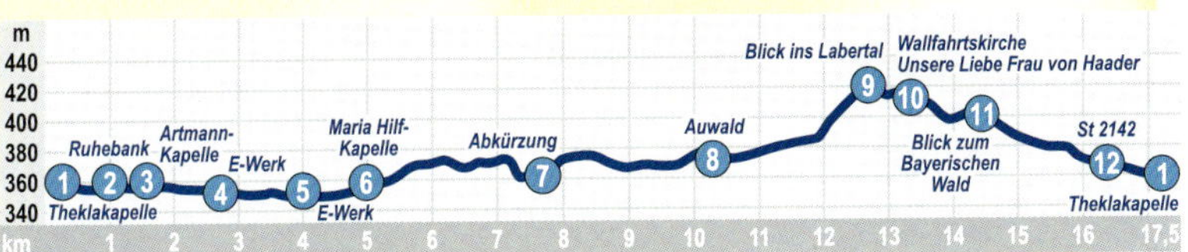

Wir starten gegenüber dem Gasthaus Hagn in Sallach bei einer kleinen Kapelle 1, die der heiligen Thekla geweiht ist. Wir nehmen die Eittinger Straße, überqueren die kleine Laber und biegen in Gallhofen nach rechts ab (Wegweiser Greissing, Weingarten). Eine Ruhebank und ein Wegkreuz zur Linken laden zum Verweilen ein 2. In Weingarten sieht man links die ehemaligen Weinhänge, die derzeit leider nicht mehr bepflanzt werden und einer Herde Damwild Lebensraum bieten. Eine kleine Kapelle dort beinhaltet alle 14 Kreuzwegstationen und eine Pietà 3, was eine Besonderheit darstellt. Weiter Richtung Osten kommen wir an der Haagmühl vorbei, die heute Strom produziert. 4 Im weiteren Verlauf halten wir uns rechts und gelangen so nach Greissing. An der Vorfahrtsstraße gehen wir nach rechts und biegen nach der Linkskurve an einer Bushaltestelle 5 rechts ab zum Lauf der Laber. Nach der Brücke treffen wir rechts auf ein Wegkreuz mit Ruhebank, danach ist auf der-

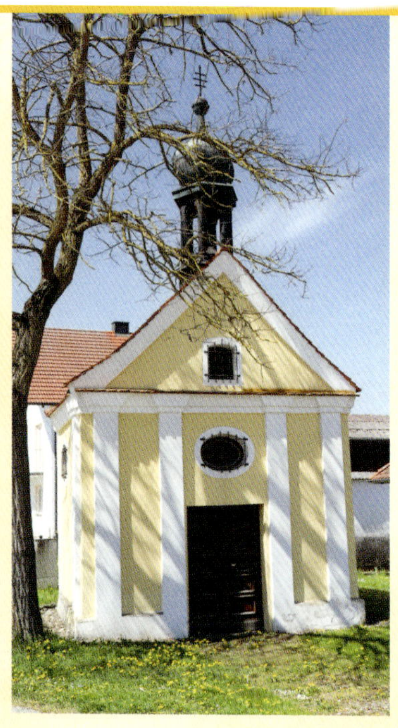

selben Seite ein Kinderspielplatz. An der Auenmühle können wir die Umleitung des Wassers durch einen Garten bewundern. Es geht weiter durch die Auen, bis wir nach einer 90°-Kurve auf eine Straße treffen, der wir

Badeplatz an der Laber bei Gallhofen.

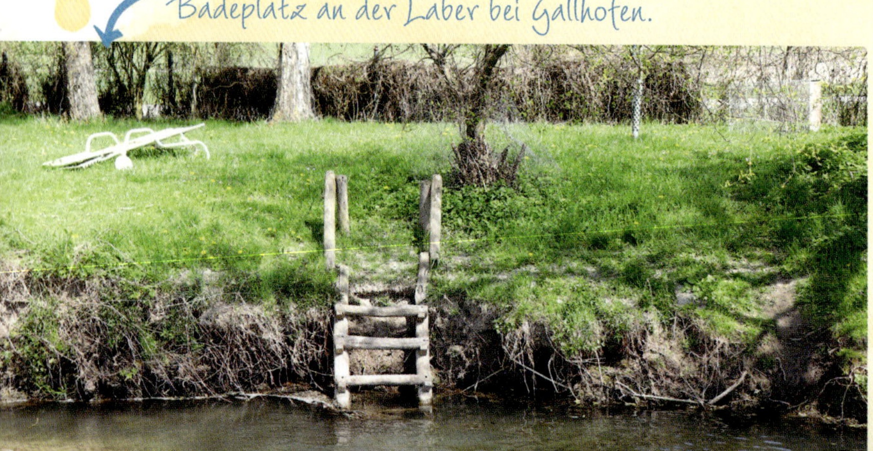

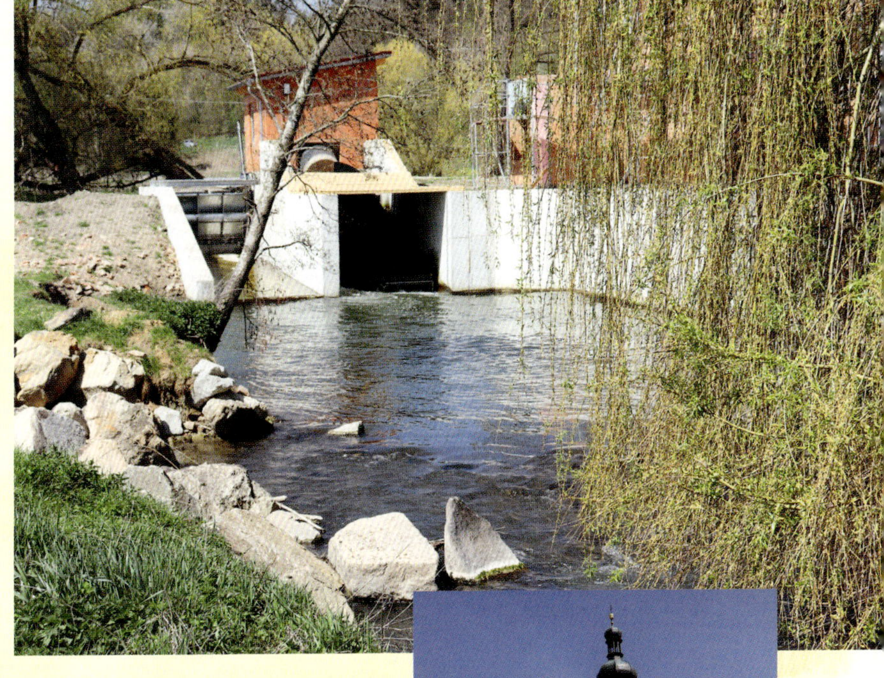

Die Kirche von Hadersbach auf geschichtsträchtigem Boden.

rechts bis zur Staatsstraße 2111 in Geiselhöring folgen. Hier biegen wir nach links ab, bis wir nach etwa 250 Metern rechts auf eine Kapelle 6 am Maria-Hilf-Platz stoßen. Hier folgen wir rechts der Straße „Am Rain", halten uns rechts und stoßen so auf die Mozartstraße. Diese überqueren wir nach halblinks und passieren den Bahnübergang zur Hadersbacher Straße. Hier finden wir einen separaten Gehweg vor, dem wir am Gewerbegebiet entlang bis zum Kreisel folgen. Wir verlassen den Kreisel Richtung Hinweisschilder Wörth/Hadersbach und biegen gleich danach rechts in einen Wirtschaftsweg ein, der uns - parallel zur Staatstraße - nach Westen führt. Nach ca. 400 Metern biegt der Weg an einem mächtigen Baum links ab und steigt etwas an. Ein kleiner Hohlweg begleitet uns nach Dettenkofen, wo wir an der Hauptstraße nach links schwenken und den Ort durchqueren. Nach dem letzten Haus rechts nehmen wir den Weg bergan bis zu einer Wegkreuzung. Hier kann man rechts nach Sallach zurück abkürzen 7, ansonsten gehen wir links weiter auf Hadersbach zu. Von der Höhe haben wir einen wunderbaren Blick auf Hadersbach mit seiner Barockkirche. Die römisch-katholische Expositurkirche Mariä Himmelfahrt ist eine ursprünglich spätgotische, barockisierte Saalkirche. Nach einer Inschrift über dem Westportal erfolgte 1521 ein Neubau. Eine ein-

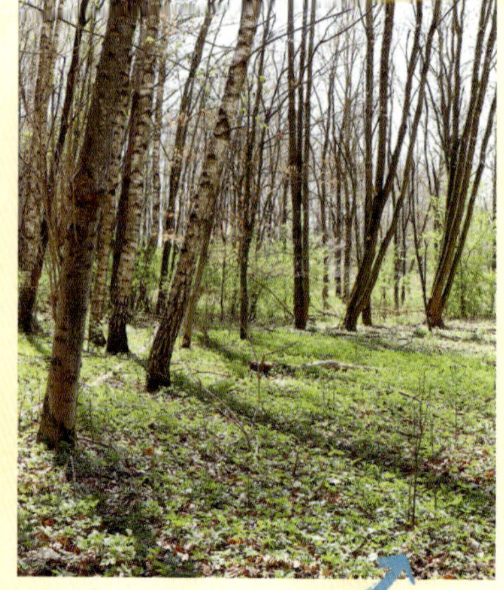

Auwald am Altbach.

» Idyllische Orte und sagenhafte Ausblicke säumen diesen Weg. «

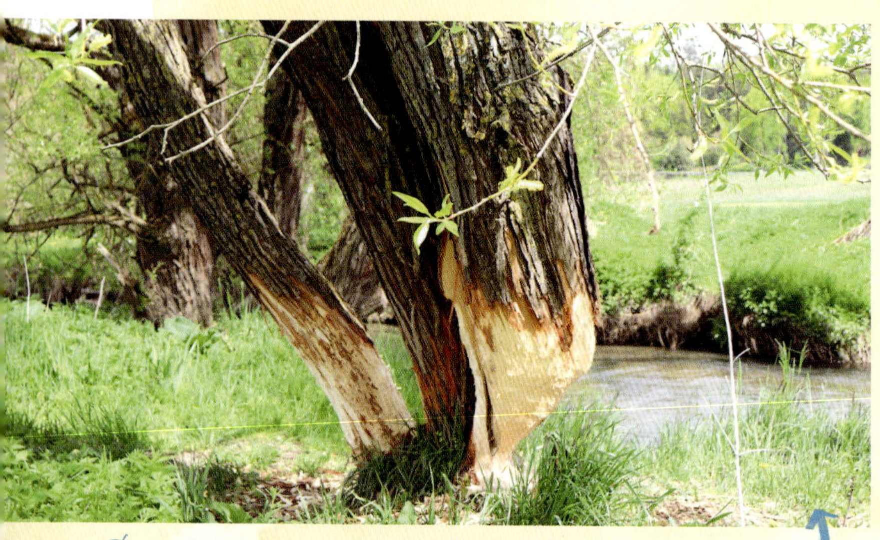

Der Biber hinterlässt auch an der Laber seine Spuren.

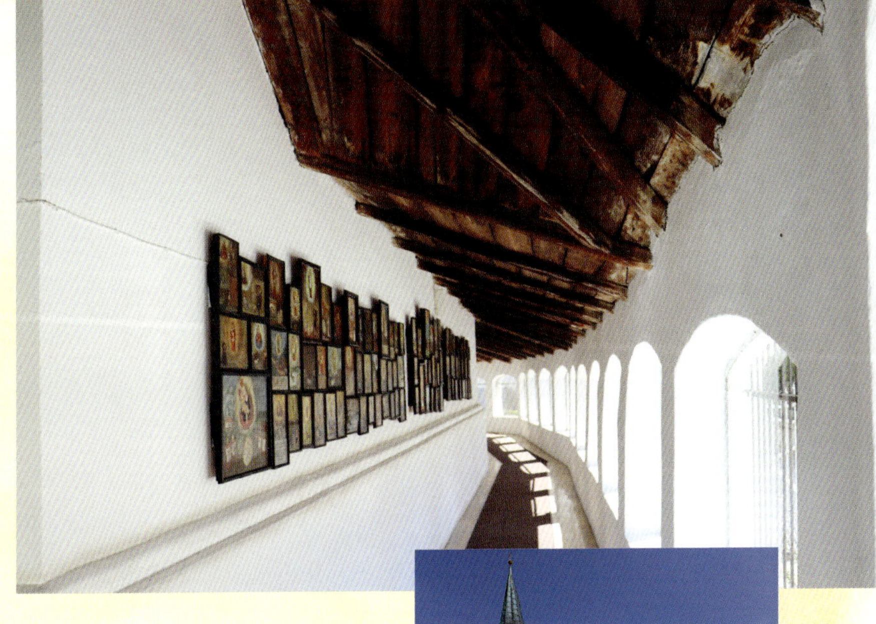

Die Wallfahrtskirche „Unsere liebe Frau von Haader“ mit Umgang und Votivtafeln.

greifende Umgestaltung der Kirche im Barockstil erfolgte in den Jahren 1716/1717, der Turm wurde in den Jahren 1738–1740 erhöht, und in den Jahren 1760–1765 wurden zwei Seitenkapellen angebaut. In den Jahren 1765/1766 wurde eine Ausgestaltung des Inneren durch Matthäus Günther und Franz Xaver Feichtmayer den Jüngeren in den Formen des Rokoko vorgenommen, die bis nach 1770 ergänzt wurde. Im barocken Vorzeichen sind zwei sehenswerte steinerne Reliefs des späten 15. Jahrhunderts eingemauert, die Maria mit dem Kind zwischen der heiligen Katharina und Johannes Evangelista sowie das von Engeln gehaltene Schweißtuch Christi zeigen.

Wir stoßen unten auf die Hauptstraße und folgen ihr nach rechts in den Ort Hadersbach. Wir folgen der Hauptstraße bis zur Brücke über den Altbach, biegen aber vorher links ab und folgen dem Bachlauf zur Rechten. Bei der Weggabelung gehen wir rechts bergab und kommen so durch einen schönen Auwald. 8 An der ersten Abzweigung gehen wir rechts und überqueren den Altbach, dann macht

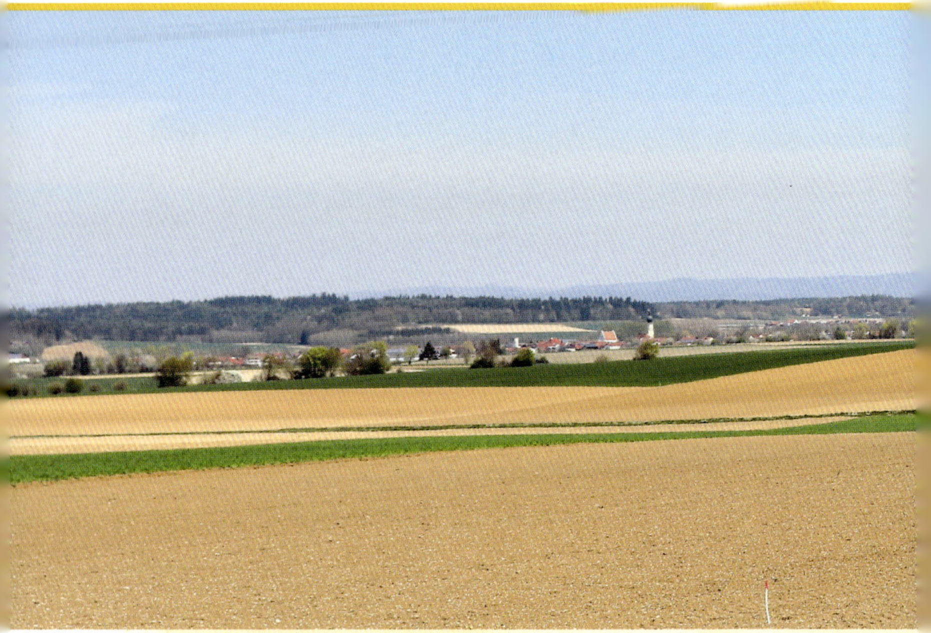

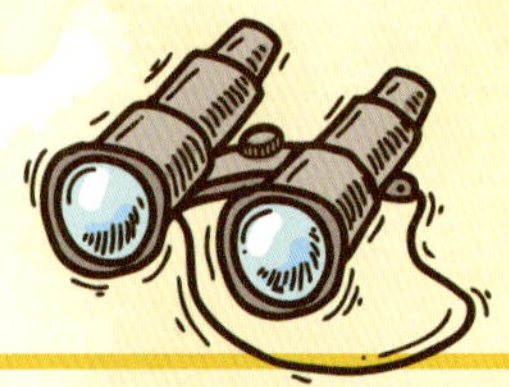

»Von Haader aus geht der Blick weit in den Bayerischen Wald.«

der Weg eine scharfe Wendung nach links und bald darauf wieder nach rechts und führt uns zu einer Ortsverbindungsstraße. Diese überqueren wir schräg über eine Brücke halbrechts und biegen gegenüber in den Feldweg ein. An einer Gabelung nach ca. 500 Metern halten wir uns links am Bachlauf entlang. Bei der übernächsten Abzweigung nach rechts gehen wir den Schotterweg bergauf, und nach halber Strecke taucht vor uns der Kirchturm der Wallfahrtskirche Haader auf, auf den wir weiter zusteuern. Von der Kuppe aus bietet sich ein herrlicher Blick rechts über das Labertal zur Barockkirche von Eitting (9). An der Teerstraße gehen wir links ortseinwärts und an der Kreuzung nach rechts Richtung Laberweinting. Nach wenigen Metern erreichen wir auf der linken Seite die Wallfahrtskirche „Unsere liebe Frau von Haader“ (10). Seit dem 2. Juli 1814 besteht die Wallfahrt nach Haader, und am 13. jedes Monats werden Fatimafeiern abgehalten. Bemerkenswert ist der überdachte Rundgang um die Kirche, in dem sich zahlreiche Votivtafeln befinden.

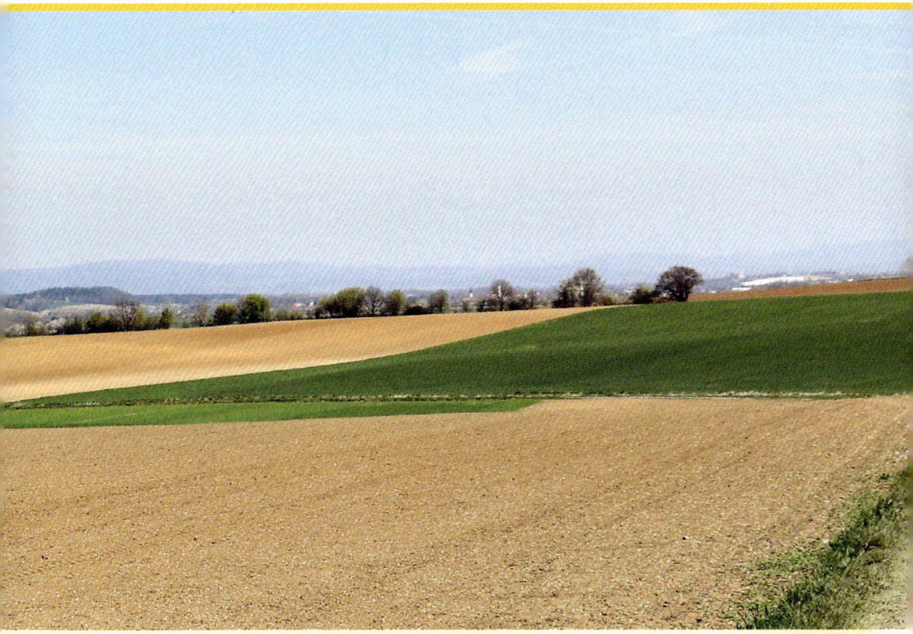

Am Ortsende von Haader biegen wir nach einer Scheune rechts ab, nachdem wir links den Blick zum Mallersdorfer Kloster und ins Labertal genossen haben. Wir gehen bergab, über die Wegkreuzung und dann wieder bergauf. Auf der Höhe stoßen wir auf einen Weg, den wir nach links gehen und genießen den herrlichen Blick bis in den bayerischen Wald ⑪. Wir gehen weiter bergab, treffen auf eine einseitige Baumallee und biegen dann in der Senke auf einen Schotterweg nach rechts ein. Am Ende dieses Wegs treffen wir auf eine Parkbucht der Staatsstraße mit einem steinernen Wegdenkmal. Hier überqueren wir die Staatsstraße ⑫ und gehen unterhalb der Straße dann nach rechts entlang der Böschung nach Sallach. Wir erreichen dann über eine Teerstraße die Abbiegung von der Staatsstraße nach Sallach, der wir links Richtung Ort folgen. So erreichen wir nach etwa 500 Metern wieder unseren Ausgangspunkt.

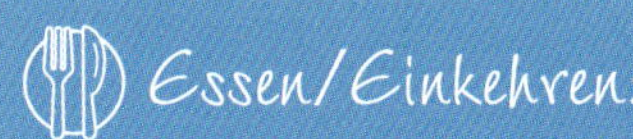

Gasthof Hagn
Sallach 68
94333 Geiselhöring

Öffnungszeiten:
Täglich von 10.00 bis 22.00 Uhr
Warme Küche von 11.30 bis 14.00 Uhr
und 17.00 bis 22.00 Uhr
Di. Ruhetag

Impressum

Die Autoren

Josef Ertl, 1957 in Neufahrn i. NB geboren, wohnt in Ergoldsbach. In jungen Jahren war er leidenschaftlicher Kletterer und Bergsteiger.

Johann Fischaleck, 1957 in Mallersdorf geboren, wohnt in Neufahrn i. NB. Zu seinen Hobbys gehören der Weinanbau und das Wandern.

Im Sommer 2020 erfüllten sich die beiden Schulfreunde einen lang gehegten Traum: Sie gingen zu Fuß von Regensburg nach Rom. Ihr Training für den siebenwöchigen Marsch absolvierten sie in der heimatlichen Umgebung – und lernten dabei das niederbayerische Hügelland nicht nur kennen, sondern auch lieben.

Kartographie:
Kartographie Muggenthaler, Heinz Muggenthaler, Stadtplatz 19, 94209 Regen

Abbildungen:
Fotos Titelseite: goodluz-stock.adobe.com, iagodina-stock.adobe.com
Alle weiteren Fotos von Josef Ertl und Johann Fischaleck
Illustrationen: margaritatkahcenko, 123rf.com; Hintergrund: Bastetamon, fotolia.com; Wanderschuh: VRD, fotolia.com

Haftungsausschluss:
Alle Wanderungen in diesem Wanderführer wurden nach bestem Wissen sorgfältig recherchiert. Die Benutzung dieses Buches erfolgt auf eigene Gefahr. Soweit gesetzlich zulässig, wird für Schäden und die Richtigkeit der Angaben keine Haftung übernommen.

Die Deutsche Nationalbibliothek verzeichnet diese Publikation in der Deutschen Nationalbibliografie; detaillierte bibliografische Daten sind im Internet über http://dnb.dnb.de abrufbar.

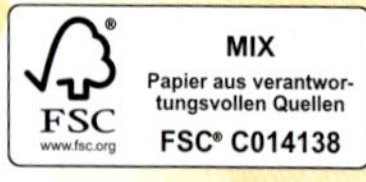

Für uns, die Battenberg Gietl Verlag GmbH mit all ihren Imprint-Verlagen, ist Nachhaltigkeit ein wichtiger Teil unserer Unternehmensphilosophie. Daher achten wir bei allen unseren Produkten auf den Einsatz umweltschonender Ressourcen und Materialien.
Dieses Buch wurde auf FSC®-zertifiziertem Papier gedruckt. FSC (Forest Stewardship Council®) ist eine nicht staatliche, gemeinnützige Organisation, die sich für die verantwortungsvolle und ökologische Nutzung der Wälder unserer Erde einsetzt.

Unsere Partnerdruckerei kann zudem für den gesamten Herstellungsprozess nachfolgende Zertifikate vorweisen:
- Zertifizierung für FOGRA PSO
- Zertifizierungssystem FSC®
- Leitlinien zur klimaneutralen Produktion (Carbon Footprint)
- Zertifizierung EcoVadis (die Methodik besteht aus 21 Kriterien in den Bereichen Umwelt, Einhaltung menschlicher Rechte und Ethik)
- Zertifikat zum Energieverbrauch aus 100 % erneuerbaren Quellen
- Teilnahme am Projekt „Grünes Unternehmen“ zum Schutz von Naturressourcen und der menschlichen Gesundheit

1. Auflage 2021
ISBN 978-3-95587-779-8

www.battenberg-gietl.de